100

STÄDTE DEUTSCHLANDS

Copyright © Parragon Books Ltd
Queen Street House
4 Queen Street
Bath BA1 1HE, UK
www.parragon.com

Konzept: LKO Verlagsgesellschaft mbH, Köln

Text: Inga Menkhoff, Köln
Producing und Bildredaktion: Gerd Schrade, Inga Menkhoff

ISBN 978-1-4454-9331-2

Printed in China

100
STÄDTE DEUTSCHLANDS
Eine Reise durch die schönsten Städte der Republik

INGA MENKHOFF

Bath · New York · Singapore · Hong Kong · Cologne · Delhi
Melbourne · Amsterdam · Johannesburg · Shenzhen

100
STÄDTE DEUTSCHLANDS

SCHLESWIG-HOLSTEIN

1 Flensburg
2 Kiel
10 Cuxhaven
3 Lübeck

HAMBURG

4 Hamburg

MECKLENBURG-VORPOMMERN

5 Stralsund
6 Rostock
9 Greifswald
7 Wismar
8 Schwerin

BREMEN

21 Bremerhaven
11 Oldenburg
20 Bremen

NIEDERSACHSEN

12 Celle
13 Wolfsburg
14 Hannover
16 Braunschweig
15 Osnabrück
17 Hildesheim
18 Goslar
19 Göttingen

BRANDENBURG

28 Potsdam
27 Brandenburg
29 Eisenhüttenstadt
31 Berlin
30 Cottbus

BERLIN

31 Berlin

SACHSEN-ANHALT

22 Magdeburg
23 Dessau-Roßlau
24 Lutherstadt Wittenberg
25 Quedlinburg
26 Halle

NORDRHEIN-WESTFALEN

48 Bielefeld
49 Münster
50 Paderborn
Oberhausen
Bochum
52 Dortmund
51
54
53 Essen
55 Duisburg
56 Krefeld
57 Wuppertal
58 Düsseldorf
59 Köln
60 Bergisch Gladbach
61 Aachen
62 Bonn
37 Kassel

SACHSEN

32 Leipzig
33 Meißen
34 Dresden
35 Chemnitz
36 Zwickau

THÜRINGEN

44 Eisenach
46 Erfurt
45 Weimar
47 Jena

HESSEN

38 Marburg
39 Fulda
40 Frankfurt am Main
42 Offenbach
43 Darmstadt
41 Wiesbaden

RHEINLAND-PFALZ

63 Koblenz
64 Mainz
65 Trier
66 Worms

SAARLAND

70 Völklingen
71 Saarbrücken

67 Kaiserslautern
68 Neustadt a.d. Weinstraße
69 Speyer
72 Mannheim
73 Heidelberg

BAYERN

85 Coburg
86 Schweinfurt
87 Aschaffenburg
88 Würzburg
89 Bamberg
90 Bayreuth
91 Erlangen
92 Fürth
93 Nürnberg
94 Rothenburg o.d. Tauber
95 Regensburg
96 Ingolstadt
97 Passau
98 Augsburg
99 München
100 Füssen

BADEN-WÜRTTEMBERG

74 Heilbronn
75 Schwäbisch Hall
76 Karlsruhe
77 Baden-Baden
78 Stuttgart
79 Esslingen am Neckar
80 Tübingen
81 Ulm
82 Freiburg
83 Ravensburg
84 Konstanz

VORWORT

Vorwort

Das Jahr 2007 markierte einen Wendepunkt in der Menschheitsge-
schichte: Erstmals lebten weltweit mehr Menschen in Städten als auf
dem Lande. Es sind vor allem die Entwicklungs- und Schwellenländer, in
denen sich die urbane Wende seit einigen Jahrzehnten mit aller Deutlichkeit und Geschwindigkeit abzeichnet – ein verhältnismäßig junges
Phänomen also, das viele Herausforderungen mit sich bringt. In den
Industrienationen stellt sich die Situation anders dar: Dort ist der Prozess der Verstädterung bereits weitestgehend abgeschlossen, nur noch
geringe Umverteilungen werden erwartet. Deutschland bildet diesbe-
züglich keine Ausnahme. Bereits 1950 lebten 68 % der Bevölkerung in
städtischen Räumen, nur 6 % kamen in den letzten 60 Jahren hinzu.

Die Zahlen zeigen: Deutschland ist ein Land der Städte. 80 Großstädte mit mehr als 100.000 Einwohnern verteilen sich über das Bundesgebiet, davon vier – Berlin, Hamburg, München und Köln – mit über einer Millionen Bewohner. Etliche Mittel- und Kleinstädte kommen hinzu. Wer sich aufmacht, sie zu erkunden, wird fasziniert sein von der sich darbietenden Vielfalt, von der unermesslichen Fülle an Sehenswürdigkeiten, wird eintauchen in das pulsierende Leben der Metropolen oder sich an der Beschaulichkeit und Idylle mancher historischer Kleinstädte erfreuen. Das vorliegende Buch porträtiert 100 dieser Städte. Es möchte dazu anregen, die urbanen Räume des Landes zu bereisen und sich ein Bild zu machen von der Einzigartigkeit einer jeden Stadt.

Flensburg

ES SIND DIE LAGE AM INNERSTEN WINKEL DER FLENSBURGER FÖRDE UND DIE NÄHE ZUM NACHBARLAND DÄNEMARK, DIE DEN CHARME VON FLENSBURG AUSMACHEN. AUTOFAHRER VERGESSEN DARÜBER SO-GAR DIE UNERWÜNSCHTEN PUNKTE, DIE HIER IM VERKEHRSZENTRALREGISTER GESAMMELT WERDEN.

So wie Köln gerne als nördlichste Stadt Italiens bezeichnet wird, gilt Flensburg vielen als südlichste Stadt Dänemarks. Nicht zu Unrecht: Die Geschichte der Hafenstadt und die Mentalität ihrer Bewohner sind wesentlich geprägt durch den Landesnachbarn im Norden. Über 400 Jahre gehörte Flensburg zur dänischen Krone und geriet als Teil des Herzogtums Schleswig auch in die Schusslinie deutsch-dänischer Interessenkonflikte. Doch heute profitiert die 89.000-Einwohner-Stadt von den Vorteilen, die sich aus der Vermischung zweier Kulturen ergeben haben. Ihre Beschaulichkeit und Weltoffenheit, ihr skandinavisches Flair zeichnen die Stadt aus und bescheren ihr Jahr für Jahr viele Touristen.

1284 erhielt Flensburg das Stadtrecht und stieg im 16. Jh. mit 5000 Einwohnern und 200 Schiffen zur größten Handelsstadt der dänischen Krone auf – sie übertraf damit sogar Kopenhagen oder Hamburg. Doch Kriege bereiteten dem Wohlstand vorerst ein jähes Ende. Wieder war es der Seehandel, der Flensburg einen ökonomischen Neuanfang ermöglichte. Neben Lebertran und Fisch handelten Kauf- und Seeleute nun auch mit Tabak und Rohrzucker aus Dänisch-Westindien, der in mehr als 20 Rumhäusern raffiniert wurde und Flensburg den Beinamen „Rumstadt" bescherte. Auch wenn heute nur noch das Rumhaus A. H. Johannsen in der Marienburg erhalten ist: Die Tradition Flensburgs als Handelsstadt ist noch an vielen Stellen lebendig. Die wunderschönen Patrizierhäuser und Kaufmannshöfe der Altstadt, der von Giebelhäusern umstandene Südermarkt, aber auch das Kompagnietor als einstiges Zunfthaus der Schiffer und Kaufleute sowie der Westindienspeicher zeugen davon.

Die Rote Straße am unteren Ende des Südermarkts ist ein weiterer Anziehungspunkt von Flensburg. Wo früher Handwerker, die ihre Werkstätten in den Hinterhöfen der Gasse einrichteten, lebten und arbeiteten, hauchen heute Restaurants und Cafés, Galerien und kleine Läden den historischen Höfen neues Leben ein.

Die Rote Straße von Flensburg. Vieles in der kleinen beschaulichen Gasse erinnert an frühere Zeiten, als in den Hinterhöfen Handwerker lebten und arbeiteten.

1 **FAKTEN**

* **Einwohner:** 88.800
* **Bevölkerungsdichte:** 1564 Einw./km²
* **Berühmte Personen:** Christian V. (*1646, König von Dänemark und Norwegen), Elvira Madigan (*1867, Seiltänzerin und berühmt für die tragischste Liebesgeschichte Skandinaviens), Dieter Thomas Heck (*1937, Fernsehmoderator und Sänger), Bärbel Höhn (*1952, Politikerin)
* **Sehenswürdigkeiten:** Nordermarkt, Südermarkt, Rote Straße, St. Nikolai, Städisches Museum, Kompagnietor, Schifffahrtsmuseum, Hafen, Kieler Wochen

Kiel

KIELS KAPITAL IST SEINE LAGE AM WASSER, DER KIELER FÖRDE. GIGANTISCHE FRACHT- UND KREUZ-
FAHRTSCHIFFE STEUERN DIE LANDESHAUPTSTADT AN UND EINMAL IM JAHR – ZUR KIELER WOCHE –
IST DAS WASSER VON TAUSENDEN KLEINER SEGELSCHIFFE WEISS GEPUNKTET.

E s ist ein Schauspiel, das jedes Mal aufs Neue fasziniert: Man spaziert entlang des scheinbar schnurgerade gezogenen Nord-Ostsee-Kanals, blickt um
sich und sieht nichts als plattes Land. Unvermittelt erscheint am Horizont ein Punkt, der sich bewegt, größer
und größer wird. Und dann gleiten sie an einem vorbei:
mit Hunderten bunter Container beladenen Frachtschiffe
oder strahlend weiße Kreuzfahrtschiffe, die schweben-
den Hochhäusern gleich ihren Kurs aufnehmen, der sie
über Kiel in die Ostsee oder nach Brunsbüttel über die
Elbmündung weiter in die Nordsee geleitet. Selbst altein-
gesessene Kieler lassen sich noch immer beeindrucken,
wenn die gigantischen Luxusliner in ihrem Hafen vor
Anker gehen. Mehr als 130 Kreuzfahrtschiffe mit über

375.000 Passagieren sind es pro Jahr. Zu Spitzenzeiten
werden bis zu 15.000 Passagiere pro Tag in Kiel ein- und
ausgeschifft, ein Großteil besteigt oder verlässt dabei die
Fährschiffe nach und von Skandinavien.

Kiel als Hafenstadt, als Umschlagplatz für Waren,
Anlege- und Umsteigeort für mehr als 1,5 Mio. Menschen
pro Jahr – das beschert der Stadt nicht nur ein wichtiges
ökonomisches Fundament, sondern auch eine stetige
Quirligkeit und Lebendigkeit, die einmal im Jahr für eine
gute Woche ihren Höhepunkt erfährt, wenn die Kieler
Woche abgehalten wird. Bereits 1882 fand hier die erste
Regatta statt, die sich mittlerweile zu einem der größten
Segelsportereignisse der Welt aufgeschwungen hat und

Links: Ein Ort mit ständiger Bewegung – Kiels Hafen
Oben: Wunderschöne reetgedeckte Häuser bereichern das Stadtbild von Kiel.
Mitte: Das Rathaus bildet zusammen mit der Oper ein harmonisches Architekturensemble.
Unten: An den Regatten im Rahmen der Kieler Woche nehmen mehr als 5000 Segelschiffe teil.

von Volksfesten, Konzerten und zahllosen anderen Veranstaltungen begleitet wird. Rund 3 Mio. Menschen besuchen in dieser Zeit die Stadt und verfolgen die Regatten, an denen insgesamt ca. 5000 Segelboote mit Seglern aus 50 Nationen teilnehmen. Als maritimer Höhepunkt gilt die Windjammerparade mit beeindruckenden Groß- und Traditionsseglern, zu denen sich zahlreiche Begleit- und Sportboote gesellen.

Kiel ist stolz auf seine Tradition als Hafenstadt und so ist es auch nur konsequent, dass sich ein großer Teil der Sehenswürdigkeiten in engerem und weiterem Sinn um Wasser und Seefahrt dreht. So z.B. das Schifffahrtsmuseum am Kleinen Kiel mit angeschlossenem Museumshafen, in dem historische Schiffe vor Anker liegen, die Hörnbrücke – eine dreigliedrige Faltbrücke –, der Leuchtturm in Kiel-Holtenau oder das vor den Toren der Stadt gelegene Marine-Ehrenmal Laboe, vor dem sich das begehbare Unterwasserboot U 995 befindet. Ganz „bodenständig" geben sich stattdessen die Nikolaikirche mit einer Plastik von Ernst Barlach oder die Kunsthalle und das Stadtmuseum, das in den Räumlichkeiten eines Hofs aus dem 17. Jh. untergebracht ist.

 **FAKTEN**

* **Einwohner:** 239.500
* **Bevölkerungsdichte:** 2019 Einw./km²
* **Berühmte Personen:** Max Planck (*1858, Physiker), Carl Friedrich von Weizsäcker (*1912, Physiker u. Philosoph), Oswalt Kolle (*1928, Journalist und Aufklärer), Gerhard Stoltenberg (*1928, Politiker, u.a. Ministerpräsident von Schleswig-Holstein), Axel Milberg (*1956, Schauspieler), Andreas Köpke (*1962, Fußballtorwart), Heike Henkel (*1964, Leichtathletin)
* **Sehenswürdigkeiten:** Hafen, Hindenburgufer (Ankerplatz der Gorch Fock), Leuchtturm Kiel-Holtenau, Nikolaikirche, Schleusenanlage in Kiel-Holtenau, Alter Botanischer Garten, Marine-Ehrenmal mit U 995

Lübeck

LÜBECK IST EIN PARADIES FÜR ALLE, DIE EIN MAXIMUM AN SEHENSWÜRDIGKEITEN MIT EINEM MINIMUM AN LAUFARBEIT VERBINDEN MÖCHTEN. IN DEM KAUM MEHR ALS EINEN KILOMETER BREITEN ALTSTADTBEREICH LIEGT (FAST) ALLES, WAS DIE STADT BERÜHMT MACHT.

Lübecks Geschichte ist untrennbar verbunden mit der Geschichte der Deutschen Hanse. Die Vereinigung niederdeutscher Kaufleute erhielt durch die Gründung Lübecks im Jahre 1143 ihren entscheidenden Impuls. 150 Jahre später beschreiben Quellen die Bewohner Lübecks als „caput et principium" – Haupt und Ursprung – aller seefahrenden Kaufleute.

1226 von Friedrich II. zur freien Reichsstadt erhoben, wusste Lübeck die handelswirtschaftlichen Vorteile, die sich hieraus ergaben, durchaus geschickt zu nutzen. Die Stadt wurde zum bedeutenden Stapel- und Handelsplatz und gewann an Einfluss und Reichtum. Ausdruck dieses ökonomischen Wachstums sind nicht zuletzt die

architektonischen Meisterwerke, die seit 1987 das Prädikat UNESCO-Weltkulturerbe tragen und Jahr für Jahr Zigtausend Besucher anziehen.

Den Westeingang der ringsum von Wasserstraßen umgebenen Altstadt schmückt das Wahrzeichen Lübecks: das Holstentor. Kaum ein anderer Bau könnte das Selbstbewusstsein der Lübecker Bürger besser repräsentieren als dieses mittlere Tor der einstigen Befestigungsanlage. Zwei gewaltige, von einem Mittelbau getrennte Rundtürme mit bis zu 3,50 m dicken Wänden und nadelspitz zulaufenden Türmen symbolisieren den damals vorherrschenden Machtanspruch und den unbedingten Willen, den Reichtum und die Privilegien Lübecks mit

Links: Holstentor – das mächtige Wahrzeichen der Hansestadt Lübeck
Oben: Blick von der Obertrave aus auf die Petrikirche (rechts) und Marienkirche (links)
Unten: Beeindruckendstes Gebäude am Marktplatz ist das Rathaus mit seinen Türmen und dem Arkadengang.

allen Mitteln zu verteidigen. Der Kirchturm von St. Petri bietet einen fantastischen Ausblick über die Altstadt Lübecks und seine Sehenswürdigkeiten. Der Blick fällt auf den sich nördlich anschließenden Marktplatz, der vom Rathaus mit seinen drei Türmen, einer großen Schauwand und Schmuckbalkonen dominiert wird. Im Inneren des Baus ist es vor allem der im Rokoko-Stil gehaltene Audienzsaal, der die Besucher begeistert. Strahlt das Rathaus schon bürgerliches Selbstbewusstsein aus, so übertrifft die Marienkirche dies noch um ein Weiteres. Die Kirche der Lübecker Bürger und Ratsleute verfügt über ein 39 m hohes Mittelschiff, das sie zum höchsten gemauerten Backstein-Kirchenschiff der Welt macht.

Besucher der Marienkirche müssen nur wenige Schritte zurücklegen, um das berühmte Buddenbrookhaus in Augenschein nehmen zu können. Das Gebäude befand sich einst im Besitz der Schriftstellerfamilie und wurde in den 1990er-Jahren zu einem Heinrich-und-Thomas-Mann-Zentrum ausgebaut. Hinter der historischen Fassade werden die „Buddenbrooks" von Thomas Mann wieder lebendig. Nicht alle Lübecker konnten im Übrigen die allgemeine Begeisterung für dieses Jahrhundertwerk teilen. Der schonungslos beschriebene Untergang einer Bürger- und Handelsfamilie aus Lübeck verletzte doch die Würde nicht weniger Bürger der stolzen Hansestadt.

 FAKTEN

* **Einwohner:** 210.230
* **Bevölkerungsdichte:** 981 Einw./km²
* **Berühmte Personen:** Heinrich Mann (*1850, Schriftsteller), Thomas Mann (*1855, Schriftsteller), Willy Brandt (*1913, Politiker), Horst Frank (*1929, Schauspieler), Björn Engholm (*1939, Politiker), Jörg Wontorra (*1948, Fernsehmoderator), Bastian Sick (*1965, Buchautor)
* **Sehenswürdigkeiten:** Holstentor, Salzspeicher, St. Kirche, Rathaus, St. Marien, Buddenbrookhaus, St. Jakobi, Heiligen-Geist-Hospital, Dom

Hamburg

HAMBURG IST EINE STADT MIT WELTGELTUNG: ST. PAULI, „MICHEL" UND HAFEN SIND LEGENDÄR UND IMMER WIEDER VERSTEHT ES DIE HANSESTADT, NEUE AKZENTE ZU SETZEN. ZURZEIT GESCHIEHT DIES MIT DEM BAU DER HAFENCITY, IN DER DIE ELBPHILHARMONIE DEN GLANZVOLLEN HÖHEPUNKT BILDEN SOLL.

Der unvergänglichen See | Den Schiffen, die nicht mehr sind | Und den schlichten Männern | deren Tage nicht wiederkehren." Die Worte Joseph Conrads sind verewigt auf dem Denkmal Madonna der Meere, das 1985 auf dem St.-Pauli-Fischmarkt enthüllt wurde. Es gedenkt der Fischer und Seeleute, die auf dem Meer ihr Leben ließen.

Die Zeiten, in denen die 132 m hohe St.-Michaelis-Kirche Verheißung und Sicherheit für alle jene versprach, die nach Monaten oder Jahren gefahrenvoller Fahrt den Hafen von Hamburg ansteuerten, oder aber Abschied und Hoffnung auf eine sichere Rückkehr für Männer, die hier in See stachen, sind vorbei. Barken,

Koggen und Gaffelschoner legen zwar noch immer im Hamburger Hafen an, doch Freizeitvergnügen und sportlicher Ehrgeiz treibt die Mannschaften an und nicht das Interesse am Seehandel. Dieser findet mittlerweile abseits der Landungsbrücken im hochmodernen Hafen statt, wo gigantische Container- und Frachtschiffe einfahren und zwischen 120 und 140 Mio. t Güter pro Jahr umgeschlagen werden.

Die Seefahrt hat sich grundlegend geändert – und doch sind Schiffe, Wasser und der Hafen heute wie einst das prägende Merkmal einer Stadt, in der sich hanseatische Noblesse und Zurückhaltung mit einem Hauch von Verruchtheit und Sünde vermischten. Dafür

Oben: Blick auf den Hamburger Hafen samt
Landungsbrücken, dahinter erstreckt sich St. Pauli
mit der berühmten St.-Michaelis-Kirche
Unten: Hamburgs Amüsiermeile Große Freiheit

sorgt insbesondere St. Pauli, das im 19. Jh. zum weltweit
bekannten Amüsierviertel aufstieg. Es war die Zeit, in
der es noch zahlungskräftige Matrosen gab, die auf ihren
mehrtägigen Landgängen die Hafenkneipen füllten und
das Geschäft der „leichten Mädchen" belebten. In den
nächsten Jahrzehnten erwarb der Kiez seinen legendären
Ruf, positionierte sich zwischen Hafenromantik und
Anrüchigkeit. Als 1952 Hans Albers mit seiner Hymne
auf die Reeperbahn Hamburgs sündigem Viertel ein
Denkmal setzte, besaß dieses längst Weltruhm. Doch in
den 1970er-Jahren vollzog sich ein Struktur- und Image-
wandel. Eine Hafenkneipe nach der anderen wurde
geschlossen; Zuhälterfehden, Gewalt und Drogenexzesse
schädigten das Image zusehends. Ein Party- und Amüsierviertel ist St. Pauli aber noch heute, auch wenn nicht
mehr Matrosen aus aller Herren Länder, sondern Touristen die Straßen bevölkern. Und da der Kiez nach wie vor
keine Sperrstunde kennt, finden sich nicht wenige nach

Links: Hamburgs Speicherstadt beeindruckt durch seine wunderschöne Backsteingotik.
Oben: Die Landungsbrücken mit Blick auf den Hamburger Hafen sind auch abends ein viel besuchter Ort.
Unten: Auf dem Fischmarkt des Hamburger Hafenfests

durchgefeierter Nacht am Sonntagmorgen am Elbufer ein, wenn dort im Schatten der Fischauktionshalle der legendäre Fischmarkt abgehalten wird, dessen Tradition bis in das Jahr 1703 zurückreicht.

Vorbei an den Landungsbrücken, dem Museumsschiff Rickmer Rickmers und den vielen Barkassen, die in regelmäßiger Taktung zu Hafenrundfahrten ablegen, geht es in den beeindruckendsten Lagerhauskomplex Hamburgs: die historische Speicherstadt mit ihrer neugotischen Backsteinarchitektur. Die Gebäude wurden Ende des 19. Jh. auf Eichenpfählen errichtet und dienten viele Jahrzehnte als Lagerstätten für Tee, Kaffee, Gewürze und andere kostbare Güter, bis sie in der jüngsten Vergangenheit mehr und mehr von Agenturen, Medienbüros, Geschäften und Museen verdrängt wurden.

In unmittelbarer Nähe liegt Hamburgs größtes Bauprojekt: Auf der ehemaligen Elbinsel Grasbrookam entsteht seit 2003 der Stadtteil HafenCity, der 12.000 Menschen Wohnraum und 40.000 Personen Arbeitsflächen bereitstellen wird. Architektonischer Höhepunkt dieses Stadtentwicklungsprojekts, das 2025 fertiggestellt sein soll, ist die Elbphilharmonie, die den westlichen Abschluss der HafenCity bildet. Wenige Hundert Meter entfernt mündet die Alster in die Unterelbe. Sie hat zuvor die Becken von Außen- und Binnenalster ausgefüllt und Hamburg damit ein wunderschönes Kleinod inmitten des Zentrums beschert.

Auch wenn sich nördlich der Elbe im Bereich zwischen Altona und HafenCity der touristische Brennpunkt befindet – es gibt weitaus mehr zu sehen. Richtung Westen erstreckt sich die Elbchaussee, die auch zum einstigen Fischerort Blankenese führt und von prächtigen Villen, Parks und Sandstränden gesäumt wird. Im Norden zeigt sich die Stadt mit dem Schanzenviertel von seiner jungen, kreativen Seite, weiter östlich lädt die Außenalster zu Spaziergängen ein. Und der südliche Teil Hamburgs wiederum wird vom Hafen dominiert. Eine Schifffahrt vorbei an den Container- und Passagierkais lässt keinen Zweifel daran aufkommen, dass Hamburg seinem Ruf als „Tor zur Welt" nach wie vor gerecht wird.

 FAKTEN

* **Einwohner:** 1.786.450
* **Bevölkerungsdichte:** 2366 Einw./km²
* **Berühmte Personen:** Johannes Brahms (*1833, Komponist), Ernst Thälmann (*1886, Politiker), Carl von Ossietzky (*1889, Journalist), Hans Albers (*1891, Schauspieler), Helmut Schmidt (*1918, Politiker), Klaus von Dohnanyi (*1928, Politiker), Karl Lagerfeld (*1933, Modeschöpfer), Hannelore Hoger (*1942, Schauspielerin), Jan Delay (*1976, Sänger)
* **Sehenswürdigkeiten:** Hafen, Binnenalster, Landungsbrücken, Fischmarkt, Rathaus, Deichtorhallen, St. Michaelis, Speicherstadt, St. Pauli, Reeperbahn, Elbchaussee, Blankenese, Hauptfriedhof Ohlsdorf, Alter Elbtunnel, Winterhude

Stralsund

MIT LÜBECK UND WISMAR VERBINDET STRALSUND NICHT NUR DER HISTORISCHE ZUSAMMENSCHLUSS IM HANSEBUND. GEMEINSAMES MERKMAL IST AUCH DIE BACKSTEINGOTIK ALS PRÄGENDE ARCHITEKTONISCHE HINTERLASSENSCHAFT IN DIESEN UND WEITEREN STÄDTEN DES NORD- UND OSTSEERAUMS.

Der Blick von der Insel Rügen auf die 58.000-Einwohner-Stadt Stralsund ist atemberaubend und lässt eines gleich erkennen: Hier, am Strelasund-Meeresarm, liegt eine städtische Siedlung von historischer Bedeutung. Davon zeugen allein die drei Pfarrkirchen St. Marien, St. Jakobi und St. Nikolai, die sich als trutzige, mächtige Sakralbauten aus dem dicht gedrungenen Häusermeer der Altstadt erheben und Stralsund ein unverkennbares Profil verleihen. Und noch zwei weitere Gebäude ziehen die Aufmerksamkeit auf sich: Zum einen das als futuristischer, weiß strahlender Neubau angelegte Ozeaneum, zum anderen das berühmte Rathaus, dessen prächtige Schaugiebel über den Dächern der historischen Hafenfront hervorlugen.

Gründe genug also, um die Altstadt von Stralsund näher in Augenschein zu nehmen, die – begrenzt von Seen und dem Meeresarm – zum Schönsten zählt, was sich an der Ostsee findet und dank ihres herausragenden architektonischen Bestands zu Recht die Auszeichnung UNESCO-Weltkulturerbe trägt.

Touristen, die Stralsund besuchen, steuern meist zielstrebig den Alten Markt an, denn hier befinden sich mit dem Rathaus und der Nikolaikirche mit ihrer überaus reichen Ausgestaltung zwei Hauptsehenswürdigkeiten der Stadt. Sie sind Juwele der Backsteingotik und demonstrieren zugleich das Selbstbewusststein und die Stärke des Stralsunder Bürgertums, das dank des

Links: Blick auf Stralsund mit seinen trutzigen Gottes-
häusern, dahinter der Strelasund und die Insel Rügen
Oben: Bedienstetenhäuser des Johannisklosters
Mitte: Der Marktplatz der Hansestadt beeindruckt durch
seine Häuser aus unterschiedlichen Stilepochen.
Unten: Spektakuläre Einblicke in die Unterwasserwelt
bietet das Ozeaneum.

1234 ausgesprochenen Städterechts und eines florierenden Handels zu Geld und Macht gelangte. Vor diesem
Hintergrund muss auch der Friede von Stralsund gesehen
werden, der 1370 im Rathaus der Stadt zwischen dem
dänischen König Waldmar IV. und der Hanse geschlossen
wurde. Er sicherte den Hansestädten ihre Vorrechte in
Schonen und Dänemark sowie die Kontrolle über den
Sund. Dieses Privileg war für die Entwicklung Stralsunds
von entscheidender Bedeutung, ließ sich doch mit dem
Fang insbesondere von Heringen jede Menge Geld verdienen. Noch heute ziehen im Frühjahr große Herings-
schwärme zum Laichen Richtung Greifswalder Bodden –
ein Schauspiel, das sich Hunderte Angler nicht entgehen
lassen, die hier ein äußerst leichtes Spiel haben.

Ganz im Zeichen der Fische und des Fischens
stehen auch zwei ausgezeichnete Museen der Stadt:
Das deutsche Meeresmuseum, das allein wegen seiner
Unterbringung im ehemaligen Katharinenkloster einen
Besuch lohnt, sowie das Ozeaneum mit seinen gigantischen Aquarien. Auf einer Landzunge zwischen schma-
lem Fährkanal und weitläufigem Strelasund gelegen,
bietet sich von hier ein Spaziergang durch das Hafen-
areal an, das die außergewöhnlich schöne Lage der Stadt
noch einmal ins Bewusstsein rückt.

 **FAKTEN**

* **Einwohner:** 57.670
* **Bevölkerungsdichte:** 1476 Einw./km²
* **Berühmte Personen:** Carl Wilhelm Scheele (*1742,
Apotheker u. Chemiker, entdeckte u.a. den Sauer-
stoff), Georg Wertheim (*1857, Kaufmann u. Begrün-
der des Wertheim-Konzerns, Silke Möller (*1964,
Leichtathletin), Nadja Uhl (*1972, Schauspielerin)
* **Sehenswürdigkeiten:** Altstadt, Rathaus, Nicolai-
kirche, Marienkirche, Johanniskloster, Deutsches
Meeresmuseum, Kulturhistorisches Museum, Artus-
hof, Wulflamhaus, Commandantenhus, Schwedisches
Regierungspalais, Gorch Fock (I), Hafen, Dänholm

Rostock

DIE HANSESTADT ROSTOCK PRÄSENTIERT SICH HEUTE ALS BEDEUTENDER DIENSTLEISTUNGS- UND INDUSTRIESTANDORT MIT MARITIMER TRADITION UND GROSSEM KULTURELLEM ANGEBOT, DER MIT WARNEMÜNDE ZUGLEICH ÜBER EIN BELIEBTES SEEBAD MIT FEINSTEM SANDSTRAND VERFÜGT.

Der Wahlspruch der Universität Rostock, „Traditio et Innovatio", ist mit Bedacht gewählt, denn die Hochschule kann sich einerseits ihrer nahezu 600-jährigen Tradition rühmen, andererseits auf Ergebnisse im Hochschulranking verweisen, die sie als moderne Institution mit großem Renommee auszeichnet. Rund 15.000 Studierende wissen das – und natürlich die Vorteile, die sich durch Rostocks Lage am Meer ergeben – sehr zu schätzen.

Das Motto der Universität könnte jedoch auch das der Stadt Rostock selbst sein. Bereits um 1200 ließen sich hier deutsche Kaufleute und Handwerker nieder, ab 1265 wurde die Stadtbefestigung angelegt und 1323 er-

fuhr das mit lübischen Stadtrechten versehene Rostock durch den Erwerb des Fischerdorfs Warnemünde eine Gebietserweiterung im Mündungsbereich der Warnow in die Ostsee.

Die Hanse bescherte der Stadt eine wirtschaftliche Blüte, der sich durch die Gründung der Universität im Jahr 1419 eine kulturelle und akademische Hochphase anschloss. Ausdruck dieser Zeit ist der von Bürgerhäusern gesäumte Neue Markt, an dessen Ostseite sich das aus drei Giebelhäusern zusammengesetzte Rathaus befindet, das 1717 durch einen barocken Vorbau eine wesentliche Umgestaltung erfuhr. Am nördlichen Ende des Marktes erhebt sich die nach über 200-jähriger Bauge-

Links: Blick auf den Stadthafen mit den Türmen der beiden Kirchen St. Petri (links) und St. Marien Oben: Bunte Häuserfassaden schmücken den Universitätsplatz von Rostock, der über die Kröpeliner Straße mit dem Rathaus und dem Neuen Markt verbunden ist. Unten: Strand von Warnemünde mit Leuchtturm und dem auffällig geschwungenem „Teepott", einem Schalen-Bauwerk des DDR-Architekten Ulrich Müther.

schichte erst 1452 vollendete Marienkirche, die mit dem Rochus-Altar, der Barockorgel und der Astronomischen Uhr über wertvolle Kunstschätze verfügt.

Die Kröpeliner Straße, eine schön gestaltete Fußgängerzone mit einer Vielzahl sehenswerter Giebelhäuser, verbindet den Neuen Markt mit dem stets belebten Universitätsplatz samt „Brunnen der Lebensfreude" und dem im Stil der Neorenaissance gehaltenen Hauptgebäude der Hochschule. Der Weg von hier bis zum Hafen ist nicht weit und kann über die Wokrenter Straße erfolgen, die mit ihren bunt gemischten, historischen Häusern ein weiteres architektonisches Highlight in der Stadt bereithält.

Spätestens am Stadthafen von Rostock wird die Umsetzung der Idee „Tradition und Innovation" offenbar: Historische Zeugnisse wie Portal- und Brückenkräne blieben erhalten, dafür erfuhr das Hafengebiet eine Umgestaltung zur Flaniermeile mit Gastronomie, Theatern, Clubs und Ladenlokalen. Das Stadtpanorama wird hier um eine Vielzahl von Segelschiffen und Yachten bereichert.

Weitaus größere Schiffe legen weiter nördlich im Fracht- und Passagierhafen von Rostock an. Über 22 Mio. t umgeschlagener Güter konnte der Seehafen für 2011 verbuchen, von hier starten Fähren nach Dänemark, Schweden, Finnland, Estland und Lettland und über 180 Mal gingen Hochseekreuzfahrtschiffe beim Warnemünde Cruise Center vor Anker – ein Schauspiel, das dem quirligen Seebad Warnemünde noch mehr begeisterte Tagesgäste beschert, die sich die Gelegenheit für einen Abstecher zum schönen Sandstrand nur selten entgehen lassen.

6 FAKTEN

* **Einwohner:** 202.700
* **Bevölkerungsdichte:** 1118 Einw./km²
* **Berühmte Personen:** Walter Kempowski (*1929, Schriftsteller), Joachim Gauck (*1940, Pfarrer, Politiker), Jan Ullrich (*1973, Radrennfahrer)
* **Sehenswürdigkeiten:** Kunsthalle, Kloster zum Heiligen Kreuz mit Kulturhistorischem Museum, Kröpeliner Tor, Stadtbefestigung, Lagebuschturm, Rathaus, Marienkirche, Eisbrecher „Stephan Jantzen", Rostocker Heide, Vörreeg

Wismar

DIE ROTE KOGGE AUF DEM WAPPEN WISMARS SCHMÜCKT EIN SCHWARZER STIERKOPF, DER DIE ZU-
GEHÖRIGKEIT ZU MECKLENBURG OFFENBART. DAS WAR NICHT IMMER SO: ÜBER 270 JAHRE STAND DIE
STADT UNTER SCHWEDISCHER HERRSCHAFT, WOVON HEUTE NOCH ZAHLREICHE RELIKTE ZEUGEN.

Im Jahr 2002 entschied die UNESCO, die historischen Altstädte von Stralsund und Wismar zum
Weltkulturerbe zu erklären. Beide Städte, so die
Argumentation des Komitees, repräsentieren idealty-
pisch die Hansestadt während der Blütezeit im 14. Jh.
und beide historischen Stadtkerne haben ihren mittelalterlichen Grundriss nahezu unverändert bewahrt.
Im Hinblick auf Wismar wurden zwei weitere Aspekte
angeführt: Es handelt sich um die einzige in dieser
Größe und Geschlossenheit erhaltene Hansestadt im
südlichen Ostseeraum und darüber hinaus vermittelt das
historische Hafenbecken nach wie vor ein authentisches
Bild von dem ökonomischen Rückgrat der einstigen
Seehandelsstadt.

Wer heute die zwischen Lübeck und Rostock
gelegene Stadt besucht, kann sich diesem Urteil nur
anschließen. Allein die Besichtigung des Alten Hafens
kommt einer Zeitreise gleich, insbesondere am Wochen-
ende, wenn hier ein kleiner Fischmarkt abgehalten wird.
Vor der historischen Kulisse alter Speicherhäuser fällt die
Vorstellung nicht schwer, wie Händler hier mit Wein,
Pelzen, Tuchen, Fischen und Gewürzen handelten. Und
ein weiteres Produkt stand ganz oben auf der Liste der
Handelsgüter: Wismarer Bier. Im 15. Jh. waren über 180
Brauherren in der Stadt ansässig, sage und schreibe 4,6
Mio. Liter des Gerstensafts wurden 1465 exportiert. Ein
Gotteshaus für die Seefahrer und Fischer wurde
zwischen 1381 und 1487 in Gestalt der spätgotischen

Links: Marktplatz mit Wasserkunst, hinter der sich das dunkle Backsteingebäude „Alter Schwede" erhebt
Oben: Schöne Bürgerhäuser und die St.-Nikolai-Kirche prägen das Bild rund um den Marktplatz der Stadt.
Unten: Bootstour durch Wismars Stadthafen

St.-Nikolai-Kirche errichtet, die mit ihrem 37 m hohen Hauptschiff das vierthöchste Kirchenschiff Deutschlands aufweist – ein Eindruck, der noch dadurch verstärkt wird, dass das Mittelschiff in der Breite lediglich 11 m misst. Zwei weitere Kirchen prägen das Panorama der Stadt: St. Marien zählte zu einer der schönsten Backsteinkirchen Norddeutschlands, wurde jedoch im Zweiten Weltkrieg zerstört. Allein der knapp 81 m hohe Glockenturm samt mittelalterlichem Geläut blieb erhalten. Und schließlich St. Georgen, auch sie eine monumentale gotische Backsteinkirche, auch sie im Krieg zerstört. Umfassende Renovierungsarbeiten begannen 1990 und wurden im Mai 2010 mit einem Festakt beendet.

Nur wenige Hundert Meter von St. Georgen entfernt liegt der Alte Markt und mit ihm der beeindruckendste Ort von Wismar. Fast die gesamte Nordseite des 100 x 100 m großen Platzes wird vom Rathaus eingenommen, die anderen Seiten werden von wunderschön restaurierten Giebelhäusern flankiert, unter ihnen das Kommmandantenhaus oder das um 1380 errichtete Backsteingebäude mit dem landläufigen Namen „Alter Schwede". Beide historischen Gebäude erinnern an die Zeit zwischen 1648 und 1903, als Wismar unter schwedischer Herrschaft stand – eine Ära, die zahlreiche kriegerische Auseinandersetzungen, aber auch eine skandinavische Prägung mit sich brachte.

 FAKTEN

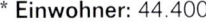

* **Einwohner:** 44.400
* **Bevölkerungsdichte:** 1066 Einw./km²
* **Berühmte Personen:** Sophie von Mecklenburg (*1557, Königin von Dänemark), Karl-Henning Seemann (*1934, Bildhauer), Joachim Streich (*1951, Fußballspieler in der DDR)
* **Sehenswürdigkeiten:** Marktplatz mit Wasserkunst, Rathaus u. Rathauskeller, Schabbellhaus mit Stadtgeschichtlichem Museum, Bürgerhaus „Alter Schwede", Krämerstraße, Schweinsbrücke, Wendisches Viertel, Alter Hafen mit „Schwedenköpfen"

Schwerin

WER AN SCHWERIN DENKT, DENKT AN DAS BERÜHMTE SCHLOSS, DAS SICH GERADEZU MÄRCHENHAFT AUF EINER INSEL DES SCHWERINER SEES ERHEBT. UND WÄHREND SICH IM SÜDEN DER SCHLOSSPARK ANSCHLIESST, WARTET IM NORDEN DIE ALTSTADT MIT ZAHLREICHEN SEHENSWÜRDIGKEITEN AUF.

Was Pöppelmann, Permoser und Semper für Dresden waren, das waren Georg Adolph Demmler und Hermann Willebrand für Schwerin. Sie entwarfen die Pläne zur Neugestaltung der alten Schlossanlage, die Großherzog Friedrich Franz II. Mitte des 19. Jh. in Auftrag gab. Ein repräsentatives architektonisches Meisterwerk sollte entstehen. Und ganz unzweifelhaft ist dies auch gelungen: Das Schweriner Schloss zeigt sich als ein Prachtbau des Historismus, dessen Anklänge an die Loire-Schlösser klar erkennbar sind, obgleich das französische Vorbild „nur" über 440, sein Mecklenburger Pendant über sagenhafte 635 Zimmer verfügt. Ein Teil dieser Räumlichkeiten ist zu besichtigen, wobei die Prunkräume der Beletage und Festetage mit ihrem reichen Dekor am meisten beeindrucken.

Das von Reizüberflutung ermüdete Auge der Besucher findet in dem großzügigen Barockpark mit altem Baumbestand einen wohltuenden Ausgleich. Hier bietet sich zugleich die Möglichkeit, vom höchsten Punkt der Anlage aus einen Blick auf das gesamte Schloss zu werfen, das seit 1990 auch dem Landtag von Mecklenburg-Vorpommern als Versammlungsort dient. Im Osten erstreckt sich der fast 25 km lange Schweriner See, auf dem u.a. die Passagierschiffe der Weißen Flotte verkehren.

Auch der Dom St. Marien und St. Johannis ist einen Besuch wert. Nördlich des Marktes gelegen, erregt die dreischiffige Basilika nicht zuletzt dadurch Aufmerksamkeit, dass ihr Westturm 117 m in die Höhe ragt.

8 **FAKTEN**

* **Einwohner:** 95.220
* **Bevölkerungsdichte:** 729 Einw./km²
* **Berühmte Personen:** Johann August von Starck (*1741, Schriftsteller u. Theologe), Bernhard Schwentner (*1891, Priester u. Widerstandskämpfer)
* **Sehenswürdigkeiten:** Staatstheater, Schloss, Burg- und Schlossgarten, Schlossbrücke, Siegessäule, Altes Palais, Marstall, Altstädtisches Rathaus, Dom, Pfaffenteich, Schelfstadt, Schleifmühle

Die französischen Loire-Schlösser galten als Vorbild für den Bau des Schweriner Schlosses.

Greifswald

DIE BEKANNTESTEN ANSICHTEN VON GREIFSWALD SIND NICHT AUF ZELLULOID GEBANNTE FOTOGRAFIEN, SONDERN ÜBER 200 JAHRE ALTE ÖLGEMÄLDE. SIE SIND DAS WERK DES BERÜHMTESTEN SOHNS DER STADT: CASPAR DAVID FRIEDRICH.

Eine Ruine im Ortsteil Eldena – auch sie ein Motiv des Malers der Romantik – verweist auf die Ursprünge von Greifswald. Um 1200 wurde hier ein Zisterzienserkloster gegründet. Kaufleute und Handwerker ließen sich nieder, aus einer Siedlung entwickelte sich eine Stadt, die 1278 Mitglied der Hanse wurde. 1456 folgt die Gründung der Universität, an der berühmte Gelehrte wie Ernst Moritz Arndt oder Ulrich von Hutten unterrichteten. Der gute Ruf der Einrichtung hat sich bis heute erhalten – rund 12.000 Studenten besuchen die Universität und stellen damit mehr als 20 % der Bevölkerung.

Ein gleichermaßen beliebter Treffpunkt für Touristen wie für Einheimische ist der Marktplatz. Hier liegen das imposante Rathaus sowie zahlreiche Bürgerhäuser aus der Blütezeit der Hanse. Haus Nr. 11 gehört zu den meistfotografierten Motiven der Stadt, da es sich um ein besonders prächtiges Beispiel norddeutscher Backsteingotik mit einem aufwändig gestalteten Giebel handelt.

Vom Marktplatz schnell zu erreichen sind die drei gotischen Backsteinkirchen St. Marien, St. Nikolai und St. Jakobi und nicht zuletzt das Pommersche Landesmuseum, das mit einer sehenswerten Gemäldegalerie aufwartet. Noch hängen hier auch die Werke von Caspar David Friedrich: Ab 2015 jedoch soll der Künstler ein eigenes Museum in unmittelbarer Nähe zum Landesmuseum erhalten.

Oben: Historischer Marktplatz

9 FAKTEN

* **Einwohner:** 54.600
* **Bevölkerungsdichte:** 1081 Einw./km²
* **Berühmte Personen:** Heinrich Rubenow (*um 1400, Bürgermeister), Caspar David Friedrich (*1774, Maler)
* **Sehenswürdigkeiten:** Marktplatz mit Rathaus, Bürgerhäuser am Markt, Dom St. Nikolai, Caspar-David-Friedrich-Zentrum, Pommersches Landesmuseum, Arboretum, Klosterruine Eldena

NIEDERSACHSEN

Cuxhaven

DIE 30 METER HOHE HÖLZERNE KUGELBAKE IST DAS WAHRZEICHEN VON CUXHAVEN. AUCH WENN SIE IHRE BEDEUTUNG ALS NAUTISCHES SEEZEICHEN VERLOREN HAT: GIGANTISCHE FRACHT- UND PASSAGIERSCHIFFE ZIEHEN NOCH HEUTE ZUR FREUDE DER GÄSTE AN DEM HISTORISCHEN SEEBAD VORBEI.

Nahezu 1100 km hat sich die Elbe durch Mittelgebirge, Auenlandschaften, Weinregionen und Städte gewälzt, ehe sie an der Kugelbake von Cuxhaven ihr Ziel erreicht: In dem 15 bis 20 km breiten Mündungstrichter geht der Fluss in das offene Meer über. In nautischer Hinsicht befindet sich hier ein Verkehrsknotenpunkt. Containerschiffe und Luxusliner befahren die Elbemündung, steuern die Häfen von Cuxhaven, Hamburg oder den in Brunsbüttel beginnenden Nord-Ostsee-Kanal an oder haben die Tide genutzt, um von den Hamburger Häfen über die Elbe in die Nordsee zu gelangen. Je nach Ziel begrüßt oder verabschiedet Cuxhaven diese schwimmenden Giganten und je spektakulärer das Schiff, desto mehr Menschen versammeln sich an den Stränden und Promenaden des Seebads, um diesem Schauspiel beizuwohnen.

Schiffe spielten in der bis 1937 zu Hamburg gehörenden Stadt schon immer eine Rolle. Nicht nur der alte und neue Fischereihafen, in dem Fischtrawler mit ihrem vor Grönland und Island gefangenen Fisch vor Anker gehen, zeugen davon, sondern auch der Amerika-Hafen mit dem berühmten Pier Steubenhöft. An dem „Kai der Sehnsucht" bestiegen allein 1910 mehr als 120.000 Passagiere die Schiffe der HAPAG, um in Amerika ihr Glück zu versuchen. Weniger tränenreich dürfte der Abschied der vielen Segler ausfallen, die ihre Jollen, Holzsegler oder Hochseesegelschiffe in dem Yachthafen festmachen.

Links: Häuserreihe am Deich von Cuxhaven
Oben: Der Nationalpark Hamburgisches Wattenmeer, der seit 1992 unter dem zusätzlichen Schutz der UNESCO steht, liegt direkt vor Cuxhaven.
Unten: St. Nikolai wurde von Bauern errichtet und trägt deshalb auch den Namen „Bauerndom".

Doch auch abseits der maritimen Meilen bietet Cuxhaven einige Sehenswürdigkeiten: Schloss Ritzebüttel geht aus einer im 14. Jh. errichteten Wehranlage hervor und diente den Hamburgern als Standort zur Kontrolle der Unterelbe. Der im Stil der Norddeutschen Backsteingotik errichtete Profanbau ist mit seinen Ausstellungsräumen, einem Restaurant und dem umliegenden Schlossgarten ein beliebtes Ausflugsziel für die Gäste Cuxhavens.

Direkt nördlich davon schließt sich ein kleines Museum an, das die Werke eines Künstlers vorstellt, der im Ersten Weltkrieg bei der Kaiserlichen Marine in Cuxhaven stationiert war: Joachim Ringelnatz. Die meisten kennen und schätzen ihn in Zusammenhang mit seinen pointierten, humorvollen Gedichten rund um den fiktiven Seemann Kuttel Daddeldu. Das von ehrenamtlichen Helfern betriebene Museum in Cuxhaven zeigt auch eine andere künstlerische Seite. Neben Handschriften und Büchern werden auch Zeichnungen, Ölgemälde und Aquarelle des Mannes gezeigt, der 51-jährig verarmt an Tuberkulose starb, nachdem seine Werke ebenso wie seine Bühnenauftritte unter den Nationalsozialisten verboten wurden.

10 FAKTEN

* **Einwohner:** 54.400
* **Bevölkerungsdichte:** 312 Einw./km²
* **Berühmte Personen:** Joachim Ringelnatz (*1883 in Wurzen, Schriftsteller, Kabarettist u. Maler. Im ersten Weltkrieg war er bei der Kaiserlichen Marine in Cuxhaven stationiert), Hans Peter Jürgens (*1924, Kapitän, Autor u. bekannter Marinemaler), Volker Herres (*1957, Fernsehjournalist u. ARD-Programmdirektor)
* **Sehenswürdigkeiten:** „Alte Liebe", Kugelbake, Alter und Neuer Fischereihafen, Marina, Steubenhöft, HAPAG-Hallen, Schloss Ritzebüttel, Fischereimuseum, Wrackmuseum, Dicke Bertha, Bauerndome, Wattenmeer

Oldenburg

DAS STÄDTISCHE ZENTRUM INNERHALB DER NORDDEUTSCHEN GEEST- UND MOORLANDSCHAFT IST OHNE FRAGE DIE UNIVERSITÄTS- UND EINSTIGE RESIDENZSTADT OLDENBURG. IHR KLASSIZISTISCHES GESICHT BERUHT AUF EINEM GROSSBRAND UND DEM MODEBEWUSSTSEIN EINES HERZOGS.

Im Jahr 1676 wurde bei einem Großbrand beinahe die gesamte Oldenburger Altstadt zerstört. Zu dieser Zeit war die Stadt bereits schwer gebeutelt: Der Dreißigjährige Krieg hatte zwar nur einen relativ geringen Tribut gefordert, doch ihm folgte der Schwarze Tod beinahe auf dem Fuß. Die Pest raubte im Jahr 1667 fast jedem zehnten Bürger das Leben. In demselben Jahr starb der Landesherr, sodass Oldenburg für fast 100 Jahre mal dänische, mal russische Provinz wurde. Doch von den fremden Herrschern war keine Hilfe zu erwarten und als die stark geschrumpfte Stadt bei einem Gewitter von gleich drei Blitzen getroffen wurde, konnte die dürftige Anzahl von Bürgern nichts mehr ausrichten: Von wenigen Gebäuden abgesehen – wie dem mittelal-

terlichen Degodehaus oder dem Lappan von 1467/68, einst Glockenturm des Heilig-Geist-Spitals und heute Wahrzeichen Oldenburgs – brannte die Stadt vollständig aus. Zahlreiche Bürger verließen daraufhin Oldenburg, es verfiel zusehends.

1773 wechselte die Stadt erneut den Besitzer: Nun fiel es den Herzögen von Schleswig-Holstein-Gottorf zu, die nach und nach mit dem Wiederaufbau begannen. Als dann Herzog Peter Friedrich Ludwig 1785 die Stadt zu seinem Wohnsitz und damit seiner Residenz erhob, begann ihre Blüte. Der Klassizismus hielt Einzug in die norddeutsche Stadt: Das Schloss, außen noch im Stil der Renaissance, erhielt neue Prachträume, darunter den Festsaal und das Homer-Zimmer. Als Liebhaber der Kunst legten die Herzöge im Schloss früh das Fundament für die Sammlung Alter Meister, die noch heute hier ausgestellt ist.

Auch für den Umbau der Lambertikirche zeichnet Herzog Peter Friedrich Ludwig verantwortlich. Das protestantische Gotteshaus sticht vor allem durch seine klassizistische Rotunde hervor. Deren lichte, von ionischen Säulen getragene Kuppel im Innern und die klassizistische blau-weiße Vorhalle stehen in einem merkwürdigen Kontrast zum fünftürmigen, düster-neogotischen Äußeren.

Die Kirche direkt am Markt ist ein idealer Ausgangspunkt für einen Stadtspaziergang. Viele der Bürgerhäuser des 18. und 19. Jh. liegen idyllisch an den beiden Stadtflüssen Hunte und Haaren oder an einem der Kanäle, die die beiden Flüsse verbinden. Auch der zu Beginn des 20. Jh. gebaute Küstenkanal, der die Weser mit der Ems verbindet, fließt baumbestanden durch die Stadt. So ergibt sich das Bild einer malerischen Stadt, deren Flusssystem und Umland auf die nahe Meeresküste vorbereiten.

Links: Der alte Stadthafen von Oldenburg
Oben: Fußgängerzone mit Blick auf die Lambertikirche
Unten: Das Baldini Gran Café zählt in Oldenburg zu den ersten Adressen am Platz.

11 FAKTEN

* **Einwohner:** 162.170
* **Bevölkerungsdichte:** 1575 Einw./km²
* **Berühmte Personen:** Helene Lange (*1848, Pädagogin u. Frauenrechtlerin), Karl Jaspers (*1883, Psychiater u. Philosoph), Johann Schütte (*1873, Schiffbauingenieur), Peter Suhrkamp (*1891, Hatten bei Oldenburg, Gründer des Suhrkamp-Verlags), Dieter Bohlen (*1954, Berne bei Oldenburg, Musiker u. Produzent), Wigald Boning (*1967, Wildeshausen bei Oldenburg, Komiker u. Musiker)
* **Sehenswürdigkeiten:** Schloss, Augusteum, Prinzenpalais, Horst-Janssen-Museum, Stadtmuseum, Edith-Russ-Haus, Staatstheater, Degodehaus, Lappan, Pulverturm, Rathaus, Lambertikirche, Schlossgarten, Eversten Holz, Hörgarten

Celle

AM RANDE DER LÜNEBURGER HEIDE GELEGEN UND NICHT GERADE ZU DEUTSCHLANDS METROPOLEN ZÄHLEND, IST CELLE DOCH ZUMINDEST BEI REITERN ÜBER DIE LANDESGRENZEN HINAUS BEKANNT, DENN SEIT 1735 WERDEN AUF DEM LANDGESTÜT CELLE HANNOVERANER GEZÜCHTET.

Ein für alle Zwecke geeignetes, edles, korrektes Warmblutpferd mit Temperament und gutem Charakter, so soll ein Hannoveraner sein. Maßgeblich trägt dazu das niedersächsische Landgestüt Celle bei: Georg II., König von England und Kurfürst von Hannover, ordnete 1735 dessen Gründung an. Seitdem stellt es bäuerlichen Züchtern Landbeschäler bzw. heute eher ausschließlich deren Erbmaterial zur Verfügung, prüft darüber hinaus Junghengste und ist zwischen modernen Hallen und historischen, barocken Verwaltungsgebäuden ein wichtiger Pfeiler der Pferdezucht.

In einem ganz anderen Licht als auf dem Landgut präsentiert sich das Zentrum Celles. Eng umschließen die Gassen die protestantische Stadtkirche von 1308, die mit einem wahren Stilmix aufwarten kann, im Innern aber vorwiegend barock ausgestattet ist. Vor allem aber als geschlossenes Ensemble aus giebelständigen Fachwerkhäusern aus dem 16. bis 19. Jh. ist Celle ein Besuchermagnet: Häufig reich mit Malereien und Schnitzereien verziert, drängen sich die gestuften Fassaden dicht aneinander – so dicht, dass die Synagoge von 1740 in der Reichspogromnacht nicht gänzlich zerstört wurde, da sie nicht, wie viele andere jüdische Gotteshäuser in dieser Nacht, in Brand gesetzt werden konnte. Heute ist die Synagoge die älteste niedersächsische Fachwerksynagoge und nach aufwändigen Restaurationen wieder neu geweiht. Das Nachbarhaus beherbergt ein jüdisches Museum.

12 FAKTEN

* **Einwohner:** 70.240
* **Bevölkerungsdichte:** 401 Einw./km^2
* **Berühmte Personen:** Billie Zöckler (*1949, Schauspielerin), Lilo Wanders (*1955, Schauspieler u. Travestiekünstler), Gabi Bauer (*1962, Journalistin u. Moderatorin)
* **Sehenswürdigkeiten:** Altstadt mit 450 denkmalgeschützten Fachwerkhäusern, Hoppener Haus, Schloss, Welfenfürstengruft, Stadtkirche St. Marien, Ludwigskirche, Französischer Garten, Schlosstheater, Glockenspiel, Bomann-Museum, Kunstmuseum

Ist die Fassade der Synagoge sehr schlicht gehalten, so sticht das Hoppener Haus mit seiner überbordenden Schnitzerei und den bunten Farben hervor. Das Bildprogramm dieses Kleinods zeigt neben Personen der Celler Geschichte allerlei Fratzen, Fabelwesen und Dämonen.

Während die Altstadt Celles im Norden und Osten vornehmlich von der Aller begrenzt wird, umschließen das herzogliche Schloss mit seinen Gärten und der Französische Garten sie im Westen und Süden. Die herrschaftliche Schlossanlage, deren Ursprünge in einer mittelalterlichen Burg liegen und die ihren vierflügeligen, durch Ecktürme markierten Aufbau während der Renaissance erhielt, wurde im Barock noch einmal endgültig umgestaltet. Dabei erhielten drei der vier Ecktürme barocke Kuppeln, das Schlosstheater wurde errichtet, einige Prunkräume barock ausgestattet und die Dächer mit einem Kranz aus Schweifgiebeln versehen. Das mittlerweile hier beheimatete Residenzmuseum zeigt u.a. eine Sammlung von „Celler Silber", darunter einen silbernen Tischbrunnen und mehrere prunkvoll gearbeitete Pokale.

Links: Im 19. Jh. nutzte das Hannover'sche Königshaus das Schloss gelegentlich als Sommerresidenz.
Oben: Die Baugeschichte des alten Rathauses reicht bis ins 13. Jh. zurück.
Mitte: Hunderte Fachwerkhäuser bilden ein einmaliges Architekturensemble in der Altstadt von Celle.
Rechts: Blick in die bunt ausgestaltete Kapelle des Celler Schlosses

NIEDERSACHSEN

Wolfsburg

WOLFSBURG IST DIE WELTWEIT EINZIGE STADT, DIE FÜR DAS AUTOMOBIL ERRICHTET WURDE. DAS WAR 1938. HEUTE PRÄSENTIERT SIE SICH ALS WIRTSCHAFTSSTANDORT NR. 1 IN NIEDERSACHSEN. DAS WEGWEISENDE TECHNOLOGIEZENTRUM ZÄHLT MITTLERWEILE 2 MIO. BESUCHER PRO JAHR.

Als die „Gesellschaft zur Vorbereitung des deutschen Volkswagens GmbH" im Jahr 1937 einen Standort zur Produktion des „KdF-Wagens" suchte, entschied sie sich für einen nahezu unbesiedelten Landstrich. Lediglich die zwei Gemeinden Rothehof-Rothenfelde und Heßlingen bildeten kleine Punkte auf der Landkarte. Das sollte sich bald ändern. Ende Mai 1938 findet die Grundsteinlegung des Volkswagenwerks statt, fünf Wochen später folgt die Gründung einer Stadt, die den Arbeitern als Wohnort dienen soll und bis 1945 den abenteuerlichen Namen „Stadt des KdF-Wagens bei Fallersleben" trägt. Eine Wendung des Schicksals: Das Produkt, um das es hier eigentlich geht, rückt für die nächsten Jahre in den Hintergrund. Stattdessen werden

in den Werkshallen – fast ausschließlich von Zwangsarbeitern – Rüstungsgüter und die Flugbombe V1 produziert.

Nach Kriegsende wird die nun offiziell als Wolfsburg bezeichnete Stadt zum Inbegriff des deutschen Wirtschaftswunders. Hunderttausende VW Käfer rollen vom Band, die Stadt wächst, Schulen, Kliniken, Kulturzentren – u.a. entworfen vom finnischen Stararchitekten Alvar Aalto – und Wohnungen werden gebaut. Der Aufwärtskurs hält an. Anfang der 1970er-Jahre, als Volkswagen bereits über 190.000 Mitarbeiter beschäftigt, wird der Konzern Produktionsweltmeister: Mit mehr als 15 Mio. montierten Wagen sprengt der VW Käfer alle bis dato gültigen Produktionsrekorde.

Links: Mit dem phæno Science Centre, entworfen von Stararchitektin Zaha Hadid, ist Wolfsburg um eine weitere Sehenswürdigkeit reicher geworden. Oben: In der AutoStadt können Besucher dank der ausgestellten Oldtimer auch eine Zeitreise unternehmen. Unten: Zukunft trifft auf Vergangenheit – das futuristisch anmutende AutoMuseum steht direkt gegenüber dem denkmalgeschützten Kraftwerk von VW.

Die 1990er-Jahre bringen Wolfsburg und dem VW-Konzern diverse Rückschläge, doch im Juni 2000 werden mit der AutoStadt weltweit neue Maßstäbe gesetzt. Rund 430 Mio. Euro kostet der Bau einer nahezu 25 ha großen Erlebnislandschaft. Zwischen Wasserflächen, Hügeln und Halbinseln befinden sich mehrere spektakuläre Ausstellungsgebäude: KonzernForum und ZeitHaus widmen sich beide auf unterschiedliche Weise der Geschichte der Automobile, während sich die Markenpavillons jeweils auf ein zum Konzern gehörendes Fabrikat spezialisieren. Die Neuinterpretation des Begriffs KundenCenter können Besucher im gleichnamigen Gebäude erfahren: Nicht Servicemitarbeiter an Telefonen und Schreibtischen stehen hier im Mittelpunkt, sondern zwei gläserne, 48 m hohe Türme, in denen rund 400 Neuwagen auf 20 Etagen auf ihre Abholung warten.

Mit noch einer Sensation kann Wolfsburg seit 2005 aufwarten: Durch den Mittellandlandkanal von der AutoStadt getrennt, erhebt sich am Ufer des Flusses ein weiterer spektakulärer Bau: Es ist das von Zaha Hadid entworfene phæno-Gebäude, eine architektonisch wie konzeptionell hochmoderne Ausstellung, die sich Themen wie Wind und Wetter, Leben, Licht und Sehen, Energie und Materie auf ungewöhnliche Weise nähert.

 **FAKTEN**

* **Einwohner:** 121.450
* **Bevölkerungsdichte:** 595 Einw./km²
* **Berühmte Personen:** Hoffmann von Fallersleben (*1798, Germanist, Dichter), Heinrich Büssing (*1843, Erfinder u. Konstrukteur), Gabriele von Lutzow (*1954, Künstlerin, bekannt als „Engel von Mogadischu")
* **Sehenswürdigkeiten:** AutoStadt, phæno, Schloss Wolfsburg, Stadtmuseum, Städtische Galerie, Alvar-Aalto-Kulturhaus, Burg Neuhaus, Schloss Fallersleben, Hoffmann-von-Fallersleben-Museum, Heinrich-Büssing-Haus, Planetarium

Hannover

IM ZWEITEN WELTKRIEG ZERSTÖRTEN BOMBEN NAHEZU 90 % DER INNENSTADT VON HANNOVER. VIEL HISTORISCHE BAUSUBSTANZ GING VERLOREN, DOCH DAFÜR ENTWICKELTE SICH NIEDERSACHSENS HAUPTSTADT ZU EINEM WICHTIGEN WIRTSCHAFTSSTANDORT MIT BEDEUTENDEN HANDELSMESSEN.

Wenn Hannovers Oberbürgermeister offizielle Empfänge an seinem Arbeitsplatz, dem 1913 eingeweihten Neuen Rathaus, vornimmt, so kann er sich einer gewissen Ehrfurcht seiner Gäste sicher sein. Malerisch umrahmt von Grünflächen und einem See signalisiert das Rathaus alles andere als Zurückhaltung und Bescheidenheit. Zwölf Jahre dauerte die Errichtung des 130 m breiten Gebäudes, dessen Fundament auf über 6000 Buchenpfählen ruht. Die Imposanz und Erhabenheit des Bauwerks kommen vollends zur Geltung, wenn man die Eingangshalle betritt, die von einer fast 100 m hohen Kuppel gekrönt wird. Es lohnt sich, im Rathaus mit der Besichtigung von Hannover zu beginnen, veranschaulichen doch zum

einen vier Modelle die Entwicklung bzw. Zerstörung der Stadt im Laufe der Geschichte, zum anderen befördert ein außergewöhnlicher Bogenaufzug Gäste und Touristen in die Kuppel, von deren Aussichtspunkten man einen spektakulären Blick auf die Stadt genießen und die nächsten Sehenswürdigkeit ins Visier nehmen kann.

Zu diesen zählt sicherlich das Alte Rathaus als schönes Zeugnis Norddeutscher Backsteingotik. Hier tagte für Jahrhunderte der Rat der Stadt, ehe er zunächst ins Wangenheim-Palais, ab 1913 dann ins das Neue Rathaus umzog. Vis-à-vis liegt die Marktkirche St. Georgii et Jacobi, deren Turm 97 m in die Höhe ragt. Der Backsteingotikbau präsentiert in seinem Inneren einen

Links: Eine nahezu 100 m hohe Kuppel krönt das Neue Rathaus von Hannover.
Oben: Abendlicher Bummel über die Krämerstraße mit Blick auf die Marktkirche
Unten: Großflächige Barockgärten schmücken die Umgebung des Schlosses Herrenhausen.

aufwändig gestalteten Passionsaltar und ist darüber hinaus die letzte Ruhestädte für General Johann Michael von Obentraut, der im Dreißigjährigen Krieg tödlich verwundet wurde und nach Ansicht vieler das Urbild des Deutschen Michels darstellt. Im Krieg vielfach zerstört, aber sorgfältig restauriert wurden jene Fachwerkhäuser, die Hannovers Altstadt schmücken und deren Baugeschichte zum Teil bis ins 16. Jh. zurückreicht. Besonders schöne Ensembles befinden sich im Bereich des Holzmarktes, der Burg- und Kramergasse.

Doch nicht nur architektonische Meisterwerke locken Besucher in Niedersachsens Hauptstadt. Mehrere Museen haben ein internationales Renommee, unter ihnen das Museum August Kestner, dessen Sammlung 6000 Jahre angewandte Kunst umfasst, oder das Sprengel-Museum mit Gemälden, Skulpturen, Fotografien und Grafiken berühmter Künstler des 20. Jh. und einem umfassenden Kurt-Schwitters-Archiv. Und nicht zuletzt ist Hannover Anziehungspunkt für Hunderttausende Menschen, die den Ruf der Stadt als modernes Messezentrum jedes Jahr aufs Neue belegen. Dafür sorgt vor allem die CeBIT als weltweit größte Messe für Informationstechnik, die Hannover zu einem Kristallisationspunkt für Innovation und Technik macht.

14 FAKTEN

* **Einwohner:** 522.700
* **Bevölkerungsdichte:** 2560 Einw./km²
* **Berühmte Personen:** Friedrich Schlegel (*1772, Philosoph u. Schriftsteller), Theodor Lessing (*1872, Philosoph u. Publizist), Theo Lingen (*1903, Schauspieler), Rudolf Augstein (*1923, Herausgeber „Der Spiegel"), Doris Dörrie (*1955, Regisseurin), Lena Meyer-Landrut (*1991, Sängerin)
* **Sehenswürdigkeiten:** Altes und Neues Rathaus, Altstadt, Marktkirche, Herrenhäuser Gärten, Leineschloss, Oper, Skulpturenmeile, Wangenheim-Palais, Leibnizhaus, Welfenschloss und Welfengarten, Bürgerhäuser

Osnabrück

ZUSAMMEN MIT MÜNSTER SCHRIEB OSNABRÜCK IM 17. JH. EUROPÄISCHE GESCHICHTE. 1648 WURDE DORT DER WESTFÄLISCHE FRIEDE UNTERZEICHNET, DER DEN DREISSIGJÄHRIGEN KRIEG BEENDETE UND DEN BESTAND DES HEILIGEN RÖMISCHEN REICHES FÜR DIE NÄCHSTEN 150 JAHRE SICHERTE.

Es ist das beeindruckende spätgotische Rathaus am Marktplatz, in dessen Versammlungssaal zwischen 1643 und 1648 die langwierigen Friedensverhandlungen geführt wurden. 150 Abgeordnete waren in Osnabrück daran beteiligt, 42 dieser „Pazifikatores", der Friedensmacher, wurden mit je einem Ölgemälde gewürdigt – darunter die maßgeblich am Dreißigjährigen Krieg beteiligten Herrscher Kaiser Ferdinand III., König Ludwig XIV. von Frankreich sowie Königin Christina von Schweden als Nachfolgerin ihres kriegsführenden Vaters Gustav II. Adolf von Schweden. Auch der Berater Gustav Adolfs und Leiter des deutschen Protestantismus nach dessen Tod, Graf Oxenstierna, war bei den Verhandlungen in Osnabrück anwesend und wurde in Öl

verewigt. Das Rathaus, heute wieder im Glanz des 16. Jh. erstrahlend, wurde erst in den vergangenen Jahrzehnten gänzlich in seinen Urzustand zurückverwandelt. Im 18. Jh. einige Male „modernisiert", wurde das Gebäude im Zweiten Weltkrieg von Bomben getroffen und brannte aus. Umsichtige Bürger hatten jedoch bereits einen Großteil der historischen Innenausstattung ausgelagert und so konnte nach dem Krieg nicht nur der Bau rekonstruiert, sondern auch die Inneneinrichtung zu einem Großteil wieder hinzugefügt werden. Und so findet sich im Friedenssaal neben den 42 Ölporträts auch noch der originale Leuchter aus dem 16. Jh., der in einem einzigartigen Bildprogramm etwa Adam und Eva im Paradies und die Heilige Jungfrau Maria mit dem Jesuskind zeigt.

Links: Blick vom Hegener Turm auf Häuser der Altstadt
Oben: Anlässlich des 2000. Jahrestages der Varus-
schlacht von 9 n.Chr. wurden im Park Kalkriese nördlich von Osnabrück Feldzeichen gesetzt und illuminiert.
Mitte: Begehbarer Regenwurm – nur eines von vielen
spannenden Exponaten im Museum am Schölerberg
Unten: Marktplatz mit Kirche St. Marien und dem
historischen Rathaus im Hintergrund

Ebenfalls am Markt beeindrucken die alte Stadtwaage mit ihrem Treppengiebel sowie die Kirche St.
Marien, eine gotische Hallenkirche, die auf romanischen
Fundamenten steht. Die Kirche sollte jedoch durch ihre
zentrale Lage am Markt nicht mit dem Osnabrücker
Dom einige Straßenzüge entfernt verwechselt werden.
Das mächtige, dem heiligen Peter geweihte Bauwerk irri-
tiert bei seiner Betrachtung durch einen recht asymmet-
rischen Bau. Als Gotteshaus der Spätromanik sticht der
südwestliche, frühgotische Turm hervor: Er ist größer
als der romanische Turm, wirkt dabei aber wesentlich
plumper. Im Innern imponieren das bronzene Taufbecken von 1225, das nur fünf Jahre jüngere Triumphkreuz
sowie die Güldentafel, der Hochaltar aus prächtigen
Goldschmiedearbeiten.

Am Rande Osnabrücks sollte man nicht ver-
säumen, den ehemaligen Steinbruch am Piesberg zu
besichtigen. Dort wurde bis ins 21. Jh. hinein Sandstein
abgebaut. Sehr eindrucksvoll dokumentiert der Steinbruch die viele Millionen Jahre alte Erdgeschichte.

15 **FAKTEN**

* **Einwohner:** 164.100
* **Bevölkerungsdichte:** 1370 Einw./km^2
* **Berühmte Personen:** Rudolf Seiters (*1937, Politi-
ker), Paul Kirchhof (*1943, Verfassungs-, Steuerrecht-
ler u. Bundesverfassungsrichter), Olaf Scholz (*1958,
Politiker), Christian Wulff (*1959, Politiker), Jochen
Horst (*1961, Schauspieler)
* **Sehenswürdigkeiten:** Rathaus des Westfälischen
Friedens, Schloss, Dom St. Peter, Kloster Gertru-
denberg, Felix-Nussbaum-Haus, Kulturgeschichtli-
ches Museum, „Steinwerke" z.B. Bierstraße 7 oder
Dielingerstraße 13, Bucksturm, Waterloo-Tor, Heger
Tor, Botanischer Garten, Ledenhof, Steinbruch am
Piesberg, Museum Kalkrise nördlich von Osnabrück

Braunschweig

EIN BLICK AUF DEN BURGPLATZ GENÜGT, UM ZU WISSEN: HIER HAT EIN MÄCHTIGER GEWIRKT UND SEINE SPUREN HINTERLASSEN. UND IN DER TAT: ES WAR HEINRICH DER LÖWE, DER DIE STADT AN DER OKER ZU SEINER STÄNDIGEN RESIDENZ MACHTE UND EINE WIRTSCHAFTLICH-KULTURELLE BLÜTE IN GANG SETZTE.

Als sich der Welfenfürst Heinrich der Löwe 1182 gezwungen sah, nach England ins Exil zu gehen, hatte er die entscheidenden historischen Anstöße in Braunschweig bereits gegeben. Um 1160 begann an der Stelle einer einstigen Befestigungsanlage der Bau von Burg Dankwarderode, die zur Residenz des Welfen wurde. Sechs Jahre später kam ein weiteres Herrschaftszeichen hinzu: ein 2,80 x 1,80 m großer Bronzeguss. Dieser Braunschweiger Löwe – heute ein Wahrzeichen der Stadt – ist die älteste erhaltene Großplastik des Mittelalters nördlich der Alpen und schmückt noch heute als Kopie den Burgplatz. Und auch ein Sakralbau geht auf die Initiative des berühmten Welfen zurück: Zwischen 1173 und 1195 wurde in unmittelbarer Nähe zur Pfalz der Dom St. Blasii errichtet, der zugleich das Grabmal des Herrschers und seiner Gattin Mathilde beherbergt.

Mit dem Tod Heinrich des Löwen im Jahr 1195 endete die Blütezeit der Residenzstadt nicht. Im Gegenteil. Die strategisch günstige Verkehrslage am Schnittpunkt bedeutender Fernhandelsstraßen brachte zusammen mit der Mitgliedschaft in der Hanse einen enormen wirtschaftlichen Aufschwung. Es bestanden Handelsbeziehungen zu norddeutschen Hansestädten, aber auch zu England, Russland, Gotland oder Riga. Der Altstadtmarkt mit dem Rathaus zeugt von dieser Prosperität und dem bürgerlichen Selbstbewusstsein.

* **Einwohner:** 248.900
* **Bevölkerungsdichte:** 1295 Einw./km²
* **Berühmte Personen:** Carl Friedrich Gauß (*1777, Mathematiker, Physiker u. Astronom), Louis Spohr (*1784, Komponist, Dirigent u. Geiger), Jette Joop (*1968, Schmuck- und Modedesignerin)
* **Sehenswürdigkeiten:** Residenzschloss, Alte Waage, Dom, Burgplatz, Braunschweiger Löwe, Burg Dankwarderode, Landesmuseum, Huneborstelsches Haus, Happy RIZZI House, Altstadt mit Rathaus und Brunnen

Mehrere Entwicklungen zu Beginn der Neuzeit besiegelten das Ende der Blütezeit Braunschweigs: innere politische Machtkämpfe, Auseinandersetzungen mit dem Landesherrn, die sich nach dem Bekenntnis der Stadt zum Luthertum intensivierten, und der Niedergang der Hanse. Den vorübergehenden Tiefpunkt markierte das Jahr 1671, in dem unter der Führung des Welfen Herzog Rudolf August die Stadt eingenommen und unter die Herrschaft des Fürstentums Braunschweig-Wolfenbüttel gestellt wurde – die Hoffnung auf politische Selbständigkeit musste vorerst aufgegeben werden.

Heute präsentiert sich Braunschweig wieder als selbstbewusste Stadt, die auch die verheerenden Zerstörungen des Zweiten Weltkriegs überwunden hat. Im neuen Jahrtausend wurde das Schloss, das zwischen 1753 und 1918 den Herzögen von Braunschweig als Residenz diente, im Krieg schwer beschädigt und 1960 abgerissen wurde, in Teilen wiedererrichtet. Der Stadtrat genehmigte den Bau eines Einkaufscenters mit der Maßgabe, dass die Schlossfassade unter Verwendung noch vorhandener Originalbauteile rekonstruiert würde. Der Wiederaufbau ist mittlerweile abgeschlossen, in den Räumlichkeiten sind auch Stadtarchiv und -bibliothek sowie Kulturinstitute untergebracht.

Links: Burgplatz mit Burg Dankwarderode, Rathausturm, Löwendenkmal und Dom St. Blasii
Oben: Urlaubsflair auf dem Marktplatz
Mitte: Die von dem New Yorker Künstler James Rizzi gestalteten Häuser fallen sofort ins Auge.
Unten: Hinter dieser Fassade befinden sich keine königlichen Gemächer, sondern ein Kaufhaus.

Hildesheim

EIN SPLITTER AUS DEM HEILIGEN KREUZ, AN DEM JESUS DEN OPFERTOD STARB, GAB 993 DEN AN-
STOSS FÜR DIE ERRICHTUNG EINER KAPELLE, DER SCHON BALD DIE BASILIKA ST. MICHAEL FOLGTE –
EINE DER BEIDEN WELTKULTURERBESTÄTTEN IN HILDESHEIM.

Es war eine glückliche Fügung für die Stadt Hildesheim – hervorgegangen aus einer Kaufmannssiedlung und 815 von Ludwig dem Frommen zum Bistum erhoben –, dass sie vor rund 1000 Jahren mit Bernward nicht nur einen engagierten Bischof fand, sondern zugleich einen weitsichtigen Politiker und bedeutenden Kunstmäzen. Bernward wurde in Hildesheim geboren und 993 zum Bischof geweiht.

In die fast 30 Jahre andauernde Regierungszeit Bernwards fällt auch die Errichtung des mächtigen Kirchenbaus St. Michael. Es ist der Weitsicht einiger Geistlicher zu verdanken, dass das Prunkstück der doppelchörigen Basilika noch heute zu bestaunen ist: 1943 wurde die hölzerne Flachdecke mit dem Stammbaum Christi als unschätzbares Zeugnis romanischer Monumentalmalerei vorsorglich ausgelagert und entging den Zerstörungen des Zweiten Weltkriegs. Und so schmückt heute das knapp 28 m lange Deckengemälde abermals das Mittelschiff der seit 1947 wieder aufgebauten Kirche.

Auch der Hildesheimer Dom St. Mariä Himmelfahrt samt seiner Kunstschätze ist Bestandteil des Weltkulturerbes – und nicht nur das: An der Ostapsis rankt der „Tausendjährige Rosenstock". Einer Legende zufolge befestigte Ludwig der Fromme just an diesem Rosenstock sein Marienreliquiar zum Beten und vergaß es dort. Es verwuchs mit der Rose, was als göttliches

Links: Fachwerkhäuser und das Rathaus mit Stufengiebel prägen u.a. das Bild vom Hildesheimer Marktplatz.
Oben: Vor dem „Tempelhaus", einem frühgotischen Patrizierhaus, befindet sich der Rolandbrunnen, der ursprünglich 1548 errichtet wurde.
Unten: Unzählige Schnitzereien schmücken das Knochenhaueramtshaus auf dem historischen Marktplatz.

Zeichen angesehen wurde und zum Bau einer Kapelle als Keimzelle des späteren Bistums veranlasste. Warum nicht nur das Gebäude, sondern auch die Kunstschätze des Doms in der Beurteilung der UNESCO besondere Erwähnung finden, erklärt sich bereits beim Eintritt in den Dom. Man durchschreitet eine 5 m hohe Bronzetür mit aufwändigsten Reliefs. Die Kirche selbst beherbergt insbesondere mit dem Heziloleuchter von 1061 – dem größten Radleuchter Deutschlands – oder der Christussäule zwei außergewöhnlich kostbare Kunstschätze. Sie sind, wie das gesamte Innere des Sakralbaus, erst wieder ab 2014/15 zu begutachten, wenn der Dom nach fünf Jahren der Restaurierung zum 1200-jährigen Bistumsjubiläum wiedereröffnet wird.

Auch wenn der Dom in seiner ganzen Pracht nicht zugänglich ist – ein Besuch der Stadt lohnt allemal. Dafür sorgt allein der Marktplatz, der sich heute dank ehrgeiziger Rekonstruierungsarbeiten in den 1980er-Jahren als ein geschlossenes Ensemble historischer Gebäude darstellt. Neben dem Rathaus und dem mit Türmen und Renaissance-Erkern versehenen Tempelhaus sind es vor allem das Wedekindhaus und das Knochenhaueramtshaus, die durch ihre reich mit Schnitzereien verzierten Fassaden die Blicke auf sich ziehen.

17 FAKTEN

* **Einwohner:** 102.800
* **Bevölkerungsdichte:** 1159 Einw./km^2
* **Berühmte Personen:** Heinrich II. (*973, deutscher Kaiser), Bernd Clüver (*1948, Schlagersänger), Wolfgang und Christoph Lauenstein (*1962, Filmemacher u. Oscar-Preisträger für „Balance"), Diane Kruger (*1976 in Algermissen im Landkreis Hildesheim, Schauspielerin)
* **Sehenswürdigkeiten:** Dom, St. Michael, historischer Marktplatz mit Wedekindhaus und Knochenhaueramtshaus, Roemer- und Pelizaeus-Museum, St. Godehard, St. Magdalenen

Goslar

SO SCHÖN DIE UMLIEGENDE LANDSCHAFT AUCH SEIN MAG: NICHT DIE WÄLDER, BERGE UND SCHLUCH-
TEN DES HARZES GABEN DEN AUSSCHLAG FÜR DIE ERNENNUNG GOSLARS ZUR KAISERPFALZ, SON-
DERN ERGIEBIGE ERZQUELLEN AM RAMMELSBERG, DIE BEREITS SEIT DEM 3. JH. GENUTZT WURDEN.

Mehrere Hügel und Berge erheben sich in der Umgebung des niedersächsischen Goslars, doch keiner von ihnen erreicht die Höhe, geschweige denn die Bedeutung des Rammelsbergs. Einer Legende zufolge war es der Ritter Ramm, der dem 635 m hohen Berg seinen Namen gab und den verborgenen Reichtum per Zufall entdeckte. Er ritt mit seinem Pferd in die Wälder, um dort zu jagen. Am Rammelsberg band er das Tier an einen Baum und dieses, ungeduldig auf die Rückkehr seines Herrn wartend, scharrte mit den Hufen und legte dabei eine Erzader frei. Die bald darauf am Fuße des Berges wachsende Stadt wurde nach Gosa, der Gemahlin des Ritters, benannt.

Was selbst Ritter Ramm, ein Gefolgsmann Ottos I., bei seiner Entdeckung im 10. Jh. nicht geahnt haben dürfte: Am Rammelsberg entstand in der Folgezeit das größte zusammenhängende Kupfer-, Blei und Zinkerz-lager der Welt. Über 1000 Jahre – bis zur endgültigen Schließung 1988 – wurde Erz nahezu ununterbrochen gefördert, ein weltweites Alleinstellungsmerkmal, das die UNESCO 1992 dazu bewog, den Rammelsberg zusammen mit der Altstadt von Goslar in die Liste des Weltkulturerbes aufzunehmen. Das Bergwerk beherbergt heute ein Museum, zu dem auch ein altes Stollensystem gehört, in dem die jahrhundertelange Arbeit unter Tage auf lebhafte und authentische Weise veranschaulicht wird.

Links: Blick über Goslar auf die sanft geschwungenen Hügel der Umgebung
Oben: 1865 wurde über einen Abriss der Kaiserpfalz nachgedacht, der jedoch abgewendet werden konnte.
Unten: Neben der Gosa fließt auch die Abzucht entlang der historischen Fachwerkhäuser von Goslar.

Mit dem Erz kommt nicht nur der Wohlstand, sondern auch die Erhebung der Stadt zu einem der bedeutendsten Zentren des Reichs – Synoden und Reichstage werden hier abgehalten. Kaiser Konrad II. gibt den Anstoß zur Errichtung einer Kaiserpfalz am Fuße des Rammelsbergs, die 1050 unter Heinrich III. ihre Vollendung findet. Mit 54 m Länge und 18 m Tiefe entsteht der größte Profanbau des 11. Jh., dessen 7 m hoher Thronsaal im Obergeschoss allein dem Kaiser und seinem Gefolge vorbehalten war. Im Süden verbindet ein Arkadengang das Bauwerk mit St. Ulrich, einer Doppelkapelle, in der sich das Grab des 1056 verstorbenen Kaisers Heinrich III. befindet.

1253 hält sich mit Wilhelm von Holland zum letzten Mal ein Kaiser in der Pfalz auf. Mit dem Verlust der politischen Bedeutung Goslars gehen auch die Zweckentfremdung des Bauwerks – der Kaiserbau dient vorübergehend als Lager, die Ulrichskapelle als Gefängnis – und sein anschließender Verfall einher. 1865 wird der Abriss der einst so bedeutenden Kaiserpfalz zugunsten einer Restaurierung abgewendet, die zehn Jahre später abgeschlossen wird. Nicht alles wurde originalgetreu wiedererrichtet, doch der in exponierter Lage befindliche Bau gibt heute wieder einen guten Eindruck von der einstigen Bedeutung Goslars.

18 FAKTEN

* **Einwohner:** 41.000
* **Bevölkerungsdichte:** 443 Einw./km^2
* **Berühmte Personen:** Heinrich IV. (*1050, König des Ostfränkischen Reichs, ab 1084 Kaiser), Sigmar Gabriel (*1953, Politiker), Volker Bartsch (*1953, Maler u. Bildhauer), Mathias Hain (*1972, Fußballer), Aaron Hunt (*1986, Fußballer)
* **Sehenswürdigkeiten:** Bergbaumuseum Rammelsberg, Kaiserpfalz mit Goslaer Kaiserstuhl, Rathaus, Marktplatz, Zwinger

Göttingen

IN EINER MISCHUNG AUS GELEHRSAMKEIT UND ÜBERMÜTIGER LEBENSFREUDE PRÄSENTIERT SICH DAS NIEDERSÄCHSISCHE GÖTTINGEN DEM BESUCHER. BEIDES IST DER UNIVERSITÄT BZW. IHREN STUDENTEN GESCHULDET, DIE DIE GEGENSÄTZLICHEN LEBENSWEISEN GEKONNT ZU VEREINEN WISSEN.

An einem schönen Frühlingstag lässt sich das Leben in der Stadt am besten beobachten: Auf dem Marktplatz beleben sich am Vormittag die Cafés im Schatten des Alten Rathauses. Die ehrwürdigen Mauern, deren älteste aus dem 14. Jh. stammen, bieten einen schönen Rahmen für die Studenten und Touristen, die sich hier zum frühen Sonnenbad niederlassen. Wer Glück hat, sieht einen Studenten älteren Semesters, der die Pergola des Marktbrunnens erklettert und die zierliche Bronzefigur darunter, die Gänseliesel, küsst. Dann weiß man: Göttingen ist um einen jungen Gelehrten reicher, denn küssen darf das bronzene Mädchen nur, wer gerade seine Doktorwürde erlangt hat.

An Gelehrten mangelte es der Georg-August-Universität, 1734 von dem gleichnamigen Kurfürsten von Hannover gegründet, nie: Allein 44 Nobelpreisträger lernten oder lehrten in Göttingen, zwölf von ihnen erhielten den Preis ausdrücklich für ihre Forschungen in der Stadt. Auch andere wichtige Persönlichkeiten sind mit ihr verbunden. Der Mathematiker, Astronom und Physiker Carl Friedrich Gauß beispielsweise studierte in Göttingen und war erster Direktor der Sternwarte. Diese ist nur einer der Glanzpunkte der Universitätsgebäude, die es zu besichtigen gilt. Beeindruckend ist vor allem der historische Bibliothekssaal in der Paulinerkirche. 1304 im Osten der Altstadt als Kirche des Dominika-

Links: Die Johannisstraße in Göttingen besticht durch ihre zahlreichen Fachwerkhäuser.
Oben: Die alte Mensa der Georg-August-Universität
Mitte: Historische Aula der Universität
Unten: Ende des 19. Jh. wurde das Alte Rathaus vom Maler Hermann Schaper reich ausgeschmückt.

nerklosters geweiht, wurde sie im Zuge der Reformation zunächst als protestantische Kirche genutzt und später aufgelassen, um zum Bibliothekssaal umgestaltet zu werden. Geforscht haben in der schönen Hallenkirche, die heute als Veranstaltungssaal genutzt wird, wohl schon die „Göttinger Sieben", sieben liberale Universitätsprofessoren (darunter die Gebrüder Grimm), die gegen die Aufhebung der Verfassung durch König Ernst August I. von Hannover protestierten und dafür ihres Amtes enthoben und des Landes verwiesen wurden. Auch die klassizistische Aula und das ehemalige Hörsaalgebäude „Auditorium maximum", in dem sich mittlerweile die Kunstsammlung der Hochschule befindet, sollte bei einem Besuch Göttingens Beachtung finden.

Doch auch weniger akademische Ziele lohnen in der Stadt: Neben dem Alten Rathaus mit seinen Prunksälen ziehen vor allem die Fachwerkhäuser der Gotik und Renaissance – wie das Haus des Abel Bornemann oder die Junkernschänke in der Barfüßerstraße – die Blicke auf sich. Auch die St.-Johannis-Kirche mit ihren Doppeltürmen und dem beeindruckenden romanischen Nordportal darf nicht übersehen werden.

19 FAKTEN

* **Einwohner:** 121.060
* **Bevölkerungsdichte:** 1036 Einw./km²
* **Berühmte Personen:** Robert Wilhelm Bunsen (*1811, Chemiker), Hans-Jochen Vogel (*1926, Politiker), Gudrun Landgrebe (*1950, Schauspielerin), Herbert Grönemeyer (*1956, Sänger), Martin Sonneborn (*1965, Journalist), Sandra Nasic (*1976, Sängerin), Timo Ochs (*1981, Fußballtorwart)
* **Sehenswürdigkeiten:** Altstadt, Altes Rathaus, Georg-August-Universität samt Botanischen Gärten, Karzer der Universität, St. Johannis, St. Jacobi, Hardenberger Hof, Deutsches Theater, Internationale Händel-Festspiele

Bremerhaven

DAS WAPPEN BREMERHAVENS ZEIGT DIE ZWEI ÖKONOMISCHEN GRUNDPFEILER DER STADT: SCHIFFE
UND FISCHE. EINST ALS „HAVEN" DER HANSESTADT BREMEN KONZIPIERT, HAT SICH BREMERHAVEN
ZU EINEM WIRTSCHAFTSSTANDORT MIT EIGENSTÄNDIGEM, MARITIMEM PROFIL ENTWICKELT.

Die Geschichte Bremerhavens beginnt 1827, als sich die Hansestadt Bremen dazu entschließt, den durch zunehmende Versandung der Unterweser gefährdeten Seehandel zu retten und einen günstig gelegenen Hafen zu bauen. Nach zähen Verhandlungen kann Bürgermeister Johann Smidt vom Königreich Hannover ein Landstück am rechten Weserufer, nördlich der Geestemündung, erwerben. Noch im gleichen Jahr entsteht der Alte Hafen, der für viele zum Ort des Abschieds von ihrer Heimat wird, denn in der ersten Hälfte des 19. Jh. treten Tausende Menschen in der Hoffnung auf ein besseres Leben von hier aus den Weg in die USA an. Das Deutsche Auswandererhaus widmet sich diesem ergreifenden Kapitel der Geschichte.

1847 wird mit dem Bau des Neuen Hafens begonnen, der dem wachsenden Schiffsverkehr, aber auch den Erfordernissen neuer Schiffsgenerationen gerecht wird. Der Alte Hafen wandelt sich zunächst zum Fischereihafen, bis er nach und nach zum Museumshafen umgebaut wird. Heute liegen hier historische Schiffe – unter ihnen ein Walfangboot, ein U-Boot von 1945 oder ein Polarforschungsschiff von 1867 – und das Deutsche Schifffahrtsmuseum beleuchtet alle Facetten der Seefahrt mit einer Vielzahl äußerst sehenswerter Exponate. Nicht zuletzt hat im Alten Hafen auch das Alfred-Wegener-Institut für Polar- und Meeresforschung seinen Sitz, das u.a. sechs Forschungsschiffe und permanente Stationen in der Arktis und Antarktis unterhält.

20 **FAKTEN**

* **Einwohner:** 113.370
* **Bevölkerungsdichte:** 1208 Einw./km²
* **Berühmte Personen:** Johanna Goldschmidt (*1807, Frauenrechtlerin u. Schriftstellerin), Andreas Rickmers (*1835, Werftbesitzer u. Reeder), Lale Andersen (*1905, Sängerin), Heino Ferch (*1963, Schauspieler)
* **Sehenswürdigkeiten:** Bürgermeister-Smidt-Gedächtniskirche, Alter und Neuer Hafen, Container- und Fischereihafen, Skulpturbrunnen Burgwelle, Klimahaus, Richtfunkturm, Nordschleuse, Deutsches Auswandererhaus, Historisches Museum

Der Weserdeich im Bereich des mit Schleusen versehenen Übergangs von Altem und Neuem Hafen zieht durch seine Gegensätze an: Während sich im Hafen etliche Traditionsboote aneinanderreihen und nostalgisches Flair verströmen, dominiert Richtung Weser ein Konglomerat hochmoderner Architektur, das auch Ausdruck einer neuen Identität der Stadt geworden ist. Zu Füßen des Atlantic Hotel Sail City, dessen öffentlich zugängliche Aussichtsplattform den besten Ausblick über die Stadt bietet, liegt das Klimahaus Bremerhaven 8° Ost, das die Besucher auf eine Reise in die wichtigsten Klimazonen der Erde entführt. Vorbei am Conference Center und dem Zoo am Meer öffnet sich schon bald der Blick auf den Überseehafen, der mit dem südlich des Stadtzentrums gelegenen Fischereihafen das ökonomische Zentrum Bremerhavens bildet. Am Kreuzfahrtterminal gehen Luxusliner vor Anker, nicht weit davon entfernt reihen sich Brücken zum Löschen der Fracht. Hier legen Schiffe von bis zu 350 m Länge an, die mit bis maximal 8000 Containern beladen werden können. An diesem europaweit überaus wichtigen Umschlagplatz herrschen Hektik und Betriebsamkeit vor. Davon kann sich jeder Besucher spätestens beim Anblick des Verladens Tausender Fahrzeuge – es sind bis zu 1,3 Mio. im Jahr – überzeugen.

Links: Containerhafen – hier wird viel bewegt
Oben: Hafenfest in Bremerhaven
Mitte: Vom Alten Hafen aus fällt der Blick auf die moderne Architektur der „Havenwelten Bremerhaven".
Unten: Eine gläserne Brücke verbindet das Klimahaus mit dem Columbus-Center.

Bremen

BREMEN BILDETE EINST ZUSAMMEN MIT HAMBURG UND LÜBECK DAS TRIUMVIRAT DER DEUTSCHEN HANSE. WIE ERFOLGREICH SICH DIE STADT IM SPÄTMITTELALTERLICHEN WELTHANDEL DURCHSETZEN KONNTE, BELEGEN ZAHLREICHE GEBÄUDE DER ZEIT AUFS PRÄCHTIGSTE.

Wer auf dem Marktplatz von Bremen steht und um sich blickt, kann sich ein Bild machen von der Zeit, als die Bürger der Stadt durch Seefahrt und Handel zu Reichtum gelangten und der Hansestadt eine kulturelle und wirtschaftliche Blütezeit bescherten. Wunderschöne, gut erhaltene Giebelhäuser säumen den großzügig angelegten Platz, dessen nordöstliche Seite durch das beeindruckende Rathaus begrenzt wird. Zwischen 1405 und 1408 entstand ein gotischer Backsteinbau, der 200 Jahre später durch eine Renaissancefassade mit einer überreichen Fülle an Figuren und Reliefs sowie einem aufwändigen Erker mit flandrischem Giebel eine wesentliche Umgestaltung erfuhr.

Die äußere Pracht des Rathauses setzt sich in seinem Inneren fort: Allein die Große Halle mit 8 m Höhe und 41 m Länge erfüllt alle Repräsentationszwecke, die man sich wünschen kann. Nicht weniger beeindruckend sind die Lagerräume für den Wein, der im Ratskeller ausgeschenkt wird. Sie erstrecken sich über eine Länge von 2 km – ein Relikt aus der Zeit, als Bremen der wichtigste Umschlag- und Lagerplatz für Weißweine war. Vor dem Rathaus erhebt sich

die 5,5 m hohe Rolandfigur – ein beeindruckendes Zeugnis für das Selbstverständnis des Bürgerturms und Symbol für die Rechte der freien Stadt. Nicht weniger häufig wird ein weitaus kleineres Denkmal an der Westseite des Rathauses aufgesucht: Es zeigt die durch die Gebrüder Grimm berühmt gewordenen Bremer Stadtmusikanten.

In unmittelbarer Nachbarschaft zum Rathaus erhebt sich der St.-Petri-Dom mit seinen nahezu 100 m hohen Türmen. Fünf Orgeln sowie eine reich ausgestattete Barockkanzel machen das Gotteshaus zu einem lohnenswerten Ziel. Bewegt man sich vom Dom Richtung Weser, so taucht man sogleich in eine andere Welt ein. Auch hier – im Schnoorviertel, durch das Böttcher- und Wachtstraße führen – befinden sich Giebelhäuser wie auf dem Marktplatz, doch die Dimensionen sind andere. Die schmucken Häuser sind klein, schmal und bilden enge Gassen, in denen dank niedergelassener Künstlerwerkstätten, Läden, Cafés und Galerien ein wunderschön pulsierendes Zentrum von Bremen entstanden ist, in dem sich Bürger und Touristen gleichermaßen gerne bewegen.

 21 **FAKTEN**

* **Einwohner:** 547.340
* **Bevölkerungsdichte:** 1682 Einw./km²
* **Berühmte Personen:** Joseph Emil Hachez (*1862, Mitbegründer der Schokoladenfabrik Hachez), Ernst Rowohlt (*1887, Verleger), Karl Carstens (*1914, Politiker), James Last (*1929, Komponist u. Bandleader), Jürgen Trittin (*1954, Politiker), Katja Riemann (*1963, Schauspielerin), Meret Becker (*1969, Schauspielerin)
* **Sehenswürdigkeiten:** Roland, Rathaus, Bremer Stadtmusikanten, Ratskeller, St.-Petri-Dom, Haus der Bürgerschaft, Bremer Loch, Kulturhaus, Stadtwaage, Universum, Kunsthalle, Herdentor-Wallmühle

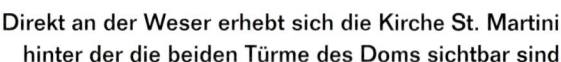 **Direkt an der Weser erhebt sich die Kirche St. Martini, hinter der die beiden Türme des Doms sichtbar sind.**

Eine 5,5 m hohe Rolandfigur wacht über den historischen Marktplatz von Bremen, der von wunderschönen Giebelhäusern gesäumt wird.

Magdeburg

DREI GOTTESHÄUSER PRÄGEN DIE SILHOUETTE MAGDEBURGS UND ZEUGEN VOM GLANZ DER EINS-
TIGEN KAISERPFALZ OTTOS I. SIE SIND DIE WENIGEN MITTELALTERLICHEN RELIKTE IN EINER STADT, DIE
ZUNÄCHST IM 17. JH. UND ERNEUT 1945 NAHEZU VOLLSTÄNDIG ZERSTÖRT WURDE.

Als Magdeburg im Jahr 2005 sein 1200-jähriges Bestehen feierte, konnte es auf eine ebenso lange wie wechselhafte Geschichte zurückblicken. Unter Otto I. wurde die Stadt Kaiserpfalz, 968 zum Erzbistum erhoben. Diese Entwicklungen zu einem politisch bedeutenden Zentrum wurden begleitet von einem wirtschaftlichen Aufschwung und dem Erstarken des Bürgertums, welches durch das europaweit kopierte Magdeburger Recht mit zahlreichen Freiheiten ausgestattet war.

1524 bekannten sich die Gemeinden zur Reformation – eine folgenschwere Entscheidung, wie das kommende Jahrhundert zeigen wird. Denn da sich

Magdeburg allen Rekatholisierungsversuchen widersetzte, begann 1631 die Belagerung der Stadt durch kaiserliche Truppen, die am 20. Mai 1631 in ihrer Erstürmung und Zerstörung gipfelte. 20.000 der rund 39.000 Einwohner starben bei den Massakern, fast alle Gebäude wurden durch Brandschatzung dem Erdboden gleichgemacht. Dass der Magdeburger Dom, in dem sich der Sarkophag von Otto I. befindet, und das Kloster Unser Lieben Frauen von den Plünderungen und Verwüstungen weitestgehend verschont blieben, kommt einem Wunder gleich.

Unter dem Ratsherrn und späteren Bürgermeister Otto von Guericke begann Mitte des 17. Jh. der Wiederaufbau der Stadt und deren sprichwörtliche Wiederbelebung, die sich unter preußischer Herrschaft und im Zuge der industriellen Revolution weiter fortsetzte. Doch 1945 erlitt Magdeburg einen zweiten herben Rückschlag: 85 % der Altstadt wurden bei alliierten Bombenangriffen vernichtet, knapp 200.000 Bewohner verloren ihr Zuhause.

Die Folgen des Krieges sind noch heute sichtbar. Wo sich einst spätbarocke Gebäude und Bürgerhäuser befanden, entstanden in der Nachkriegszeit zahlreiche funktionelle Wohn- und Bürohäuser, bei denen ästhetische Kriterien nur eine untergeordnete Rolle spielten.

Wer Magdeburg in heutigen Tagen besucht, kann dieses architektonische Erbe ebenso erleben wie zahlreiche positive Entwicklungen der letzten Jahre. Die Hauptstadt Sachsen-Anhalts hat an ihrem Stadtbild gearbeitet und wurde dafür mehrfach ausgezeichnet: Plätze wurden umgestaltet, Straßen und Gebäude saniert, die Otto-von-Guericke-Universität und die Hochschule Magdeburg-Stendal eingeweiht und auf einem ehemaligen Militärgelände fand 1999 die 25. Bundesgartenschau statt, dessen markantestes Wahrzeichen der sogenannte Jahrtausendturm ist.

Links: Die St.-Johannis-Kirche bietet einen spektakulären Ausblick auf die Elbe und die Stadt Magdeburg.
Oben: Blick über die Elbe auf den Magdeburger Dom, das älteste gotische Bauwerk auf deutschem Boden
Unten: Der Stil ist unverkennbar – die von Friedensreich Hundertwasser entworfene Grüne Zitadelle

  **22**  **FAKTEN**

* **Einwohner:** 231.500
* **Bevölkerungsdichte:** 1152 Einw./km^2
* **Berühmte Personen:** Otto von Guericke (*1602, Politiker, Wissenschaftler u. Erfinder), Georg Philipp Telemann (*1681, Komponist), Karl Schmidt (*1902, Widerstandskämpfer im Dritten Reich), Gustav Schäfer (*1988, Schlagzeuger der Band Tokio Hotel)
* **Sehenswürdigkeiten:** Dom, Kloster Unser Lieben Frauen, St. Johannis, St. Sebastian, Grüne Zitadelle, Hafen, Elbepromenade, Elbauenpark, Rathaus, Landtag, Otto-Richter-Straße, Jahrtausendturm

Dessau-Roßlau

KÜNSTLERISCHE VISIONEN, GESTALTUNGSWILLE UND KREATIVITÄT SIND DIE GRUNDLAGEN ZWEIER WEGWEISENDER SCHÖPFUNGEN, DIE DESSAU-ROSSLAU GLEICH ZWEI MAL DIE AUSZEICHNUNG ZUM WELTKULTURERBE BESCHERTEN: DAS BAUHAUS UND DAS GARTENREICH DESSAU-WÖRLITZ.

Gemessen an der weltweiten Geltung des Bauhauses als wichtigste Architektur- und Designschule des 20. Jh. erscheint Dessau-Roßlau als Epizentrum dieser Bewegung überraschend beschaulich. Eine erste Blütezeit erlebte die Stadt, die bis zur Kreisreform 2007 von Roßlau getrennt war, unter der Regentschaft von Leopold III. Friedrich Franz (1740–1817), der Dessau zu einem Zentrum der Aufklärung und der deutschen Kultur machte.

Die zweite Blütezeit fand im 20. Jh. mit dem Einzug des Bauhauses statt. Die Geburtsstunde der avantgardistischen Strömung fällt in das Jahr 1919, als Walter Gropius das „Staatliche Bauhaus in Weimar" gründete.

Eine der Grundideen seines Konzepts, für das er namhafte Künstler wie Wassily Kandinsky, Paul Klee oder Mies van der Rohe gewinnen konnte, war die Aufhebung der traditionell getrennten Kunstbereiche wie Bildhauerei, Kunstgewerbe und Malerei. 1924 zog das Weimarer Bauhaus unter politischem Druck nach Dessau, zwei Jahre später wurde mit einem lichtdurchfluteten, von klaren Formen geprägten Gebäudekomplex die Wirkungsstätte der Bauhaus-Lehrer und -Schüler eingeweiht. Sie ist noch heute Hauptmagnet für die Besucher der Stadt.

Zeitgleich mit dem Bauhaus-Hauptgebäude entstanden in Dessau die sogenannten Meisterhäuser nach den Plänen von Walter Gropius. Inmitten eines Kiefernwäld-

Links: Im Jahr 1926 wurde das Zentrum der Bauhaus-Bewegung in Dessau eröffnet
Oben: Auch vom Boot aus lassen sich die Schönheiten des Gartenreichs Dessau-Wörlitz erkunden.
Unten: Eines der Meisterhäuser von Walter Gropius

chens wurden drei Doppelhäuser und ein Einzelhaus für die Meister und den Direktor des Bauhauses errichtet, wobei zum Teil seriell hergestellte Materialien zum Einsatz kamen. Diese Herangehensweise trug bereits die Idee einer beliebigen Vervielfältigung von Gebäuden mit identischen Grundformen und wiederkehrenden Gebrauchsgegenständen in sich, wie sie z.B. Ende der 1920er-Jahre in Gestalt des Siedlungsbaus in Dessau-Törten umgesetzt wird.

Der Weg von den Wirkungsstätten der Bauhaus-jünger bis zum zweiten Weltkulturerbe ist nicht weit: Über eine Fläche von 142 km² erstreckt sich das Garten-reich von Dessau-Wörlitz, bei dem die Umsetzung eines im Zeichen der Aufklärung stehenden Konzeptes zu bewundern ist. Es ging um die harmonische Verbindung von Landschaftsgestaltung, Architektur und Kunst, Er-ziehung und Wirtschaft. In der Praxis stellte sich dieses aufklärerische und für damalige deutsche Verhältnisse geradezu revolutionäre Konzept so dar: Das Gartenreich war frei zugänglich, kein Zaun hindert das „einfache Volk" daran, auf denselben Wegen wie die Aristokratie zu wandeln. Schlösser, Venustempel, Pantheon, Figuren und Hermen als Ausdruck gestalteter Kunst vermischen sich mit Bereichen, in denen in Baumschulen und Gärtnereien und auf Feldern ganz praktisches Wissen vermittelt wird.

Gleichermaßen idyllisch wie genügsam gibt sich die Schloss- und Gartenanlage Luisium im Nordosten von Dessau, die in eine 14 ha große Gartenanlage mit uralten Baumbeständen, Brunnen und Hermen eingebettet ist. Dagegen machen die Wörlitzer Anlagen erst gar nicht den Versuch, bescheiden daherzukommen. Um das Garten-reich zu erschaffen, wurden alte Elbarme zu Teichen und schmalen Kanälen umgestaltet, Brücken gebaut, exotische und heimische Gehölze gepflanzt, Wege und Inseln geschaffen, Obstgärten, Wiesen und Äcker angelegt. Es ist dem Mut und der Durchsetzungskraft Leopolds III. Friedrich Franz von Anhalt-Dessau zu verdanken, dass die-ses einmalige Refugium entstehen konnte und bis heute wöchentlich Tausende Besucher anlockt.

23 **FAKTEN**

* **Einwohner:** 86.900
* **Bevölkerungsdichte:** 355 Einw./km²
* **Berühmte Personen:** Moses Mendelssohn (*1729, Philosoph u. Aufklärer), Kurt Weill (*1900, Komponist), Dieter Hallervorden (*1935, Schauspieler u. Kabaret-tist), Thomas Kretschmann (*1962, Schauspieler)
* **Sehenswürdigkeiten:** Bauhausgebäude, Meisterhäu-ser, Bauhaus-Siedlung Dessau-Törten, Schloss und Park Wörlitz, Schloss Georgium und Georgengarten, Schloss und Landschaftspark Luisium

Lutherstadt Wittenberg

SIE IST DIE WIEGE DER REFORMATION UND EHRT BEREITS IN IHREM AMTLICHEN NAMEN DEN MANN, DER IHRE GESCHICHTE BEEINFLUSST HAT WIE KEIN ZWEITER – DIE LUTHERSTADT WITTENBERG. DOCH AUCH ANDERE GELEHRTE UND KÜNSTLER HABEN HIER IHRE SPUREN HINTERLASSEN.

Als Martin Luther im Jahre 1508 zum ersten Mal Wittenberg besuchte, lebten kaum 2500 Menschen in der Stadt. Seit 1486 regierte hier Kurfürst Friedrich III., genannt „der Weise". Er ließ ein Renaissanceschloss samt Schlosskirche errichten und veranlasste 1502 die Gründung der Wittenberger Universität. Sie war es, die zahlreiche Gelehrte aus dem ganzen Reich anzog, unter ihnen Philipp Melanchthon, Johannes Bugenhagen – und eben Martin Luther, der sich hier 1511 endgültig niederließ. Um diese Zeit begann auch seine kritische Auseinandersetzung mit der römisch-katholischen Kirche, die sich vor allem auf die damals gängige Praxis des Ablasshandels bezog und am 31. Oktober 1517 in der Formulierung der berühmten 95 Thesen ihren vorläufigen Höhepunkt fand.

Die meisten Besucher steuern zielstrebig die Schlosskirche von Wittenberg an und nehmen die legendäre Tür in Augenschein, an die Luther eigenhändig das Thesenpapier geschlagen haben soll – eine Anekdote der Reformationsgeschichte, die von vielen Historikern angezweifelt wird. So oder so: Die hölzerne Tür von einst fiel den Flammen zum Opfer und wurde durch eine Bronzetür ersetzt, auf der die 95 Thesen eingegossen sind. Der Urheber dieser berühmten Thesen liegt in der Kirche nahe der Kanzel begraben.

Wittenberg wartet mit weiteren gut erhaltenen Wirkungsstätten des großen Reformators auf, die 1996 zum Weltkulturerbe geadelt wurden. Zu ihnen zählen die Stadtkirche St. Marien – die Predigerkirche Luthers mit dem berühmten Taufbecken von 1457 und zugleich das älteste Gebäude der Stadt – sowie das 2007 wiedereröffnete Lutherhaus, das zunächst als Klostergebäude den Augustiner-Eremiten diente, später als Wohnhaus für Luther und seine Familie. In diesem Bau ist heute das weltweit größte reformationsgeschichtliche Museum untergebracht.

Wer aufmerksam durch die schönen Gassen der historischen Altstadt läuft, entdeckt schnell, dass Martin Luther nicht die einzige berühmte Person ist, die in Wittenberg gewirkt hat. Philipp Melanchthon und Johannes Bugenhagen gingen als Reformatoren und Wegbegleiter Luthers ebenso in die Geschichte ein wie Lucas Cranach d. Ä., der als Hofmaler hohes Ansehen erlangte und als Unternehmer zu einem der reichsten Männer der Stadt aufstieg. Es macht den besonderen Reiz Wittenbergs aus, dass die Wirkungsstätten und Wohngebäude auch dieser herausragenden Persönlichkeiten des 16. Jh. bis heute erhalten und zu besichtigen sind.

Ein viel besuchter Ort – die Lutherstube, die weitestgehend im Originalzustand erhalten blieb

24 FAKTEN

* Einwohner: 49.500
* Bevölkerungsdichte: 206 Einw./km²
* Berühmte Personen: Lucas Cranach d. J. (*1515, Maler), Carl Christan Horvarth (*1752, Begründer des Deutschen Börsenvereins), Erich Reusch (*1925, Bildhauer u. Architekt)
* Sehenswürdigkeiten: Lutherhaus, Augusteum, Stadtkirche St. Marien, Schloss, Schlosskirche, Melanchthonhaus, Bugenhagenhaus, Markt, Cranachhaus, Schloss

Ein Lutherdenkmal schmückt den Marktplatz, hinter dem sich St. Marien – die Predigerkirche des großen Reformators – erhebt.

Quedlinburg

VIELE GESCHICHTEN RANKEN SICH UM DIE STADT AM RANDE DES HARZES, GESCHICHTEN VON EINEM BLOND GELOCKTEN KÖNIG, DER EIN WELTREICH BEGRÜNDETE, VON EINEM VERBRECHERISCHEN NAZI, DER GERNE IN DESSEN FUSSSTAPFEN GETRETEN WÄRE, UND VON EINEM GESTOHLENEN DOMSCHATZ.

Die erste der Geschichten ist ohne Frage auch die schönste und wurde 1835 von Johann N. Vogl in einem Gedicht inszeniert: Der Herzog von Sachsen, Heinrich (auch der Vogler genannt), wird darin während der Vogeljagd am sogenannten Finkenherd von Boten überrascht, die ihn zum König des Ostfränkischen Reichs ernennen. Die Geschichte ist alles andere als Fiktion, denn tatsächlich wählten die deutschen Stämme Heinrich im Jahr 919 zum König. Heinrich strebte einen neuen politischen Kurs an, der nicht mehr auf Gegnerschaft, sondern auf Anerkennung der Stammesherzöge beruhte. Damit ebnete er den Weg zur Umwandlung des Ostfränkischen in das Deutsche Reich, als dessen „Gründer" er in der historischen Forschung lange Zeit darge-

stellt wurde. Nach zahlreichen Forschungskontroversen gilt diese Interpretation gemeinhin als überholt, da die Gründung des Deutschen Reichs kein historischer Einzelakt, sondern ein langer Prozess war. Gleichwohl hatte Heinrich I. einen entscheidenden Anteil daran – und er bescherte der Stadt Quedlinburg als klug agierender König eine große wirtschaftliche und kulturelle Blütezeit. Als er 936 starb, gründete seine Ehefrau Mathilde nahe der Pfalzkapelle ein Damenstift, das das Totengedächtnis für den König sichern sollte.

Der Nachfolgebau der Stiftskirche, die romanische Basilika St. Servatius, wurde 1129 erbaut und bildet noch heute, hoch über der Stadt gelegen, deren Zen-

Links: Weithin sichtbar sind der Schlossberg von Quedlinburg samt Schloss und der Basilika St. Servatius.
Oben: Marktplatz mit Rathaus und dem imposanten Patrizierhaus Grünhagen von 1701
Unten: Die Lange Gasse von Quedlinburg

trum. Nicht weit davon liegt ein zweites Kleinod der Romanik: St. Wiperti. Sie nutzte Heinrich Himmler zu den absurden mitternächtlichen Initiationsriten seiner SS-Fahnenjunker. Denn der Reichsführer-SS sah sich gern als Nachfolger des ostfränkischen Königs. In der Wiperti-Krypta weihte er daher nicht nur seine Anhänger, er verbreitete auch bald die Kunde, er habe dort die Gebeine Heinrichs I. gefunden – was sich nach dem Krieg als unwahr erwies.

Das Gotteshaus aber hat, wie der Großteil der Stadt, diese Szenarien wie den Krieg selbst fast unbeschadet überstanden. Lediglich Teile des Domschatzes, einer der wertvollsten des Mittelalters und während des Zweiten Weltkriegs in einer Höhle in dem nahen Sandsteinberg Altenburg versteckt, waren im Sommer 1945 plötzlich verschollen. Erst 1980 stellte sich heraus, dass der US-Soldat, der den Schatz hatte bewachen sollen, die wertvollsten Stücke per Feldpost heimlich in seine Heimatstadt in Texas gesandt hatte. Als seine Hinterbliebenen die Stücke nach seinem Tod verkaufen wollten, kam der Raub ans Tageslicht. Mittlerweile kann man den kostbaren Schatz wieder in der Domschatzkammer besichtigen.

Als eigentliches Kleinod Quedlinburgs aber gilt die gesamte Altstadt selbst: Die UNESCO hat die Stadt mit ihren 1200 Fachwerkhäusern aus sechs Jahrhunderten Baugeschichte zum Weltkulturerbe geadelt und belohnt damit auch die immensen Anstrengungen, die mit dem Erhalt der Bausubstanz verbunden sind.

25 FAKTEN

* Einwohner: 28.420
* Bevölkerungsdichte: 200 Einw./km²
* Berühmte Personen: Dorothea Erxleben (*1715, erste deutsche promovierte Ärztin), Friedrich Gottlieb Klopstock (*1724, Dichter), Wolfgang Junker (*1929, Minister für Bauwesen)
* Sehenswürdigkeiten: Altstadt mit 1200 Fachwerkhäusern, Schlossberg mit der Stiftskirche St. Servatius, Domschatz, St. Wiperti, Klopstockhaus

Halle

„AN DER SAALE HELLEM STRANDE | STEHEN BURGEN STOLZ UND KÜHN | IHRE DÄCHER SIND ZERFAL-LEN, | UND DER WIND STREICHT DURCH DIE HALLEN, | WOLKEN ZIEHEN D'RÜBER HIN" HEISST ES NOCH IN EINEM VOLKSLIED DES 19. JH. DOCH ZUMINDEST IN HALLE HAT SICH DARAN EINIGES GEÄNDERT.

Als Franz Kugler 1830 an die Saale reiste, bestimmte die Ruine der Moritzburg noch das hallesche Stadtbild. In deren spätgotische, im Dreißigjährigen Krieg stark zerstörte Mauern wurde ein moderner, preisgekrönter Museumsbau eingefügt, sodass das Kunstmuseum des Landes Sachsen-Anhalt darin nun würdige Ausstellungsräume gefunden hat. Alleine um dieses Gebäude am Strande eines Saale-arms zu durchwandern, lohnt der Besuch des Muse-ums. Nicht weniger beeindruckend sind die in ihm gezeigten Sammlungen, deren Schwerpunkte einerseits in Werken des Expressionismus und der Neuen Sach-lichkeit sowie der Kunst nach 1945 liegen, andererseits aber auch im Kunsthandwerk und Design.

Mehr noch als die Moritzburg mit ihrem Museum vermag das Landesmuseum für Vorgeschichte mit einem einzigen Exponat zu beeindrucken: der Himmelscheibe von Nebra. Die runde Bronzeplatte, auf deren Oberflä-che mit Goldapplikationen astronomische Phänomene dargestellt sind, ist der bedeutendste bronzezeitliche Fund und die erste konkrete Himmelsdarstellung der

Blick durch die Fenster des Lesesaals der Martin-Luther-Universität auf die Häuser von Halle

Welt. Raubgräber hatten sie 1999 auf dem Mittelberg nahe der Stadt Nebra ausgegraben und weiterverkauft. Erst drei Jahre später konnte die Scheibe sichergestellt, von Archäologen untersucht und restauriert werden. Das fast 200 Jahre alte Museum zeigt darüber hinaus reizvolle und außergewöhnlich viele Funde zur Vor- und Frühgeschichte Sachsen-Anhalts.

Auf vorgeschichtliche Relikte trifft man in Halle selbst zwar nicht, dafür aber auf solche des Mittelalters: Zu diesen gehört, neben der spätgotischen Hallenkirche St. Marien, der Rote Turm, ein frei stehender Turm, der mit 84 Glocken das größte Glockenspiel Deutschlands birgt.

Wer vom Markt hinunter zur Saale strebt, kommt an der alten Saline vorbei. Ihr bzw. den heißen Salzquellen, die dort aus dem Boden strömten, und dem Salzhan-del ist der frühe Wohlstand der Saalestadt geschuldet. Die Bedeutung des Salzes für die älteste Salinenstadt Deutschlands lässt sich im Salinenmuseum und auf der Saline-Insel in der Saale ermessen. Deren Tal vereinigt sich noch innerhalb der Stadtgrenze und durchbricht zwischen den Stadtteilen Giebichenstein und Kröllwitz einen Porphyrgesteinsriegel, auf dessen Höhen sich die Überbleibsel der Burg Giebichenstein zeigen.

26 FAKTEN

* **Einwohner:** 232.960
* **Bevölkerungsdichte:** 1725 Einw./km²
* **Berühmte Personen:** Georg Friedrich Händel (*1685, Komponist), Friedrich Vieweg (*1761, Gründer des Vieweg-Verlags), Hans-Dietrich Genscher (*1927, Politiker), Margot Honecker, (*1927, Politikerin), Kai Pflaume (*1967, Fernsehmoderator)
 * **Sehenswürdigkeiten:** Landesmuseum für Vor-geschichte, Stiftung Moritzburg, Alter Markt, Roter Turm, St. Marien, Franckesche Stiftungen, Liebfrauenkirche

In unmittelbarer Nähe zum Stadthaus befindet sich das Georg-Friedrich-Händel-Denkmal, das an den berühmten Sohn der Stadt an der Saale erinnert.

HAENDEL

Potsdam

DORT, WO VOR 300 JAHREN SOLDATEN MARSCHIERTEN UND DER „ALTE FRITZ" TROTZ AUFGEKLÄRTER IDEALE SEIN FEUDALES SANSSOUCI ERRICHTEN LIESS, KÖNNEN IM 21. JH. – LAUT ZAHLREICHEN STÄDTERANKINGS – NUN ENDLICH DIE BÜRGER EIN GUTES LEBEN FÜHREN.

Die brandenburgische Landeshauptstadt Potsdam gilt, was Lebensqualität und Kinderfreundlichkeit betrifft, als eine der bestbewerteten Städte Deutschlands. Von der Havel durchflossen, die sich hier zu zahlreichen Seen staut, bietet sie nicht nur ungewöhnlich viel Natur. Potsdam zeigt sich mit seinen Schlössern und Gärten um Sanssouci, seit 1990 Welterbe, dem barocken Marktplatz und natürlich den Ufa-Filmstudios von einer höchst kulturellen Seite. Durch seine Nähe zu Berlin vereint es zudem den Wunsch vieler Deutscher, zugleich in der Großstadt und auf dem Land zu leben.

Mittelpunkt der Stadt und des UNESCO-Weltkulturerbes ist ohne Zweifel die Sommerresidenz Friedrichs II.:

Schloss Sanssouci. Der flache, im Verhältnis zu anderen Barockpalästen als fast bescheiden zu bezeichnende Schlosspavillon war Friedrichs Refugium, in dem er sich von dem Soldat- und Königsein erholte. Hier führte er mit den geistigen Größen Europas Gespräche, hier musizierte und komponierte er und hier schrieb er seinen fast aufrührerischen „Anti-Machiavell". Sein Garten mit Weinterrassen, Fontänen, Skulpturen, Schlössern und Tempeln lädt zu Ruhe und Betrachtung ein – auch heute noch, obwohl Park und Schloss längst nicht mehr wie zu Friedrichs Zeiten am Rande der Stadt Potsdam liegen. Diese präsentiert sich dem Besucher nicht minder erbaulich: Mit dem Alten Rathaus und der Nikolaikirche sind hier zwei klassizistische Highlights erhalten, am Heiligen

Links: Weingärten geben dem barocken Park von Sans-
souci seine Terrassenstruktur.
Oben: Klassizismus in Reinform – Altes Rathaus und
Nikolaikirche samt Fortunaportal.
Mitte: Das Neue Palais gilt als letzte bedeutende
Schlossanlage des preußischen Barock.
Unten: Im Cecilienhof wurde die Potsdamer Konferenz
von 1945 abgehalten.

See lassen sich der Sommersitz Friedrich Wilhelms II.,
des Neffen Friedrichs II., und seine Gotische Bibliothek
besichtigen. Weiter nördlich schließt sich der Stadtteil
Babelsberg an Potsdam an: Auch dieser wird von einer
großen Parkanlage, die zunächst von Landschaftsarchitekt Peter Joseph Lenné und später von Hermann Fürst
von Pückler-Muskau gestaltet wurde, dominiert und besitzt mit dem Babelsberger Schloss einen eigenen Palast.
Er wurde für Prinz Wilhelm, den späteren deutschen
Kaiser Wilhelm I., erbaut.

Berühmter aber als Schloss und Parks sind die
Filmstudios Babelsbergs: In ihnen entstand 1926 Fritz
Langs Stummfilmklassiker „Metropolis", Marlene Diet-
rich wurde zum „Blauen Engel", die Nazis drehten den
Propagandafilm „Jud Süß" und nach Kriegsende ließ
„Die Mörder sind unter uns" die junge Hildegard Knef
schlagartig berühmt werden. Heute entstehen in Babels-
berg neben Fernsehproduktionen zahlreiche deutsche
Kinofilme, aber auch Hollywood-Blockbuster wurden
auf Zelluloid gebannt.

 **FAKTEN**

* **Einwohner:** 156.900
* **Bevölkerungsdichte:** 837 Einw./km^2
* **Berühmte Personen:** Wilhelm von Humboldt (*1767,
Gelehrter und Staatsmann), Friedrich Wilhelm III.
(*1770, König von Preußen), Ludowika Jakobsson
geb. Eilers (*1884, Olympiasiegerin 1920 und dreifa-
che Weltmeisterin im Eiskunstlauf), Egon Eiermann
(*1904, Architekt), Peter Weiss (*1916, Schriftsteller)
* **Sehenswürdigkeiten:** Schloss- und Parkanlagen
Sanssouci, Russische Kolonie Alexandrowka, Telegra-
fenberg, Filmmuseum, Altes Rathaus, Nikolaikirche,
Berliner Vorstadt, Schloss und Park Babelsberg,
Filmstudios Babelsberg

Brandenburg an der Havel

WER DIE 72.000-EINWOHNER-GEMEINDE BRANDENBURG BESUCHT, TUT DIES OFT WENIGER DER HISTO-RISCHEN SEHENSWÜRDIGKEITEN WEGEN, SONDERN UM DIE VORZÜGE ZU GENIESSEN, DIE EINE WUN-DERSCHÖNE FLUSS- UND SEENREICHE UMGEBUNG BIETET.

Egal in welche Himmelsrichtung man sich wendet: Früher oder später stößt man auf einen der vielen Seen oder auf Wasserstraßen, die Brandenburg an der Havel umgeben. Das prädestiniert die Stadt dazu, von Wassersportbegeisterten als Stützpunkt ausgewählt zu werden, die von hier zu Segel- und Bootstouren, zum Angeln oder Schwimmen aufbrechen. Dabei lohnt es sich durchaus, einen Blick in die traditionsreiche Stadt zu werfen, die immerhin eine mehr als tausendjährige Geschichte aufweisen kann.

Nach einer germanischen Besiedlungsphase kam es im 6. Jh. zur Landnahme durch Heveller, ein slawisches Volk, das auf der jetzigen Dominsel einen Burgwall

errichtete. Unter Heinrich I. wurde die Burg ein erstes Mal eingenommen, 1157 musste mit Jaxa von Köpenick der letzte slawische Fürst das Feld an Albrecht den Bären übergeben, den Begründer der Mark Brandenburg. Auf den Fundamenten der slawischen Burg wurde der Dom St. Peter und Paul gebaut, der noch heute die Silhouette der Stadt dominiert. Statische Probleme brachten es mit sich, dass der Dom – seit der Reformation ein protestantisches Kirchengebäude – vielfache Ausgestaltungen und Umbauten erlebte, sodass sich viele Baustile vereint finden. Das mit einem nachträglich eingebrachten Kreuzrippengewölbe versehene, lichtdurchflutete Langhaus des Domes beherbergt neben vielen anderen Kunstschätzen insbesondere den Böhmischen Altar von ca. 1375, den Lehniner Altar von 1518 sowie eine gut erhaltene Orgel von Joachim Wagner, die 1725 eingeweiht wurde.

Weitaus weniger unbeschadet als der Dom überstand die Klosteranlage St. Pauli den Zweiten Weltkrieg. 1286 im Stil der Backsteingotik erbaut, wurde die ehemalige Wirkungsstätte von Dominikanern in den letzten Tagen des Kriegs schwer beschädigt, blieb bis zur Wende als Ruine bestehen, um ab 2003 mit großen Anstrengungen in seiner ursprünglichen Architektur rekonstruiert zu werden. Heute beherbergt das ehemalige Kloster das Archäologische Landesmuseum Brandenburg.

Zwei weitere architektonische Schmuckstücke verdienen besondere Erwähnung: Auf dem Altstädtischen Markt erhebt sich das Rathaus der Stadt, dessen Turm zwischen 1470 und 1480 errichtet wurde. Der zweigeschossige Backsteinbau mit Staffelgiebel musste im Laufe seiner Geschichte viele Nutzungsformen hinnehmen, so z.B. als Warenlager, Kaufhalle oder Kornmagazin. Vor dem Hauptportal zieht eine 5,35 m hohe Rolandstatue die Blicke auf sich. Und nördlich vom Rathaus schließlich befindet sich das älteste Bauwerk der Stadt: die Pfarrkirche St. Gotthart von ca. 1140. Das Backsteingotikensemble erfährt durch dieses Gotteshaus eine weitere sehenswerte Bereicherung.

**Links: Das Dominikanerkloster St. Pauli beherbergt heute das Archäologische Landesmuseum.
Oben: Eine über 5 m große Rolandfigur erhebt sich am Eingang des gotischen Backsteinrathauses.
Unten: Flusslandschaft in Brandenburg**

28 FAKTEN

* **Einwohner:** 71.800
* **Bevölkerungsdichte:** 314 Einw./km^2
* **Berühmte Personen:** Kurt von Schleicher (*1882, Offizier, Reichskanzler), Vicco von Bülow (*1923, Satiriker, bekannt als Loriot), Anna Loos (*1970, Schauspielerin und Sängerin)
* **Sehenswürdigkeiten:** Domkirche St. Peter und Paul, St. Katharinenkirche, Rathaus und Roland, Stadtmauer, Steintorturm, Humboldhain, Sumpfzypressenallee, Havelfest, Bollmannbrunnen, Friedenswarte, Slawendorf, Stadtmuseum, Industriemuseum

BRANDENBURG

Eisenhüttenstadt

ALS DIE „ERSTE SOZIALISTISCHE STADT" DER DDR WAR EISENHÜTTENSTADT DEREN VORZEIGEPRO-
JEKT. DIE GROSSEN, HELLEN WOHNUNGEN MIT KÜCHE UND BAD LOCKTEN ZAHLREICHE SIEDLER AN.
HEUTE VERSUCHT DIE STADT DEN SPAGAT ZWISCHEN SANIERUNG UND ABRISS.

Im Jahr 1950 beschloss die SED den Bau eines Eisen-hüttenkombinats mit angeschlossener Wohnstadt im Osten der DDR. Auf der Suche nach einem geeigne-ten Gebiet fiel die Wahl der Partei auf ein Areal direkt an der deutsch-polnischen Grenze, dort, wo der 1891 erbaute Oder-Spree-Kanal in die Oder mündet.

So begann man ab 1951 nahe dem beschaulichen Städtchen Fürstenberg zunächst mit dem Bau eines Hochofens, dem zahlreiche Wohnkomplexe und weitere Hochöfen folgen sollten. Die auf dem Reißbrett ent-wickelte Planstadt erhielt den Namen Stalinstadt und wurde erst mit der Entstalinisierung nach dem Tod des Diktators in Eisenhüttenstadt umbenannt.

Die Bürger der jungen DDR zogen recht gern in die neu entstehende Stadt: Große, helle Wohnungen, die mit eigenen Küchen, Bädern und Gärten punkten konn-ten, standen in krassem Gegensatz zu den kriegsverwüs-teten Städten des übrigen Landes. Zudem konnte man in den Eisenhütten mit Arbeit rechnen und so wuchs die Stadt bei dem hohen Bedarf an Stahl rasch an. Bis zur Wende waren in Eisenhüttenstadt sieben sogenannte Wohnblöcke entstanden, die zu ihren Hochzeiten rund 50.000 Menschen beherbergten.

Wer in der Stadt nun ausschließlich Plattenbauten vermutet, der wird bei einem Spaziergang durch die Innenstadt eines Besseren belehrt. Die Wohnblöcke

29 FAKTEN

* **Einwohner:** 31.130
* **Bevölkerungsdichte:** 401 Einw./km²
* **Berühmte Personen:** Udo Beyer (*1955, Kugelstoßer), Roger Kluge (*1986, Radrennfahrer)
* **Sehenswürdigkeiten:** Rathaus, Wohnblock I–III, Städtisches Museum, Friedrich-Wolf-Theater, Oderbrücke, Fürstenberg, Zwillingsschachtschleuse an der Oder, Naherholungsgebiet Insel

I–III des Hüttenwerks sind in einer Mischung aus stalinistisch-sozialistischem Zuckerbäckerstil und der für die 1950er-Jahre typischen Stilistik erbaut, einer Form, die – in ersten Teilen restauriert – unerwartet bezaubernd wirkt. Erst ab Ende der 1970er-Jahre tauchten vermehrt Plattenbauten auf, die nun mehr und mehr der Abrissbirne zum Opfer fallen. Die Wohnblöcke der Innenstadt indes stehen mittlerweile vollständig unter Denkmalschutz, wodurch das größte Flächendenkmal Deutschlands entstanden ist.

Zu den Repräsentationsbauten der Stadt zählen das Friedrich-Wolf-Theater, das städtische Krankenhaus und insbesondere das Rathaus: Es besticht mit dem schmucken Treppenhaus und dort mit Walter Womackas Mosaik „Unser neues Leben" aus dem Jahr 1958. Doch es sind vor allem die Wohngebäude, die Aufmerksamkeit verdienen und einen prachtvollen Einblick in die sozialistische Architektur der 1950er-Jahre vermitteln.

Einen Besuch lohnt darüber hinaus das nach Eisenhüttenstadt eingemeindete Städtchen Fürstenberg. Reizend an der Oder gelegen, bildet es einen schönen Kontrast zu der wuchtigen Architektur Eisenhüttenstadts und leitet sachte zu den Auen der Oder und den Feldern und Wäldern der Niederlausitz über.

Links: Blick über den Oder-Spree-Kanal auf Eisenhüttenstadt mit Nikolaikirche
Oben: Mit bis zu 16.000 Arbeitern war das ehemalige Eisenhüttenkombinat Ost, heute ArcelorMittal, das größte Metallurgiekombinat der DDR.
Unten: Die alte Brücke über die Oder wurde 1945 gesprengt und nie wiederhergestellt.

Cottbus

ABRAUMHALDEN, GRUBEN, FÖRDERBRÜCKEN – NOCH VOR WENIGEN JAHREN VERBAND SICH MIT DEN NAMEN COTTBUS UND NIEDERLAUSITZ IN ERSTER LINIE EINE RIESIGE MONDLANDSCHAFT DES BRAUN-KOHLETAGEBAUS. HEUTE ENTDECKT MAN HIER INSBESONDERE EINS: BLÜHENDES KULTURLAND.

Das Städtchen Cottbus, im äußersten Südosten Brandenburgs an der Spree gelegen und durch Leinenweberei und Seidenspinnerei einst zu Wohlstand gelangt, wird oft verkannt. Natürlich gibt es auch hier wie in ganz Deutschland die typischen Bausünden der 1970er- und 1980er-Jahre – in Cottbus in Form von Plattenbauten –, doch der Stadtkern des Niederlausitzer Zentrums zeigt sich als entzückendes Barockensemble. Bürgerhäuser des 18. Jh. gruppieren sich um den alten Markt und schmücken mit ihren Fassaden die Altstadt, die Oberkirche aus dem 15. Jh. birgt in ihrem Innern einen Altar des Torgauer Meisters Andreas Schulze, der Spremberger Turm beeindruckt durch seine Turmhaube nach Plänen von Schinkel und das Staatsthe-

ater am Schillerplatz ist deutschlandweit das einzige, das komplett im Jugendstil errichtet wurde.

Als das Zentrum der Niederlausitzer Sorben zeigt Chosebuz, wie Cottbus im Niedersorbischen heißt, dass auch das kulturelle Leben des westslawischen Volksstamms reicher denn je blüht. Die Wendische Kirche wie das Wendische Museum zeugen davon. Sorbische und deutsche Kultur ergänzen sich in der Stadt vortrefflich und gestalten gemeinsam ein überaus lebendiges und blühendes Stadtleben.

Doch es ist vor allem die Landschaft um Cottbus herum, die heute Besucher aus ganz Deutschland

* Einwohner: 102.900
* Bevölkerungsdichte: 1208 Einw./km²
* Berühmte Personen: Hermann Fürst von Pückler-Muskau (*1785, Standesherr, Landschaftsarchitekt, Schriftsteller), Carl Blechen (*1798, Landschaftsmaler), Jurij Koch (*1936, sorbischer Schriftsteller)
* Sehenswürdigkeiten: Altstadt und Oberkirche, Wendisches Museum, Wendische Kirche, Staatstheater Cottbus, Schloss Branitz und Park, Kunstmuseum Dieselkraftwerk

anzieht. Der Spreewald mit seinen verzweigten Wasserstraßen bildet eine natürliche kleine Wildnis inmitten einer ansonsten von Menschenhand gestalteten Kulturlandschaft. Um das Barockschloss Branitz ließ Hermann Fürst von Pückler-Muskau einen einmaligen Landschaftsgarten anlegen: Dort wurde inmitten eines Weihers eine Erdpyramide aufgeschüttet, in der später die Körper des Fürsten und seiner Gattin in Ätzkalk – weil eine Einäscherung verboten war – beigesetzt wurden.

Der Fürst, ein herausragender Landschaftsgärtner seiner Zeit, steht auch für das interessanteste Projekt der Neuzeit um Cottbus Pate. Die Niederlausitz, vom Braunkohletagebau jahrzehntelang verwüstet, war vor wenigen Jahren noch als tote Mond- und Wüstenlandschaft verschrien. Doch das Projekt Internationale Bauausstellung Fürst-Pückler-Land vereinte Industriekultur mit Natur und verwandelte so die Wüstenei seit dem Jahr 2000 in eine sprießende Seenlandschaft. Nach dem Vorbild des Emscher-Parks im Ruhrgebiet entstand eine Kulturlandschaft, die nicht nur durch ihre Natur beeindruckt, sondern in alten Industrieanlagen viel Raum für eine blühende Kultur in der so lange vernachlässigten Region bietet.

Links: Marktplatz von Cottbus mit Brunnen und Oberkirche St. Nikolai im Hintergrund
Oben: Anfang des 20. Jh. wurde das Staatstheater Cottbus, Deutschlands einziges Jugendstiltheater, errichtet.
Mitte: Das Barockschloss Branitz liegt inmitten eines wunderschönen Landschaftsgartens.
Unten: Eine zweischalige Glasfassade umgibt das gekurvte Gebäude des Medienzentrums IKMZ.

Aus dem Städtepanorama Berlins sticht der 368 m hohe Fernsehturm mit aller Deutlichkeit hervor.

Berlin

ALS SICH 1990 BEIDE DEUTSCHE STAATEN IM EINIGUNGSVERTRAG AUF BERLIN ALS HAUPTSTADT VERSTÄNDIGTEN, WURDE JURISTISCH UNTERMAUERT, WAS DEM GEFÜHL DER MEISTEN SOWIESO SCHON ENTSPRACH: BERLINS ROLLE ALS BUNDESHAUPTSTADT UND SYMBOL DER WIEDERVEREINIGUNG.

Eine Linie aus doppelt gelegten Pflastersteinen führt durch Berlin. In regelmäßigen Abständen sind Bronzetafeln in den Boden eingelassen, die auf die Bedeutung dieser Linie hinweisen: „Berliner Mauer 1961–1989". Wer es selbst nie mit eigenen Augen gesehen hat, kann heute kaum mehr ermessen, was bis 1989 bittere Realität war: Eine 156 km lange und bis zu 4 m hohe Mauer riegelte Westberlin hermetisch vom Osten der Stadt und der DDR ab. Ein Grenzstreifen führte entlang der Mauer, die in der DDR-Propaganda als „antifaschistischer Schutzwall" begründet wurde und den jungen Staat vor „Abwanderung, Unterwanderung, Spionage, Sabotage, Schmuggel, Ausverkauf und Aggression aus dem Westen" schützen sollte.

Die „Todesstreifen" von einst sind heute weitestgehend bebaut und auch von der Berliner Mauer sind nur noch einige hundert Meter erhalten. Doch es gibt mehrere Dokumentationszentren entlang der ehemaligen Grenze, die sich der schicksalhaften Ära Berlins widmen, so z.B. das Mauermuseum am „Checkpoint Charlie".

Folgt man der Mauerlinie Richtung Norden, stößt man schon bald auf eines der ehrgeizigsten Bauprojekte Berlins seit der Wende: Bis 1989 erstreckte sich hier ein Grenzstreifen von mehreren Hundert Metern Breite. In diesem Niemandsland wurde binnen weniger Jahre – und durchaus begleitet von kritischen Stimmen – das Konzept einer „Hochhaus-City für das 21. Jh." umgesetzt. Auf engstem Raum entstanden einige der modernsten Gebäude der Stadt: das von Renzo Piano entworfene debis-Haus, der Bahntower und das SonyCenter, in dem das Filmmuseum Berlin untergebracht ist.

Den Tiergarten bereits im Blick, sind es nur noch wenige Hundert Meter vom Potsdamer Platz bis zum meistfotografierten Wahrzeichen der Stadt: dem Brandenburger Tor. Das auf Anweisung des preußischen Königs Friedrich Wilhelm II. errichtete Tor sollte für immer einen prächtigen Abschluss für die Flaniermeile Unter den Linden bilden. Die Geschichte verlief jedoch anders: Jahrzehntelang flanierte niemand hier, das Brandenburger Tor stand isoliert da, ein Mahnmal für die gewaltsame Teilung von Ost- und Westberlin, Demarkationslinie zwischen Warschauer Pakt und NATO. Als John F. Kennedy im Juni 1963 Berlin bereiste und seine legendären „Ich bin ein Berliner"-Worte sprach, waren die Fronten zwischen Ost und West längst gezogen und im wahrsten Sinne des Wortes untermauert. Die DDR reagierte auf den Besuch Kennedys, indem sie das Brandenburger Tor mit roten Stoffbahnen und der Flagge des sozialistischen Staates

verhängte. So war es nur konsequent, dass nach dem Mauerfall Zehntausende Menschen das Brandenburger Tor eroberten und das Symbol der Teilung zu einem Symbol der Einheit machten.

31 FAKTEN

* **Einwohner:** 3.460.725
* **Bevölkerungsdichte:** 3899 Einw./km²
* **Berühmte Personen:** Gustav Stresemann (*1878, Politiker), Kurt Eisner (*1867, Politiker), Walter Gropius (*1883, Architekt), Kurt Tucholsky (*1890, Schriftsteller), Marlene Dietrich (*1901, Schauspielerin), Helmut Newton (*1920, Fotograf), Jürgen Prochnow (*1941, Schauspieler), Gregor Gysi (*1948, Politiker), Katharina Thalbach (*1954, Schauspielerin)
* **Sehenswürdigkeiten:** Brandenburger Tor, Museumsinsel, Reichstagsgebäude, Hackesche Höfe, Alexanderplatz, Potsdamer Platz, Holocaust-Denkmal, Nikolaiviertel, Kaiser-Wilhelm-Gedächtniskirche, Gendarmenmarkt, Schloss Charlottenburg, Museum Dahlem, Wannsee, Prenzlauer Berg

Links: Bootsfahrt auf der Spree entlang der Museums-insel mit dem Bode-Museum im Blick
Oben: Die Hackeschen Höfe
Mitte: Die Glaskuppel des Reichstagsgebäudes
Unten: Wandbilder des italienischen Künstlers Blu an der Schlesischen Straße

Und auch sonst hat sich die Stadt seit 1989 in einer Geschwindigkeit gewandelt, die europaweit einzigartig ist. Mit der Museumsinsel, die 1999 zum Weltkulturerbe erklärt wurde, hat Berlin ein unvergleichliches Kunstquartier geschaffen, das allein der Architektur wegen jede Auszeichnung verdient hat. Eine Brücke leitet von der Spreeinsel direkt zum Alexanderplatz, wo der 365 m hohe Fernsehturm alle Höhenrekorde Berlins schlägt und mit seiner Aussichtsplattform definitiv den besten Überblick über die pulsierende Metropole verspricht. Zu Füßen des Turms liegen die Hackeschen Höfe, die heute das landesweit größte geschlossene Hofareal bilden und zahlreiche Restaurants, Kneipen, Geschäfte und Theater beherbergen. Mit der Oranienburger Straße, die hier verläuft, schließt sich nur eine von zahlreichen Ausgeh- und Partymeilen Berlins unmittelbar an.

Allein für die Besichtigung dieser Sehenswürdigkeiten reicht ein Wochenende nicht aus. Und damit hat Berlin erst einen Teil seiner „Hotspots" offenbart. Wohl niemand verlässt die Stadt, ohne zumindest einen Blick auf das Reichstagsgebäude geworfen zu haben. Besser aber noch ist ein Besuch des politischen Epizentrums des Landes samt gläserner Kuppel, mit der sich Norman Foster in die Architekturgeschichte geschrieben hat. Jenseits der Straße des 17. Juni liegt das Holocaust-Mahnmal, das sich aus 2711 Betonstelen zusammensetzt und ebenso an das Schicksal der Juden erinnert wie die neue Synagoge oder das Jüdische Museum Berlin. Was sich westlich des Holocaust-Denkmals anschließt, bildet das Kerngebiet Westberlins vor 1989, das mit Tiergarten, Schloss Bellevue, Kaiser-Wilhelm-Gedächtniskirche, KaDeWe und Ku'Damm weithin bekannte Sehenswürdigkeiten besitzt.

Die Trennung von West- und Ostberlin gehört mittlerweile der Vergangenheit an. Berlin ist längst zu einer Megacity zusammengewachsen, die sich als Kunst- und Kulturmetropole sowie Szenestadt durchaus dem internationalen Vergleich stellen darf, mit ihrer ganz besonderen Vergangenheit aber eine einzigartige Rolle unter allen Hauptstädten der Welt einnimmt.

Leipzig

SCHON DIE ANREISE PER BAHN IST BEEINDRUCKEND, ZEUGT DOCH EINER DER GRÖSSTEN KOPFBAHN-
HÖFE EUROPAS VON DEN BEMÜHUNGEN, LEIPZIGS ROLLE ALS TOURISTISCHES, WIRTSCHAFTLICHES UND
KULTURELLES ZENTRUM IM OSTEN DES LANDES AUCH IM NEUEN JAHRTAUSEND AUFRECHTZUERHALTEN.

Leipzig ist von jeher ein Ort bedeutender historischer Ereignisse. Das war 1409 so, als eine der ersten deutschen Universitäten gegründet wurde, oder 1519, als sich Martin Luther auf der Pleißenburg einen Disput mit dem katholischen Theologen Johannes Eck lieferte, oder im Jahr 1650, als die weltweit erste Tageszeitung erschien. Das war aber auch 1813 so, als in der drei Tage andauernden Völkerschlacht unter verheerenden Verlusten die Befreiungskriege zwischen den verbündeten europäischen Mächten und Frankreich und damit das Schicksal Deutschlands und Europas entschieden wurden. Und noch einmal blickte die Welt auf Leipzig, als 1989 Friedensgebete in der Nikolaikirche mit den sich anschließenden Montagsdemonstrationen auf dem Leipziger Ring stattfanden und den Niedergang der SED und die Wiedervereinigung Deutschlands herbeiführten.

Zwischen der Auflösung der DDR und dem heutigen Tag liegen Jahre, die für Leipzig gekennzeichnet sind durch einen immensen strukturellen Wandel. Nicht alle Bemühungen und Einsätze, vor allem im Immobilienbereich, waren von Weitsicht geprägt, doch mittlerweile hat sich Leipzig als wichtiger Wirtschaftsstandort mit viel Lebensqualität konsolidiert, was nicht zuletzt stetig wachsende Bevölkerungszahlen untermauern. 37.000 Studenten besuchen die Hochschulen der Stadt, unter ihnen die für Technik, Wirtschaft und Kultur oder die 1764 gegründete Hochschule für Grafik und Buchkunst

Links: Aus dem Häusermeer von Leipzig stechen, von links nach rechts, der Panorama Tower, das Wintergartenhochhaus und die Peterskirche hervor.
Oben: Im Reichsgerichtsgebäude hat heute das Bundesverwaltungsgericht seinen Sitz.
Mitte: Ein schöner Treffpunkt insbesondere im Sommer ist das Barfußgässchen in der Innenstadt von Leipzig.
Unten: Völkerschlachtdenkmal

Leipzig, die dank Neo Rauch und der neuen Leipziger Schule einen hervorragenden Ruf genießt. Überhaupt spielt Leipzig in Sachen Kunst und Kultur eine tragende Rolle in Deutschland. Dafür sorgen nicht zuletzt das Gewandhaus und die Oper der Stadt oder der Thomanerchor, der regelmäßig in der Thomaskirche Stücke ihres berühmtesten Kantors, Johann Sebastian Bach, vorträgt, sowie die älteste Messe Deutschlands, die einmal im Jahr zum Brennpunkt der Literatur wird, wenn die berühmte Leipziger Buchmesse stattfindet.

Seit Anfang des Jahrtausends zieht zudem das neu errichtete Museum der bildenden Künste die Aufmerksamkeit auf sich. Untergebracht in einem klar gegliederten Kubus mit großen Glasflächen, überzeugt im Inneren eine Sammlung, die mehr als 4000 Gemälde und Skulpturen internationaler Künstler vom Spätmittelalter bis zur Gegenwart umfasst. Einen sehenswerten architektonischen Kontrapunkt zu diesem modernen Bau bildet das Völkerschlachtdenkmal, das 1913 eingeweiht wurde. Der 68 m hohe Innenraum wird von der Ruhmeshalle samt Kuppel gebildet sowie der Krypta, die als symbolisches Grab für die rund 120.000 Toten der Völkerschlacht fungiert.

32   FAKTEN

* **Einwohner:** 522.800
* **Bevölkerungsdichte:** 1758 Einw./km²
* **Berühmte Personen:** Gottfried Wilhelm Leibniz (*1646, Philosoph u. Wissenschaftler), Anton Philipp Reclam (*1807, Verleger), Richard Wagner (*1813, Komponist), Karl Liebknecht (*1871, Politiker), Max Beckmann (*1884, Maler), Stefan Kretzschmar (*1973, Handballer), René Adler (*1985, Fußballer)
* **Sehenswürdigkeiten:** Museum der bildenden Künste, Völkerschlachtdenkmal, Thomaskirche, Nikolaikirche, Hauptbahnhof, Altes und Neues Rathaus, Neues Gewandhaus, Muskauer Park

Meißen

GLEICH ZWEI WAHRZEICHEN NENNT DIE ELBSTADT MEISSEN IHR EIGEN: DIE TRUTZIG-WEHRHAFTE AL-BRECHTSBURG HOCH ÜBER DER STADT UND – WEIT BERÜHMTER – ZWEI GEKREUZTE BLAUE SCHWER-TER, MARKENZEICHEN DER MEISSENER PORZELLANMANUFAKTUR.

Beides, die seit 929 errichtete Burg und das Porzellan, sind eng miteinander verbunden. Auf der Albrechtsburg wurde der Alchemist Johann Friedrich Böttger seit 1705 von August dem Starken in Schutzhaft genommen. Böttger sollte die „Altinktur" herstellen, mit welcher der immer in Geldnöten stecken-de sächsische Kurfürst und König von Polen unedles Metall in Gold verwandeln wollte. Natürlich gelang ihm dies nicht, doch entdeckte er stattdessen, unter Mithilfe des Mathematikers Ehrenfried Walther von Tschirnhaus, das Geheimnis zur Herstellung des „weißen Goldes" Porzellan. Das kostbare Material, in dessen Erzeugung bis dato nur die Chinesen bewandert waren, wurde in Meißen erstmals 1708 gebrannt.

August der Starke, begeistert von dem weißen Gold, ließ 1710 in der Albrechtsburg unter extremen Sicherheitsbestimmungen die erste Porzellanmanu-faktur außerhalb Chinas errichten. Knapp zehn Jahre blieb das Geheimnis um die Herstellung der Feinke-ramik gewahrt und als dann andere Manufakturen ebenfalls mit dessen Produktion begannen, hatte das Meißner Porzellan bereits Weltruhm erlangt. An die Manufaktur war von jeher eine Porzellanmalerwerk-statt und -schule angegliedert, die u.a. auch die beiden gekreuzten Schwerter erfand. Dieses Logo hat sich in den vergangenen 300 Jahren nur unwesentlich verän-dert und ist dadurch eines der ältesten Markenzeichen der Welt.

33 FAKTEN

* **Einwohner:** 27.545
* **Bevölkerungsdichte:** 891 Einw./km²
* **Berühmte Personen:** Johann Friedrich Böttger (*1682, Alchemist), Christian Friedrich Samuel Hahnemann (*1755, Begründer der klassischen Homöopathie), Peter Schreier (*1935, Tenor), Maike Arlt (*1963, Volleyball-Nationalspielerin)
* **Sehenswürdigkeiten:** Albrechtsburg, Meißener Dom, Meißener Porzellanmanufaktur und Museum, gotisches Rathaus, Schloss Siebeneichen, Liebfrauenkirche

Längst ist die „Staatliche Porzellan-Manufaktur Meissen", die im Hinblick auf ihren Standort von der offiziellen Schreibweise Meißens abweicht, nicht mehr in der Albrechtsburg untergebracht. Sie hat einen Neubau bezogen. Dort werden das berühmte Zwiebelmuster wie auch moderne Dekore noch immer von Hand aufgemalt. Und im Café der Manufaktur, an die auch ein Museum und Schauwerkstätten angegliedert sind, kann jeder, der sich das weiße Gold nicht leisten kann, dennoch einmal von dem feudalen Original speisen.

Die kulinarischen Glanzpunkte der Region werden allerdings nicht im echten „Meissner", sondern im Glas gereicht: Es sind die Weine des kleinsten deutschen Weinbaugebiets, das sich auf nur 350 ha rund um Meißen ausdehnt. Dessen steile Weinterrassen ragen bis in die Stadt hinein, sind aber vor allem am rechten Elbufer außerhalb der Stadt und im nahen Spaargebirge zu finden. In erster Linie werden auf dem Lössboden an der Elbe Weißweine angebaut, wobei der Anbau von Goldriesling, einer Kreuzung der Rebsorten Riesling und Courtillier Musqué Précoce, für Deutschland einzigartig ist.

Links: Die Albrechtsburg wurde im 18. Jh. zur Produktionsstätte des Meißner Porzellans.
Oben: Idyllische Weinberge umgeben Meißen.
Mitte: Der Große Saal in der Albrechtsburg gilt zu Recht als ein Meisterwerk spätgotischer Profanbaukunst.
Unten: In der Meißner Porzellanmanufaktur

Dresden

MIT DER ABERKENNUNG DES WELTKULTURERBE-STATUS FÜR DAS ELBTAL HAT DRESDEN EINEN VORÜ-
BERGEHENDEN PRESTIGEVERLUST ERLITTEN. DOCH BESUCHER KÖNNEN SICH DAVON ÜBERZEUGEN:
AUCH OHNE OFFIZIELLES WELTERBE PRÄSENTIERT SICH HIER EINE KULTURMETROPOLE VON WELTRANG.

Dresden hat im Verlauf der Geschichte mehr als eine historische Zäsur erlebt. Die folgenreichste, dramatischste dürfte im Februar Jahr 1945 gewesen sein, als in zwei Bombennächten fast die gesamte Stadt in Schutt und Asche gelegt wurde. Das vom Turm des Rathauses aufgenommene Schwarz-Weiß-Foto von den Häuserruinen, im Vordergrund die Sandsteinfigur „Die Güte" des Bildhauers August Schreitmüller, hat sich in das historische Gedächtnis als ewiges Mahnmal gebrannt. Für den Wiederaufbau waren enorme Anstrengungen vonnöten und es ist beherzten Dresdner Bürgern und weitsichtigen Denkmalpflegern zu verdanken, dass die Stadt heute wieder in ihrer barocken Herrlichkeit erstrahlt.

Die Elbe verleiht der Stadt ihr besonderes Panorama und trennt sie doch gleichsam in zwei unterschiedliche Teile. Tagestouristen steuern meist ausschließlich das linke Elbufer an und überqueren die Carola- oder Augustusbrücke lediglich, um besser jene Sehenswürdigkeiten fotografisch in Szene setzen zu können, um die es ihnen geht: Semperoper, Zwinger, Kathedrale, Residenzschloss und Brühlsche Terrasse samt Ständehaus, Hochschule für Bildende Künste und Albertinum, die gewissermaßen in „zweiter Reihe" durch Taschenbergpalais, Frauenkirche und Coselpalais ergänzt werden. Maßgeblich geprägt wurde die Architektur Dresdens durch August den Starken, der 1710 seinem Baumeister Daniel Pöppelmann den Auftrag zum Bau einer Orangerie erteilt, aus der später der Gesamtkomplex des Zwingers mit der Gemäldegalerie Alter Meister hervorgeht. Der Baustil spricht eine deutliche Sprache: Er zeugt von dem absolutistischen Machtanspruch seines Auftraggebers und dem unbändigen Gestaltungswillen des Architekten und seines Bildhauers Balthasar Permoser.

Die Semperoper steht der Pracht des Zwingers keinesfalls nach, auch wenn die Bauphase in ein anderes Jahrhundert fällt. 1838 entwirft Gottfried Semper die Sächsische Staatsoper und lässt sich dabei von der Architektur der italienischen Hochrenaissance inspirieren. Das weltweit bekannte Opernhaus erlitt beim Elbehochwasser 2002 schwere Schäden, die eine vorübergehende Schließung mit sich brachten.

Der Weg von der Renaissance zum Barock ist nicht weit. In Dresden führt er vom Opernhaus über den Theaterplatz zur imposanten, im Stil des Barock errichteten Trinitatis-Kathedrale und weiter bis zur Frauenkirche, die dank weltweiter Spenden im Oktober 2005 nach aufwändigen Renovierungsarbeiten festlich geweiht werden konnte. Gekrönt von einer monumenta-

len Kuppel, erstrahlt das Gotteshaus heute wieder als ein Juwel des Dresdner Barock.

Zur Abendstunde, wenn die Tagestouristen die Altstadt wieder verlassen, wird es Zeit, in das Leben der Neustadt einzutauchen. Weniger Glanz gibt es hier, dafür mehr Leben, das sich nicht zuletzt in einer unermesslichen Fülle an Cafés, Kneipen und Restaurants, kleinen Läden, Kultureinrichtungen und Clubs niederschlägt.

 FAKTEN

* **Einwohner:** 523.060
* **Bevölkerungsdichte:** 1593 Einw./km²
* **Berühmte Personen:** Friedrich August I. (*1670, Kurfürst von Sachsen), Erich Kästner (*1899, Schriftsteller), Herbert Wehner (*1906, Politiker), Jan Josef Liefers (*1964, Schauspieler)
Sehenswürdigkeiten: Semperoper, Zwinger, Brühlsche Terrasse, Frauenkirche, Gewandhaus, Schloss und Park Pillnitz, Staatliche Kunstsammlungen Dresden

Das neue Rathaus von Chemnitz entstand zwischen 1907 und 1911.

Chemnitz

WÄHREND ANDERE STÄDTE IM HOCHMITTELALTER MIT DEM STAPELRECHT VERSEHEN WURDEN, ERHIELT CHEMNITZ 1357 DAS LANDESHERRLICHE BLEICHPRIVILEG, DAS DIE STADT IN DEN FOLGENDEN JAHRHUNDERTEN ZU EINEM ZENTRUM DER TEXTILPRODUKTION MIT ENTSPRECHENDEM WOHLSTAND MACHTE.

Im Jahr 1798 wird im heutigen Chemnitz-Hartau eine Spinnmühle errichtet, die zum Ausgangspunkt für die industrielle Revolution im Bereich Textilherstellung in Sachsen wird, dem sich schon bald der Maschinenbau anschließt. Der Prozess wird begleitet von einem raschen Bevölkerungszuwachs und einer grundlegenden Veränderung des Stadtbildes. Chemnitz ist Arbeiterstadt und das prädestiniert sie gut 150 Jahre später dazu, in Karl-Marx-Stadt umbenannt zu werden, obgleich dieser nie auch nur einen Fuß in die Stadt setzte. Dafür thront im Zentrum eine 7 m hohe Marx-Büste vor einer steinernen Tafel, auf der „Proletarier aller Länder vereinigt euch" in vier Sprachen zu lesen ist.

In unmittelbarer Nähe befinden sich das Opernhaus und das ehemalige Kaufhaus Tietz. Es beherbergt heute u.a. die Neue Sächsische Galerie und das Museum für Naturkunde, dessen Versteinerter Wald aus der Zeit von vor 291 Mio. Jahren eine weltweit bekannte Sehenswürdigkeit darstellt. Richtung Süden schließen sich der Rote Turm – Chemnitz' ältestes Bauwerk – und die Jakobikirche an.

 FAKTEN

* **Einwohner:** 243.250
* **Bevölkerungsdichte:** 1101 Einw./km²
* **Berühmte Personen:** Karl Schmidt-Rottluff (*1884, Maler), Stefan Heym (*1913, Schriftsteller u. Politiker), Frank Rost (*1973, Fußballer)
* **Sehenswürdigkeiten:** Oper, Altes und Neues Rathaus, Roter Turm, Neue Sächsische Galerie

Zwickau

MITUNTER ZEHN JAHRE MUSSTE ZU DDR-ZEITEN WARTEN, WER DAS LUXUSGUT BESITZEN WOLLTE: DEN TRABANTEN, KURZ TRABI. DER GING SEIT 1957 IM AUTOMOBILWERK ZWICKAU, DAS AUS DEN AUDI- BZW. HORCH-WERKEN HERVORGEGANGEN WAR, SERIENMÄSSIG VOM BAND.

Bereits 1904 hatte August Horch in Zwickau die erste Horch-Automobilfabrik gegründet. Streit mit einem Kompagnon zwang den Automobilunternehmer 1909 zu dem Aufbau eines zweiten Werks, das nach einem Rechtsstreit in Audi umbenannt wurde. Auch nach dem Zweiten Weltkrieg sollte die Automobilbranche in Zwickau nicht brachliegen: Hauptsächlich aus Kunststoff und Sperrholz statt Metall wurde der Trabi gebaut, denn man scheute die Kosten für das teure Metall. Eine Fehlkalkulation, standen doch durch die lange Aushärtungszeit des Kunststoffes die Maschinen nicht selten still. Die ganze Geschichte um August Horch, Audi und die Trabi-Werke kann man im städtischen August Horch Museum hautnah erleben.

Doch es waren nicht Automobile, die der Stadt Zwickau im Westen Sachsens einst Wohlstand brachten. Es waren vielmehr die Tuchindustrie, von der heute noch das prächtige spätgotische Gewandhaus mit seinem stolzen Staffelgiebel zeugt, sowie die Silber- und später Steinkohlebergwerke des nahen Erzgebirges. Bürgen des einstigen Überflusses finden sich noch überall in der Stadt: Der Dom St. Marien mit seiner großartigen gotischen Ausstattung zählt ebenso dazu wie die markanten Priesterhäuser, protzige Bürgerhäuser wie das sogenannte Dünnbierhaus oder das Schloss Osterstein, in dessen

Kerker einst Karl May schmachtete. Aber auch das Johannisbad mit seinen Jugendstilarkaden und schmiedeeisernen Geländern im Innern gibt Aufschluss über den steten Fortschritt dieser Stadt.

Das Gewandhaus aus dem 16. Jh. dient seit 1823 als Stadttheater.

36 FAKTEN

* **Einwohner:** 93.750
* **Bevölkerungsdichte:** 914 Einw./km²
* **Berühmte Personen:** Robert Schumann (*1810, Komponist), Max Pechstein (*1881, Maler), Christoph Daum (*1953, Fußballtrainer)
* **Sehenswürdigkeiten:** Gewandhaus, Dom St. Marien, Rathaus, Robert-Schumann-Haus, Schloss Osterstein, St. Katharinen, Johannisbad, Dünnbierhaus, Priesterhäuser, Alter Gasometer, August Horch Museum

Kassel

HOCH ÜBER KASSEL THRONT DIE GIGANTISCHE HERKULESFIGUR MIT KEULE IN DER HAND UND SCHEINT GLEICHSAM EINE SCHNEISE ZU SCHLAGEN RICHTUNG ZENTRUM, WO SICH ALLE FÜNF JAHRE DIE KÜNSTLERISCHE AVANTGARDE AUF DER DOCUMENTA FEIERT.

Alle fünf Jahre steht Kassel ganz im Zeichen der documenta. 100 Tage dauert das Kulturspektakel, das jedes Mal aufs Neue Meilensteine setzt, sich durch Visionen, Skandale, Tiefschläge oder aufsehenerregende Kunstaktionen immer wieder ins Gespräch bringt. Joseph Beuys' Projekt „7000 Eichen" beispielsweise, das 1982 im Rahmen der documenta 7 stattfand, hat Kunstgeschichte geschrieben. Und auch der „Himmelsstürmer" von Jonathan Borofsky oder die Spitzhacke von Claes Oldenburg sind als feste Installationen aus Kassel mittlerweile nicht mehr wegzudenken.

Das Interesse an der documenta ist ungebrochen. Das „Museum der 100 Tage" wird wohl auch in Zukunft Kunstliebhaber aus allen Teilen der Welt anlocken, die sich in den Ausstellungsgebäuden – insbesondere Fridericianum und documenta-Halle –, aber auch im übrigen Stadtgebiet drängen werden, wo zahlreiche „Freiluftkunstwerke" für Furore sorgen.

Außerhalb der documenta steht mit dem Bergpark Wilhelmshöhe eine ganz andere Kunstepoche und -richtung im Mittelpunkt des touristischen Interesses. 1696 ließ Landgraf Karl I. einen barocken Park mit entsprechend geraden Achsen und strenger Symmetrie anlegen. Seine Nachfolger erweiterten diesen und gestalteten ihn nach englischem Vorbild um. So wich auch Ende des 18. Jh. das einstige Jagdschloss Weißenstein zugunsten des

Links: Von der Wilhelmshöhe aus hat man einen fantastischen Blick auf Kassel.
Oben: Das Fridericianum – nur einer der zahlreichen Ausstellungsräume der documenta.
Mitte: Jahrhunderte nach der eigentlichen Bauphase derartiger Burganlagen ließ Landgraf Wilhelm IX. von Hessen-Kassel die Löwenburg errichten.
Unten: Die Orangerie erstrahlt in leuchtendem Gelb.

klassizistischen Schlosses Wilhelmshöhe, das seit 1974 die Antikensammlung und die Gemäldegalerie Alter Meister beherbergt. Die Löwenburg datiert aus derselben Zeit und hat doch keinerlei Ähnlichkeiten mit Schloss Wilhelmshöhe. Nicht Klassizismus, sondern neogotische Ruinenarchitektur beherrscht den Monumentalbau am Rande der Wolfsschlucht, der ganz bewusst wie eine mittelalterliche Burg angelegt wurde.

Die Bedeutung des Begriffs Bergpark erschließt sich Besuchern spätestens dann, wenn sie von Schloss Wilhelmshöhe zum Riesenschloss und dem Wahrzeichen Kassels, der Herkulesfigur, hinaufsteigen: Knapp 240 Höhenmeter liegen zwischen den beiden Gebäuden. Oben angelangt, offenbart sich die ganze Imposanz des insgesamt 71 m hohen Basalttuffsteinbaus, der von einer Pyramide und diese wiederum von der über 8 m großen Herkulesfigur gekrönt wird. Zu ihren Füßen beginnen die Kaskaden, die nur ein Bestandteil der zahlreichen Wasserspiele des Bergparks sind. Eine gewaltige Schneise führt von der Kolossalfigur durch den Park und bildet die Verlängerung der schnurgerade verlaufenden Wilhelmshöher Allee, die im Zentrum der documenta-Stadt Kassel mündet.

 **FAKTEN**

* **Einwohner:** 195.500
* **Bevölkerungsdichte:** 1831 Einw./km²
* **Berühmte Personen:** Carl Anton Henschel (*1780, Gründer von Henschel & Sohn), Hans Eichel (*1941, Politiker), Ulrike Folkerts (*1961, Schauspielerin), Moritz Führmann (*1978, Schauspieler)
* **Sehenswürdigkeiten:** Fridericianum, Bergpark Wilhelmshöhe mit Schlössern, Herkulesfigur, Löwenburg, Ballhaus und Gewächshaus, Stiftskirche St. Martin, Naturkundemuseum, Astronomisch-Physikalisches Kabinett

Marburg

MARBURGS HISTORISCHE OBERSTADT VERLANGT SEINEN BESUCHERN INSBESONDERE EINES AB: KON-
DITION. VERWINKELTE, AUSGETRETENE TREPPEN VERBINDEN HÄUSER UND GASSEN MITEINANDER UND
VERLEIHEN DER UNIVERSITÄTSSTADT EIN GANZ BESONDERES FLAIR.

Hoch über der Altstadt auf einem 287 m hohen Berg liegt das Marburger Schloss. Die Errichtung der früheren Residenz hessischer Landgrafen vollzog sich in mehreren Bauphasen, die ältesten von außen zu betrachtenden Gebäudeteile stammen aus dem 13. Jh. Einer der Höhepunkte ist der Fürstensaal im Nordtrakt mit einer Grundfläche von rund 420 m². Es handelt sich um einen der größten profanen Säle der deutschen Gotik, der noch heute zu besonderen Anlässen genutzt wird. Wie bei vielen anderen Residenzen wurde auch dem Marburger Schloss das Schicksal zuteil, dass es nach dem Tod des letzten Landgrafen ganz unterschiedlichen Nutzungszwecken zugeführt wurde, u.a. als Gefängnis und Lazarett.

Spätestens die Aussicht vom Schlossberg beantwortet die Frage, warum sich Heinrich I. seinerzeit ausgerechnet diesen Standort für seine Residenz ausgesucht hat: Der Blick schweift über die Altstadt und die gemächlich dahinfließende Lahn und reicht viele Kilometer weiter in das bewaldete Umland der Stadt. Ein malerisches Bild. Von hier führen verwinkelte Gassen und zahlreiche Treppen hinunter zur Lahn. Auf dem Weg dorthin liegt der Markplatz mit seinem gotischen Rathaus von 1525. Nicht weit davon entfernt befindet sich die Alte Universität, die auf den Grundmauern eines ehemaligen Dominikanerklosters errichtet wurde und über eine Aula verfügt, die nicht zuletzt wegen ihrer wandfüllenden Historienmalereien auffällig schön ist. Das neugotische Gebäude bietet

Links: Weithin sichtbar erhebt sich das Marburger Schloss auf dem 287 m hohen Schlossberg.
Oben: Der Bau der Elisabethkirche wurde vom Deutschen Orden initiiert.
Unten: Detail aus dem kostbaren Elisabethschrein in der gleichnamigen Kirche.

jedoch nur einem kleinen Teil der insgesamt rund 22.000 Studenten Marburgs Platz, entsprechend verteilen sich die Fakultäten mittlerweile über das gesamte Stadtgebiet.

Eine – im wahrsten Sinne des Wortes – besonders schöne Blüte akademischer Forschung und Bemühungen ist im Osten der Stadt zu finden. Hier erstreckt sich der 40 ha große Botanische Garten, der zur Philipps-Universität gehört. Nadelbäume, eine beeindruckende Rhododendron-Sammlung, aber auch Gewächshäuser mit unterschiedlichsten Pflanzen aus tropischen Gebieten entführen in die vielfältige Welt der Flora.

Egal wie ausgiebig der Besuch des Botanischen Gartens ausfällt: Niemand sollte Marburg verlassen, ohne zuvor das bekannteste Bauwerk der Stadt in Augenschein genommen zu haben: die Elisabethkirche. Sie ist eine der ältesten rein gotischen Hallenkirchen in Deutschland. 1283 fand die Weihe statt, doch es dauerte weitere 50 Jahre, bis die beiden 80 m hohen Türme fertiggestellt waren. Vieles im Inneren konnte über die Jahrhunderte hinweg erhalten werden, so z.B. der Hochaltar aus Sandstein oder das spätromanische Elisabethfenster, das Szenen aus dem Leben der vor allem in Thüringen und Hessen verehrten Heiligen zeigt.

38 FAKTEN

* **Einwohner:** 80.700
* **Bevölkerungsdichte:** 651 Einw./km²
* **Berühmte Personen:** Philipp I. von Hessen (*1504, Landesfürst), Hans und Wolfgang J. Mommsen (*1930, Historiker), Margot Käßmann (*1958, Theologin), Roland Suso Richter (*1961, Filmregisseur u. Produzent),
* **Sehenswürdigkeiten:** Elisabethkirche, Landgrafenschloss, Altstadt, Martinskirche, historisches Rathaus, Kugelkirche, Spiegelslustturm, Alter Botanischer Garten, Schlosspark, Alte Universität und Universitätskirche, Kilian, „Michelchen", Wendelgasse

Fulda

DIE 220 KILOMETER LANGE FULDA GIBT DER ZWISCHEN DEN MITTELGEBIRGEN RHÖN UND VOGELS-
BERG EINGEBETTETEN BISCHOFSSTADT IHREN NAMEN, DIE SICH EINES GROSSEN REICHTUMS AN
BAROCKEN SAKRAL- UND PROFANBAUTEN ERFREUEN KANN.

Im Jahre 742 beauftragte Bonifatius den Mönch Sturmius mit der Standortsuche für ein neues Kloster. Sturmius zog die Fulda aufwärts, fand einen geeigneten Ort und begann im März 744 mit der Errichtung des Sakralbaus. Zehn Jahre später starb Bonifatius in Ausübung seines „Amtes" als Missionar eines gewaltsamen Todes. Seine Leiche wurde zunächst ins Bistum Mainz überführt, auf Druck von Sturmius jedoch nach Fulda gebracht, wo Bonifatius vor dem Kreuzaltar der Salvatorbasilika beigesetzt wurde.

Das Kloster entwickelte sich bald darauf zu einem wichtigen Wallfahrtsort, wurde erweitert und erhielt kostbare Schenkungen. Gegen Ende des 10. Jh. siedelten sich erste Handwerker und Bauern an, Abtei und Siedlung erhielten das Münz-, Markt- und Zollrecht. Das Jahr 1220 markierte einen wichtigen Abschnitt in der Geschichte der Stadt, wurde doch die Abtei zur Fürstabtei erhoben. 1704 erfolgte die Grundsteinlegung des barocken Doms: Es entsteht ein knapp 100 m langer Sakralbau mit einer 39 m hohen Kuppel. Im Inneren verdienen der Hochaltar aus Marmor, die Orgel und die Krypta in der Bonifatiuskapelle besondere Beachtung.

In einem kunstvoll gestalteten Sarkophag liegen die Gebeine des heiligen Bonifatius, der Fulda noch heute zu einem viel besuchten Pilgerziel macht.

Der Dom bildet zugleich das Zentrum und den architektonischen Höhepunkt des Barockviertels der Stadt, zu dem neben Paulustor, Hauptwache und Bürgerhäusern auch das Stadtschloss samt Garten zählt. Zwischen 1706 und 1714 wurde das barocke Stadtschloss errichtet, das als Residenz der Fürstäbte und Fürstbischöfe diente. Johann Dientzenhofer, Baumeister des Doms, übernahm auch für diesen überaus beeindruckenden Profanbau die Planung und Gestaltung. Der Kaisersaal oder der Fürstensaal des Schlosses lassen keinen Zweifel aufkommen, dass es bei der Residenz auch um Repräsentation und die Zurschaustellung absolutistischer Herrschaftsansprüche ging. Das Gebäude wird heute in vielfacher Hinsicht genutzt: Es ist Sitz des Schlossmuseums und der Stadtverwaltung, beherbergt in seinen Spiegelsälen eine Sammlung mit Porzellanen aus der Manufaktur in Fulda und verfügt mit der Orangerie, die mittlerweile an ein Hotel angeschlossen ist, über einen äußerst stilvollen Veranstaltungsort.

Die Orangerie wurde ab 1721 errichtet.

 39 **FAKTEN**

* **Einwohner:** 64.350
* **Bevölkerungsdichte:** 619 Einw./km²
* **Berühmte Personen:** Ferdinand Braun (*1850, Physiker, Elektrotechniker u. Nobelpreisträger), Clara Harnack (*1877, Malerin, Lehrerin u. Mutter der Widerstandskämpfer Arvid und Falk Harnach), Sebastian Kehl (*1980, Fußballer), Patrick Sinkewitz (*1980, Profi-Radrennfahrer)
* **Sehenswürdigkeiten:** Schloss mit Schlossgarten, Altstadt, Altes Rathaus, Schloss Fasanerie, Dom zu Fulda, Benediktinerinnenabtei St. Maria, Kloster Frauenberg, Michaelskirche, Orangerie

Frankfurt

KEINE ANDERE METROPOLE DES LANDES KANN MIT EINER SOLCHEN SKYLINE AUFWARTEN. GIGAN-
TISCHE BANK- UND BÜROTÜRME ZEUGEN VON FINANZKRAFT UND MODERNITÄT UND LASSEN FAST
VERGESSEN, DASS FRANKFURT AUCH EINE STADT MIT JAHRHUNDERTEALTER GESCHICHTE IST.

Frankfurt ist ständig in Bewegung. Dafür sorgt allein Deutschlands größter Flughafen, der trotz zunehmender Proteste immer weiter ausgebaut wird: Durchschnittlich verbucht der Rhein-Main-Flughafen pro Tag 154.000 Passagiere und bis zu 1400 Starts und Landungen. Im Jahr 2006 wurden erstmals über 2 Mio. t Fracht verladen – Tendenz: steigend.

Für ständige Bewegung sorgen aber auch die Messe und das Finanz- und Bankenviertel, das mit seinen rund 100 Wolkenkratzern das Panorama der Mainmetropole prägt und ihr den Beinamen „Mainhatten" eingebracht hat. Einer der spektakulärsten Neuzugänge unter den Skyscrapern dürfte das zukünftige Gebäude der Europäi-

schen Zentralbank sein, das als 185 m hohes, ineinander verdrehtes Doppelhaus konzipiert ist und 2014 bezogen werden soll. Der milliardenschwere Finanzmarkt, der in Frankfurt ohnehin durch überdurchschnittlich viele Anzugträger repräsentiert wird, erhält dann ein neues Symbol. Ein weitaus älteres Wahrzeichen ist die Frankfurter Börse, deren Historie bis ins 16. Jh. zurückreicht.

Zur Geburtsstunde der Messe konnte die Stadt Frankfurt bereits auf 800 Jahre Geschichte zurückblicken. 794 findet sich „Franconofurd" erstmalig in einer Urkunde erwähnt. Mit der Krönung Lothars II. erlebte Frankfurt seine erste Königswahl, blieb für die kommenden Jahrhunderte ein wichtiger Schauplatz der

Blick über die Ignatz-Bubis-Brücke
auf die von Hochhäusern geprägte
Skyline von Frankfurt

Reichspolitik und entwickelte sich parallel zu einem wichtigen Messe- und Handelsstandort. Im Mai 1848 eröffneten die Abgeordneten aller deutschen Lande in der Paulskirche die erste deutsche Nationalversammlung und forderten u.a. einen einheitlichen Nationalstaat, der jedoch an den Interessen der Fürsten und Großmächte scheiterten.

Der Platz vor der Paulskirche geht in den berühmten Römerberg über, der seit dem 9. Jh. ein Ort für Märkte, Turniere, Feste und Kaiserwahlen war und mit dem „Römer" genannten Rathaus ein ebenso schönes wie historisch bedeutsames Häuserensemble beherbergt. An der Ostseite schließt sich der lang gestreckte Bau der Schirn Kunsthalle an, die zu den renommiertesten Ausstellungshäusern Europas zählt und im Osten vom 95 m hohen gotischen Dom St. Bartholomäus flankiert wird, in dem seit 1562 die Kaiserkrönungen stattfanden.

Während sich im Norden und Osten die Türme des Banken- und Finanzviertels erheben, ist die linke Seite des Mains der Kunst vorbehalten. Mit dem Museumsufer, bestehend aus Liebieghaus, Städelschem Kunstinstitut,

den Museen für Angewandte Kunst, für Kommunikation, Architektur und für Weltkulturen kann sich Frankfurt einer beispiellosen Dichte hochkarätiger Kunsttempel rühmen, die durch die Oper auf der anderen Flussseite eine international renommierte Ergänzung im klassischen Musikbereich erhält.

40 FAKTEN

* **Einwohner:** 679.660
* **Bevölkerungsdichte:** 2737 Einw./km^2
* **Berühmte Personen:** Johann Wolfgang von Goethe (*1749, Dichter), Otto Hahn (*1879, Chemiker), Erich Fromm (*1900, Psychologe), Theodor W. Adorno (*1903, Philosoph u. Soziologe), Anne Frank (*1929, Schriftstellerin), Dietrich Thurau (*1954, Radrennfahrer), Ulrike Meyfarth (*1956, Hochspringerin), Birgit Prinz (*1977, Fußballerin)
* **Sehenswürdigkeiten:** Bankenviertel mit Main Tower, Altstadt mit Kaiserdom, Römerberg und Paulskirche, Mainufer, Der Eiserne Steg, Der Römer, Lohrberg, Opernplatz, Goethe-Haus, Saalgasse, Palmengarten

Wiesbaden

WIESBADEN HAT ALLES, WAS EIN GUTER KURORT VERSPRICHT: QUELLEN, THERMEN, PARKS, KURHAUS UND KASINO. DOCH DIE RHEINMETROPOLE IST NICHT IN IHRER VERGANGENHEIT ALS NOBLE RESIDENZ VERHAFTET, SONDERN PRÄSENTIERT SICH ZUGLEICH ALS LEBENDIGE, ZUKUNFTSORIENTIERTE STADT.

Warum Wiesbaden im Verlauf seiner jahrtausendealten Geschichte nie an Reiz und Bedeutung verloren hat, erklärt sich nicht zuletzt aus der außerordentlich begünstigten Lage: Die Stadt erstreckt sich in einer weiten Talmulde am Fuß des südlichen Taunus. Durch die Höhenzüge geschützt, kann sich Wiesbaden eines besonders milden Klimas erfreuen: Sie ist eine der wärmsten und sonnenreichsten Städte des Landes. Im Süden grenzt die Landeshauptstadt Hessens an den Rhein, der hier – nachdem er das Wasser des Mains aufgenommen hat – seinen Süd-Nord-Kurs aufgibt, nach Westen abknickt, um bald darauf zu Füßen des Rheingaus mit seinen Weinbergen entlangzufließen. Nicht nur der Riesling, der hier an

den Hängen „geboren" wurde, verlockt zu gelegentlichen Ausflügen, sondern auch zahlreiche bedeutende Sehenswürdigkeiten wie Kloster Eberbach oder Schloss Johannisberg.

Die Vorzüge der geografischen Lage werden durch das Vorhandensein von Quellen noch erweitert. Bereits die Römer wussten um die Heilkraft des Wassers, bauten Thermen aus und errichteten eine Siedlung. Die Alemannen zerstörten diese Befestigung im 3. Jh., wurden allerdings selbst von den Franken vertrieben, die einen Königshof gründeten. Doch auch dessen Bestand war nicht für die Ewigkeit ausgelegt: 1242 wurde er auf Anweisung des Mainzer Erzbischofs erobert und zerstört.

Links: Blick auf das Rathaus und die Marktkirche im neugotischen Stil
Oben: Das Wiesbadener Staatstheater wurde als Neues königliches Hoftheater errichtet und maßgeblich durch den letzten deutschen Kaiser, Wilhelm II., gefördert.
Unten: Foyer des Kurhauses mit 21 m hoher Kuppel

Erst im 19. Jh. rückten die Thermen wieder in den Mittelpunkt. Wiesbaden wurde zur mondänen Kurstadt von Weltrang ausgebaut. Kaiser Wilhelm II. beehrte über viele Jahre hinweg das „Nizza des Nordens" mit seiner Anwesenheit und gab auch den Bau des Hessischen Staatstheaters in Auftrag, dem sich nördlich die Kurhaus Kolonnaden mit einer fast 130 m langen Säulenhalle und das noble, neoklassizistische Kurhaus anschließen. Letzteres steht seit Beginn an jedoch weniger im Zeichen der Gesundheit, sondern des Vergnügens am Spiel: In Wiesbadens Kasino haben schon viele Berühmtheiten ihr Glück versucht, unter ihnen auch Dostojewski, der bei seinem zweiten Besuch all sein Geld verspielte und diese Erfahrung im Kurzroman „Der Spieler" niederschrieb.

Wiesbaden rühmt sich zu Recht seiner langen Tradition als Kurstadt, behauptet sich mit den wunderschönen Kaiser-Friedrich-Thermen oder der Therme Aukammtal als Stadt mit hohem Wellnessfaktor. Doch dank zahlreicher hier angesiedelter Bundesverbände und dem hessischen Landtag, der sich in den Räumen des imposanten Stadtschlosses versammelt, oder Filmfestivals wie das im Frühjahr stattfindende goEast wird zugleich der Bogen zur Gegenwart geschlagen.

41 FAKTEN

* **Einwohner:** 276.000
* **Bevölkerungsdichte:** 1353 Einw./km²
* **Berühmte Personen:** Ueli Prager (*1916, Gründer von Mövenpick), Simone Signoret (*1921, frz. Schauspielerin u. Schriftstellerin), Paul Kuhn (*1928, Pianist u. Sänger), Nico Rosberg (*1985, Autorennfahrer), Kristina Schröder (*1977, Politikerin)
* **Sehenswürdigkeiten:** Schlossplatz, Altes und Neues Rathaus, ehemaliges Stadtschloss, Marktkirche, Goldgasse, Wilhelmstraße, Kurpark, Burg Heidenmauer mit Römertor, Erbprinzenpalais, Kuckucksuhr, Schloss Biebrich, Sektkellerei Henkell, Museum Wiesbaden, Kaiser-Friedrich-Therme

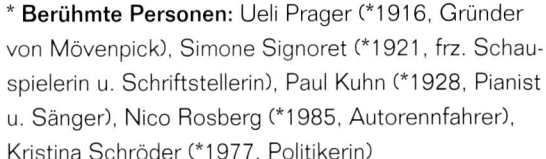

HESSEN

Offenbach

IM SCHATTEN FRANKFURTS EBENFALLS DIREKT AM MAIN GELEGEN, HAT ES DAS WESENTLICH KLEINERE OFFENBACH SCHWER, AUS DESSEN GROSSEM SCHATTEN HERAUSZUTRETEN. DIE BEIDEN STÄDTE MÖGEN FAST INEINANDERWACHSEN, DOCH OFFENBACH HAT EINE EIGENSTÄNDIGE BEACHTUNG VERDIENT.

In Offenbach ist nicht die Hochfinanz zu Hause, in Offenbach geht es um Dinge, die der Mensch wirklich braucht: Leder, Schuhe, Branntwein und das Wetter. Die Lederverarbeitung brachte der bereits in römischer Zeit besiedelten Region früh einen Aufschwung. Im 17. Jh. vor ihrer Verfolgung in Frankreich fliehend, ließen sich vornehmlich Hugenotten in Offenbach nieder, die sich auf das Lederhandwerk verstanden. Bis ins 20. Jh. hinein florierte der Wirtschaftszweig, dann wanderten die Unternehmen in Billiglohnländer ab. Als eines der letzten stellte „Goldpfeil" im Jahr 2008 seine Produktion in Offenbach ein. Inzwischen dokumentieren nur noch das Deutsche Lederwarenmuseum und das ihm angeschlossene Schuhmuseum, wie Leder hergestellt und verarbeitet wurde bzw. wird. Zeugen der florierenden Stadt sind vorzugsweise seine Bauten: die Mansardenbauweise der Hugenotten und das schöne Isenburger Schloss. Der Renaissancebau, unmittelbar am Mainufer gelegen, besticht durch seine äußeren Galerien mit ihren herrlichen Kreuzrippengewölben.

Womit die Deutschen Offenbach aber oftmals verbinden, das sind zwei Dienstleistungen bzw. Behörden, die von der Mainstadt aus agieren: die Bundesmonopolverwaltung für Branntwein sowie der Deutsche Wetterdienst, der hier 1952 gegründet wurde.

Oben: Blick über den Marktplatz auf den CityTower

42   **FAKTEN**

* **Einwohner:** 120.440
* **Bevölkerungsdichte:** 2683 E./km²
* **Berühmte Personen:** Gottfried Böhm (*1920, Architekt), Olli Dittrich (*1956, Schauspieler, Comedian), Smudo (*1968, Musiker)
* **Sehenswürdigkeiten:** Isenburger Schloss, Deutsches Leder- und Schuhmuseum, Büsing-Palais mit Lili-Tempel, Arboretum, Klosterruine Eldena

Darmstadt

WAS DESSAU UND WEIMAR FÜR DAS BAUHAUS SIND, DAS IST DARMSTADT FÜR DEN JUGENDSTIL. ANFANG DES 20. JH. SETZTE EINE GRUPPE VON KÜNSTLERN AUF DER MATHILDENHÖHE NEUE KUNSTMASSSTÄBE, IN-DEM SIE EIN UNVERGLEICHLICHES JUGENDSTIL-ENSEMBLE ERSCHUF.

Künstlerkolonie nannte sich die Gruppe von Architekten, Bildhauern und Malern, die 1899 durch Großherzog Ernst Ludwig von Hessen ins Leben gerufen und von diesem finanziert wurde. Seine Initiative stand unter dem Leitgedanken „Mein Hessenland blühe und in ihm die Kunst" und für diese Idee konnte er namhafte Jugendstil-Künstler wie Peter Behrens, Albin Müller oder Joseph Maria Olbrich gewinnen. Letzterer war die treibende Kraft der Künstlerkolonie: Olbrich entwarf den 48,5 m hohen Hochzeitsturm, der heute das Wahrzeichen von Darmstadt ist.

Auch das Ernst-Ludwig-Haus ist ein Werk Olbrichs. Wo einst Ateliers untergebracht waren, bietet heute ein Museum Einblicke in das Kunstverständnis der Jugendstil-Aktivisten und ihre Formen der Umsetzung. Zu diesen gehören auch die acht Künstlerhäuser, deren Errichtung von der Idee geleitet war, Architektur, Malerei und Kunsthandwerk zusammenzuführen. Das auffälligste Gebäude jedoch dürfte die bunt gestaltete Russische Kapelle sein. Schon bevor die Künstlerkolonie mit der Umsetzung ihrer Jugendstil-Konzepte begann, war der Sakralbau für das Zarenpaar Nikolaus II. und Alexandra auf eigens aus Russland importierter Erde errichtet worden.

Angesichts des Jugendstil-Ensembles verliert man Darmstadts Attraktionen jenseits der Mathildenhöhe beinahe aus den Augen. Dabei lohnt ein Spaziergang durch das Zentrum, das mit dem Luisenplatz, dem Schloss, dem Herrngarten aus dem 16. Jh. oder der Ludwigskirche durchaus viel Sehenswertes zu bieten hat.

 FAKTEN

* **Einwohner:** 144.400
* **Bevölkerungsdichte:** 1183 Einw./km²
* **Berühmte Personen:** Emanuel Merck (*1974, Apotheker und Gründer des pharmazeutischen Unternehmens Merck), Alix von Hessen-Darmstadt (*1872, Russlands letzte Kaiserin), Karlheinz Böhm (*1928, Schauspieler)
* **Sehenswürdigkeiten:** Ernst-Ludwig-Haus, Jagdschloss Kranichstein, Luisenplatz, Ludwigsmonument, Schloss mit Schlossmuseum, Mathildenhöhe, Hochzeitsturm, Museum Künstlerkolonie, Ludwigshöhe, Marktplatz, „darmstadtium", Russische Kapelle

Hochzeitsturm und Russische Kapelle auf der Mathildenhöhe

Eisenach

LUTHERS WURF MIT DEM TINTENFASS, UM DEN TEUFEL ZU VERTREIBEN, IST LEGENDÄR. UND DER FLECK AN DER WAND? UNSICHTBAR! WARUM DIE WARTBURG DENNOCH DIE BERÜHMTESTE BURG DEUTSCHLANDS IST, ZEIGT SICH SCHON AUS DER FERNE.

Als der VEB Automobilwerk Eisenach 1955 das Modell Wartburg auf den Markt brachte, war das nur konsequent. Die Stadt Eisenach ist untrennbar mit der Wartburg verbunden, die hoch über der thüringischen Stadt thront. Egal aus welcher Himmelsrichtung man anreist: Die auf 411 m am Rande des Thüringischen Waldes gelegene Burganlage ist ein Blickfang. Sie erfüllt viele Vorstellungen von mittelalterlichen Befestigungen, so klischeehaft sie auch sein mögen.

Einer Legende nach wurde die Burg 1067 von Ludwig dem Springer aus dem Geschlecht der Ludowinger gegründet. Keine 100 Jahre später wurde die bis dato relativ einfache Grenzfeste mit dem Bau des Hauptgebäudes – dem Palas – zu einer Residenz ausgebaut, unter dem kunstsinnigen Landgrafen Hermann I. (1155–1217) traten hier zahlreiche Minnesänger auf, so z.B. auch Walther von der Vogelweide.

Im 16. Jh. konnte die Burg eine weitere berühmte Person als Gast empfangen, die allerdings nicht ganz freiwillig kam: Nachdem Martin Luther sich geweigert hatte, die 95 in Wittenberg veröffentlichten Thesen zu widerrufen, wurde zunächst der päpstliche Bannfluch,

Der Tintenfleck ist verschwunden, doch sehenswert ist die Lutherstube allemal, zeigt sie sich doch nahezu in ihrem ursprünglichen Zustand.

später die Reichsacht über den Reformator verhängt. Luther musste sich auf die Wartburg zurückziehen und widersetzte sich – so will es die Legende – in der berühmten Lutherstube dem Teufel, indem er mit einem Tintenfass nach ihm warf. Jahrhundertelang war der Tintenfleck an der Wand zu sehen, vermutlich dank regelmäßiger Nachbesserungen. Heute ist der Fleck verschwunden. Und dennoch lohnt ein Besuch, denn mit der nahezu unveränderten Lutherstube erhält man einen Einblick in die spartanische Lebensweise des Reformators auf der Wartburg, der mit der Übersetzung des Neuen Testaments zugleich die deutsche Schriftsprache aus der Wiege hob. 1817 wurde die einstige Residenz der Ludowinger zum Dreh- und Angelpunkt des entfesselten Nationalstolzes und bürgerlich-demokratischer Ideen unter Studenten, die hier das Wartburgfest begingen.

Heute präsentiert sich die Wartburg als eine Befestigungsanlage mit vielen Baustilen. Einer der beeindruckendsten Räume ist zweifelsohne der 40 m lange Festsaal im Palas. Er wurde wie der gesamte Burgkomplex für Bayernkönig Ludwig II. zur Inspirationsquelle und Vorbild für Neuschwanstein. Von den Burgmauern aus genießt man einen fantastischen Blick auf den Thüringer Wald und Eisenach, das mit seinem Lutherhaus und Bachhaus, der Prediger- und Georgenkirche durchaus Sehenswürdigkeiten besitzt, die abseits der alles überragenden Wartburg liegen.

44 FAKTEN

* **Einwohner:** 42.750
* **Bevölkerungsdichte:** 412 Einw./km²
* **Berühmte Personen:** Johann Sebastian Bach (*1685, Komponist), Ernst Abbe (*1840, Physiker u. Optiker)
* **Sehenswürdigkeiten:** Wartburg, Landestheater, Stadtschloss, Georgenkirche, Kartausgarten, Bachhaus, Lutherhaus, Nikolaikirche und -tor, „Schmales Haus", Wandelhalle, Alte Mälzerei, Goldener Löwe, Stolpersteine, „Luther – das Fest"

Die Wartburg, Residenz der Landgrafen und Exil für Martin Luther, erhebt sich hoch über der thüringischen Stadt Eisenach.

Weimar

EINE GANZE EPOCHE DER DEUTSCHEN LITERATURGESCHICHTE WIRD NACH DER THÜRINGISCHEN STADT BENANNT: DIE WEIMARER KLASSIK. ES IST DIE ZEIT UM DIE WENDE VOM 18. ZUM 19. JH., IN DER DIE DICHTER WIELAND, HERDER, INSBESONDERE JEDOCH GOETHE UND SCHILLER WIRKTEN.

Zu jener Zeit berief die Herzogin von Sachsen-Weimar-Eisenach, Anna Amalia, mit 20 Jahren durch den frühen Tod ihres Mannes zur Regentin geworden, zunächst 1772 den Dichter Christoph Martin Wieland als Erzieher ihrer Söhne nach Weimar. Wenige Zeit später wurde auch Johann Wolfgang von Goethe zum Prinzenerzieher ernannt und der wiederum bat seinen Dichterfreund Johann Gottfried Herder ebenfalls in die Stadt zu kommen. Die Herzogin förderte die Kunst in ihrem Machtbereich, insbesondere aber die drei Dichter, denen sich ab 1799 auch Friedrich Schiller anschloss.

Es waren bewegte Jahre in Europa: Die Französische Revolution hatte die Ideale von Humanität,

Menschenwürde und der Gleichheit der Menschen auch nach Deutschland und in andere Länder gebracht, die Möglichkeit ihrer Verwirklichung aber schien durch die Terrorherrschaft der Jakobiner und die Ernennung Napoleons zum ersten Konsul in weite Ferne gerückt. Die politischen Ereignisse nahmen Einfluss auf die europäischen Künstler, maßgeblich auch auf die Literatur der vier Weimarer. Sie suchten nach einem neuen Ideal, das sie in der klassischen Antike zu finden glaubten. Der Humanität und Toleranz, Ausgewogenheit, Harmonie und der schönen Seele des Menschen galt nun das ganze Streben der Weimarer Klassiker, die den Inhalt ihrer Werke auch über eine perfekte Form zu vervollkommnen suchten.

45 FAKTEN

* **Einwohner:** 65.480
* **Bevölkerungsdichte:** 788 Einw./km²
* **Berühmte Personen:** Christoph Martin Wieland (*1733, Dichter), Anna Amalia (*1739, Herzogin), Johann Gottfried Herder (*1744, Philosoph, Dichter), Johann Wolfgang von Goethe (*1749, Dichter), Friedrich Schiller (*1759, Dichter), Walter Gropius (*1883, Architekt), Sibylle Berg (*1962, Schriftstellerin)
* **Sehenswürdigkeiten:** Deutsches Nationaltheater, Stadtkirche St. Peter und Paul, Herzogin Anna Amalia Bibliothek, Goethe-Schiller-Denkmal, Stadtschloss, Liszt-Haus, Bauhaus-Museum, Gedenkstätte des KZ Buchenwald

Dieser Geist der Klassik scheint auch heute noch in Weimar vorzuherrschen. Es sind vor allem die Schauplätze jener Epoche, die in jedem Jahr Tausende Besucher in die Stadt ziehen: Goethes berühmtes Gartenhaus im Park an der Ilm etwa, in dem er u.a. an seinem „Egmont" schrieb, das Schillerhaus und die herrliche Herzogin Anna Amalia Bibliothek. Bei einem Brand im Jahr 2004 fielen den Flammen 50.000 der dort gehüteten Schätze aus dem 16.–20. Jh. zum Opfer: Nur dem schnellen Einsatz der Weimarer Bürger ist es zu verdanken, dass auch eine große Anzahl an Büchern während des Brandes gerettet und die Bibliothek nur drei Jahre später wiedereröffnet werden konnte.

Doch Weimar steht noch für eine weitere Geschichtsepoche, nämlich für den ersten Versuch der Deutschen, nach dem Ersten Weltkrieg eine demokratische Staatsordnung durchzusetzen. Die sogenannte Weimarer Republik wurde durch ihre Ausrufung am 9. November 1918 und die Verabschiedung der Weimarer Verfassung am 11. August 1919 gegründet.

Links: Weimarer Stadtschloss samt Schlossturm und Bastille (links)
Oben: Zum Schloss Belvedere gehören auch die sogenannten Kavaliershäuser.
Mitte: Marktplatz mit Neptunbrunnen und Rathaus
Unten: Nach dem Brand von 2004 erstrahlt die Herzogin Anna Amalia Bibliothek heute wieder in ihrem alten Glanz.

Erfurt

DAS ENSEMBLE KÖNNTE SCHÖNER NICHT SEIN: MARIENDOM UND SEVERINSKIRCHE DRÄNGEN SICH AUF DEM DOMBERG ANEINANDER, GEGENÜBER ERHEBT SICH DER PETERSBERG SAMT ZITADELLE UND ZU FÜSSEN LIEGT ERFURT MIT EINER MALERISCHEN ALTSTADT.

Maria Gloriosa ist ebenso schwergewichtig wie berühmt. Die weltweit größte frei schwingende Glocke aus dem Mittelalter gilt vielen als Königin der Glocken und war auch Vorbild für den Bau der St. Petersglocke im Kölner Dom oder der Gloriosa im Frankfurter Kaiserdom. Nur an hohen kirchlichen Feiertagen und zu besonderen Anlässen erklingt die 1497 gegossene Maria Gloriosa aus dem Mittelturm des Erfurter Doms, der dadurch noch mehr an Erhabenheit gewinnt.

1154 entstand auf dem Domhügel eine romanische Basilika, die im 14. und 15. Jh. im gotischen Stil erweitert und umgebaut wurde. Im Inneren beeindruckt der Sakralbau durch seine reichen Kunstschätze. Besonders hervorzuheben sind die 18,6 m hohen Fenster im Hochchor. Sie zeigen einen Gemäldezyklus, der u.a. die Schöpfungsgeschichte bis zum Turmbau von Babel oder die Passion Christi wiedergibt und in Größe und Umfang als einzigartig für Deutschland gelten darf. Der Hochaltar von 1697 nimmt mit 13 m Breite fast den gesamten Chorraum ein und besticht durch seine zwölf überlebensgroßen Figuren. Nicht minder sehenswert ist das Chorgestühl, dessen Holz in den 1320er-Jahren geschlagen wurde.

Nur ein schmaler Durchgang liegt zwischen dem Dom und der Kirche St. Severi, die 1121 erstmalig erwähnt wird und in der architektonischen Gestaltung deutlich schlichter daherkommt. Doch der dreigeschos-

Links: Domhügel mit Mariendom und Severikirche
Oben: Augustinerkloster, dem auch Luther beitrat
Mitte: Krämerbrücke mit Ägidienkirche zur Linken
Unten: Auf der schmalen Krämerbrücke

sig angelegte Hochaltar gibt sich nicht minder kunstvoll aus, daneben verdient der Severi-Sarkophag als überaus wertvolle Bildhauerarbeit besondere Beachtung.

Den schönsten Ausblick auf die Stadt genießt man vom gegenüberliegenden Petersberg, auf dem sich einst ein Kloster befand, das jedoch beim Beschuss der Zitadelle nahezu vollständig zerstört und nicht mehr aufgebaut wurde. Die Zitadelle selbst zählt mit 12 ha Kernfläche zu den größten barocken Festungen Europas. Zu ihren Füßen schlängelt sich die Gera durch die Altstadt von Erfurt, führt vorbei an Predigerkirche und Rathaus, um bald darauf die Krämerbrücke zu erreichen. Es ist einer der malerischsten Flecken der thüringischen Hauptstadt. Auf beiden Seiten der aus Stein errichteten Brücke drängen sich Fachwerkhäuser, zwischen denen nur eine Flucht von 5,5 m liegt. Jedes Jahr Mitte Juni wird die Brücke zum Schauplatz für das Krämerbrückenfest mit mittelalterlichem Markt.

Nur ein Stück weiter nördlich ist mit dem Augustinerkloster eine Lebens- und Wirkungsstätte Martin Luthers zu finden. Noch bevor der gebürtige Eislebener in Wittenberg seine Thesen formulierte, studierte er an der Erfurter Universität Rechtswissenschaften und ließ sich 1507 – zwei Jahre nach Eintritt in das Kloster – zum Priester weihen. Ein Denkmal vor der Kaufmannskirche im Zentrum der Stadt gedenkt des großen Reformators.

46 FAKTEN

* **Einwohner:** 205.000
* **Bevölkerungsdichte:** 762 Einw./km²
* **Berühmte Personen:** Christine Westermann (*1948, Fernsehmoderatorin u. Autorin), Yvonne Catterfeld (*1979, Sängerin u. Schauspielerin), Clueso (*1980, Sänger u. Songwriter), Clemens Fritz (*1980, Fußballer)
* **Sehenswürdigkeiten:** Dom, Domplatz, Glocke „Gloriosa", Altstadt mit den Patrizier- und Fachwerkhäusern, Zitadelle Petersberg, Severikirche, Krämerbrücke, Rathaus, Alte Synagoge und Mikwe, Augustinerkloster

Jena

NOCH MEHR ALS MIT SCHILLER, HEGEL ODER FICHTE IST JENA MIT DEM NAMEN CARL ZEISS VERBUNDEN. DER MECHANIKER GRÜNDETE IN DER THÜRINGISCHEN STADT EIN UNTERNEHMEN ZUR HERSTELLUNG OPTISCHER GERÄTE, DIE IHRER PRÄZISION WEGEN BALD WELTWEIT GESCHÄTZT WURDEN.

Die 105.000-Einwohner-Stadt Jena positioniert sich seit vielen Jahrzehnten erfolgreich zwischen akademischer Tradition und technischer Innovation. Es ist das Jahr 1557, in dem Professor Johann Schröter von Kaiser Ferdinand I. das Privileg zur Gründung einer Universität in Jena erhielt. Zu Beginn des 18. Jh. zählt die Lehranstalt bereits 1800 Studenten – so viele wie nirgendwo sonst im Lande.

Herzog Carl August konnte für die Universität zahlreiche Geistesgrößen gewinnen, unter ihnen Friedrich Schiller, Georg Hegel, Friedrich Schelling, Friedrich von Schlegel und Johann Gottlieb Fichte. Und damit nicht genug: Johann Wolfgang von Goethe wurde vom Landes-

herrn auch mit der inhaltlichen Ausrichtung der Universität beauftragt und nutzte diese Gestaltungsmöglichkeiten zum Ausbau naturwissenschaftlicher Fakultäten.

Das ist auch der Zweig, für den sich der junge Carl Zeiss interessierte. Seit 1834 lebte er in Jena, nahm eine Lehre auf und hörte parallel mathematische und naturwissenschaftliche Vorlesungen. Die Jahre nach Abschluss der Lehre verbrachte er auf Wanderschaft, um schließlich 1846 zurück in Jena eine Konzession zur Fertigung und zum Verkauf mechanischer und optischer Instrumente zu erhalten. Es ist die Geburtsstunde eines Unternehmens, das Jena zu einem Zentrum der Technik und wichtigen Wirtschaftsstandort in Thüringen machte.

Links: Jena, das sich im Tal der Saale erstreckt, kann auf eine lange Tradition als Universitätsstadt verweisen. Oben: Sommerliche Abendstimmung in der Wagnergasse, hinter der sich der JenTower erhebt Unten: In Schillers Gartenhaus

In der Anfangszeit waren es vor allem Mikroskope, mit denen sich Zeiss einen internationalen Ruf erwarb. Mitte der 1860er-Jahre begann die Zusammenarbeit mit Ernst Abbe, dessen Erkenntnisse zu einer weiteren Verbesserung der Produkte führten. Das Unternehmen erlebte eine Blütezeit, die erst durch den Zweiten Weltkrieg und die Teilung Deutschlands ein Ende fand. 1948 wurden die Werke enteignet, es entstanden die beiden Staatsbetriebe VEB Carl Zeiss Jena und VEB Jenaer Glaswerk mit vielen Tausend Mitarbeitern.

Das prägnanteste Gebäude der Stadt, der 133 m hohe JenTower, steht mit dem Unternehmen Carl Zeiss in unmittelbarem Zusammenhang. Er wurde Anfang der 1970er-Jahre nach den Entwürfen des DDR-Staatsarchitekten Hermann Henselmann errichtet und sollte als Forschungszentrum des Kombinats Carl Zeiss Jena genutzt werden. Dazu kam es nie. Stattdessen bezog die Friedrich-Schiller-Universität den mit einer Vorhangglasfassade versehenen Rundturm. Ganz im Zeichen der Optik stehen auch das Zeiss-Planetarium oder das Optische Museum, dem sich Richtung Osten der historische Marktplatz anschließt. Er hält mit dem spätgotischen Rathaus und der „Alten Göhre", einem Giebelhaus, in dem das Stadtmuseum untergebracht ist, zwei besondere Sehenswürdigkeiten bereit.

 **FAKTEN**

* **Einwohner:** 105.130
* **Bevölkerungsdichte:** 918 Einw./km²
* **Berühmte Personen:** Johann Mattäus Meyfart (*1590, Theologe, Kämpfer gegen die Hexenverfolgung), Carl Zeiss (*1816 in Weimar, Mechaniker, Unternehmer, Gründer der Firma Carl Zeiss), Sahra Wagenknecht (*1969, Politikerin), Bernd Schneider (*1973 Fußballspieler)
* **Sehenswürdigkeiten:** Zeiss-Planetarium, JenTower, Optisches Museum, Romantikerhaus, Botanischer Garten mit Goethe-Gedenkstätte, Schillers Gartenhaus, Schillerkirche, Universität, historisches Gasthaus „Grüne Tanne", Stadtmuseum

Bielefeld

NICHT ANNÄHERND SO ALT WIE BIELEFELD, ABER BEINAHE GENAUSO POPULÄR IST DIE VERSCHWÖ-
RUNGSTHEORIE, DIE EINE EXISTENZ DER WESTFÄLISCHEN STADT SCHLICHTWEG LEUGNET. DOCH NICHT
ALLEIN DER MITTELALTERLICHEN SPARRENBURG WEGEN WÄRE DIESER UMSTAND ZU BEDAUERN.

Viele Bielefelder Bürger können ein gemeinsames Klagelied anstimmen: Werden sie
außerhalb der Stadtgrenzen auf ihren Wohnort angesprochen, folgt auf die Antwort „Bielefeld"
nur allzu oft der Kommentar: „Ach, die Stadt gibt es
doch gar nicht!" Ursprung dieses Dauerwitzes ist die
sogenannte Bielefeldverschwörung, die 1994 erstmals
in Umlauf kam und deren Urheber jegliche Informati-
onen, die uns Menschen an eine Existenz der ostwest-
fälischen Stadt glauben lassen, für eine Verschwörung
halten, initiiert wahlweise von der Mossad, dem CIA
oder gar Außerirdischen. Nicht nur Bielefelds Bürger
wissen mit dem Thema mittlerweile entspannt umzuge-
hen, sondern auch die Stadtverwaltung: Sie greift die

Verschwörungstheorie selbst auf und stellt die 800-Jahr-
Feier im Jahr 2014 unter das Motto „Bielefeld. Das
gibt's doch gar nicht!"

Das Selbstbewusstsein der Stadtverantwortlichen
ist durchaus berechtigt: 323.300 Einwohner zählt Bielefeld, das sowohl in kultureller als auch ökonomischer
Hinsicht das Zentrum Ostwestfalens bildet. Bereits 1214
zur Stadt erhoben, zog Bielefeld dank seiner günstigen
Lage am Kreuzpunkt mehrerer Handelswege Kaufleute
und Handwerker an. Der Alte Markt mit dem Merkur-
brunnen und prächtigen Patrizierhäusern erinnert an
die Wohlstand der Stadt, der durch den Beitritt in die
Hanse noch verstärkt wurde.

Links: Bielefeld von der Burg Sparrenberg aus gesehen
Oben: Das Alte Rathaus wurde 1904 fertiggestellt.
Unten: Neben dem 37 m hohen Turm sind auch andere
Teile der Burg Sparrenberg zu besichtigen.

Von der zweiten wirtschaftlichen Blüte ab dem 19. Jh. zeugt die imposante Ravensberger Spinnerei, die sich zu einer der größten Flachsspinnereien in Europa entwickelte. Sie dient heute als Kultur- und Veranstaltungszentrum, beherbergt zwei Museen und ist auch dank eines umliegenden Parks und gastronomischer Einrichtungen ein lohnenswertes Ziel.

Noch aus dem 13. Jh. stammt die Sparrenburg, das Wahrzeichen Bielefelds. Graf von Ravensberg ließ sie auf dem 180 m hohen Sparrenberg als Verwaltungs- und Wohnsitz errichten. Besitzerwechsel, Erweiterungen und Umgestaltungen bestimmten die nächsten zwei Jahrhunderte, bevor mit dem Dreißigjährigen Krieg die Zeit der Belagerungen, Kriege und schließlich auch des Verfalls eingeläutet wurde. Erst die Burgenromantik des 19. Jh. führte eine Wende herbei: Die Sparrenburg erhielt ihr heutiges Gesicht. Bis heute ranken sich Gerüchte um die Festung: Geheime Gänge soll es geben, die das Gebäude mit dem Alten Markt im Zentrum Bielefelds verbinden. Auch wenn dieser Verbindungsweg bislang nicht gefunden wurde: Unterirdische Gänge gibt es auch so. Sie verbinden die einzelnen Rondelle miteinander und sind in Teilen zu besichtigen, ebenso wie der 37 m hohe Turm, der einen fantastischen Ausblick über Bielefeld gewährt.

48 **FAKTEN**

* **Einwohner:** 323.300
* **Bevölkerungsdichte:** 1253 Einw./km²
* **Berühmte Personen:** Friedrich Wilhelm Murnau (*1888, Filmregisseur), Rudolf-August Oetker (*1916, Nahrungsmittelproduzent u. Reeder), Veronica Carstens (*1923, Medizinerin), Rüdiger Nehberg (*1935, Survival-Experte), Hannes Wader (*1942, Liedermacher), Ingolf Lück (*1958, Schauspieler u. Moderator)
* **Sehenswürdigkeiten:** Sparrenburg, Ravensberger Spinnerei, Alter Markt, Leineweber Denkmal, Altes Rathaus, Rudolf-Oetker-Halle, Gret'scher Hof, Kunsthalle Bielefeld

Münster

STILL UND FRIEDLICH ERSCHEINT DEM HEUTIGEN BESUCHER DAS WESTFÄLISCHE MÜNSTER. KAUM ZU GLAUBEN, DASS IM 16. JH. DIE RELIGIÖS-SOZIALREVOLUTIONÄRE GRUPPE DER WIEDERTÄUFER DIE STADT IN EIN CHAOS STÜRZTE, DAS SCHLIESSLICH MIT EINEM BLUTBAD BEENDET WURDE.

Schöne giebelständige Renaissancehäuser mit Arkadengängen säumen den Prinzipalmarkt Münsters. Es ist der Platz der reichen Münsteraner Kaufleute, die sich hier, im Schatten des Rathauses und ihrer Kirche St. Lamberti, Wohnhäuser errichten ließen. Jedes von ihnen hat einen anders gestalteten Giebel: Die Treppen-, Schweif- und Spitzgiebel sind vielfach mit Figuren und Ornamenten geschmückt und sollten nicht nur den Reichtum der Patrizier von Münster demonstrieren, sondern auch ihren Stolz und ihre Selbstbestimmung, die sie im 16. Jh. auch in Fragen des Glaubens einforderten.

Mit der Reformation etablierte sich in Münster die Täuferbewegung, bekämpft von den regierenden katholischen Fürstbischöfen. In den Jahren 1534/35 konnten die Täufer mit ihren anfänglichen Forderungen nach Erwachsenentaufe oder Trennung von Staat und Kirche die Bürger überzeugen und die Herrschaft in der Stadt gewinnen. Doch mit der Zeit radikalisierte sich die Bewegung – die Einführung der Gütergemeinschaft und der Vielweiberei ging einher mit Massenhinrichtungen und apokalyptischen Verkündigungen. Als die Katholiken schließlich, nach Belagerung und Erstürmung der

Stadt, wieder die Herrschaft übernahmen, verbreiteten sie ähnliche Schrecken unter den Bürgern: Sie folterten einige der einflussreichsten Täufer öffentlich zu Tode und hängten die Leichen der drei Rädelsführer in Käfigen an den spätgotischen Turm von St. Lamberti – als Mahnung „gegen den Abfall von der allein selig machenden Kirche".

Andere Schrecken der Geschichte sind weniger offensichtlich. Im Zweiten Weltkrieg wurde die Stadt schwer zerstört, doch dank weitsichtiger Wiederaufbaumaßnahmen behielt Münster sein schönes Stadtbild. Der gotische Dom St. Paulus wurde ebenso wie die Innenausstattung in vereinfachter Form neu errichtet. Auch das historische Rathaus mit seinem wunderschönen maßwerkgeschmückten Treppengiebel, in dem 1648 ein Teil des Westfälischen Friedens unterzeichnet wurde, fiel 1944 Bomben zum Opfer. Doch auch dieses Kleinod wurde ebenso wie der Prinzipalmarkt rekonstruiert. Die Lambertikirche, im Krieg weitestgehend unversehrt, ist nach allen Schrecken des 16. Jh. heute Schauplatz eines sehr schönen Brauchs: Jeden Abend ab 21 Uhr steigt halbstündlich ein Türmer auf den Kirchturm, stößt in sein Horn und gibt so bis Mitternacht die Zeit an.

Rechts: Im Krieg schwer beschädigt, wurde der St.-Paulus-Dom nach 1945 neu aufgebaut.
Unten: Prinzipalmarkt mit Blick auf St. Lamberti

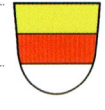

49 | **FAKTEN**

* **Einwohner:** 279.800
* **Bevölkerungsdichte:** 924 Einw./km²
* **Berühmte Personen:** Günther Jauch (*1956, Moderator), Götz Alsmann (*1957, Musiker u. Moderator), Ute Lemper (*1963, Sängerin), Franka Potente (*1974, Schauspielerin)
* **Sehenswürdigkeiten:** Historisches Rathaus, St.-Paulus-Dom, Prinzipalmarkt, Lambertikirche, Zwinger, Domplatz, Kunstmuseum Pablo Picasso

Paderborn

ES IST DIE WASSERREICHE LANDSCHAFT VON EGGEGEBIRGE UND OBEREM WESERBERGLAND, IN DER AUS EINER VIELZAHL VON QUELLEN EINER DER AUSSERGEWÖHNLICHSTEN FLÜSSE DEUTSCHLANDS ENTSPRINGT, DIE PADER.

Mitten in der westfälischen Stadt Paderborn entspringt aus etwa 200 einzelnen Quellen die Pader. Bis zu 9000 l Wasser pro Sekunde können allein die sechs Hauptquellen – große Karstquellen, die aufwändig ummauert das Stadtbild verschönern – ausschütten. Mit diesem Volumen besitzt der Fluss die stärkste Quelle in ganz Deutschland, wird rasch ein relativ mächtiger Strom, durchfließt einen See und endet nach nur 4 km noch im Stadtgebiet Paderborns, genauer gesagt im zauberhaften Vorort Neuhaus, inmitten einer idyllischen Auenlandschaft in die Lippe und fließt nun unter deren Namen dem Rhein zu. Das macht die Pader auch zum kürzesten Fluss dieser Stärke im ganzen Land.

Immer wieder trifft man beim Durchstreifen Paderborns auf die Quellen und Kanäle des Flusses. Allein in der Nähe des Doms und den Relikten der Kaiserpfalz, die Karl der Große hier einst errichten ließ, finden sich drei wichtige Quellen. Zu ihnen zählt die sogenannte Augenquelle, die unter der ehemaligen Domdechanei und heutigen Stadtbibliothek hervorströmt und deren recht reines Wasser lange Zeit verwendet wurde, um Augenleiden zu lindern. Der barocke Bau der Domdechanei, der durch einen inneren Glasbau zur Bibliothek umfunktioniert wurde, befindet sich innerhalb der sogenannten Domfreiheit. Dieser Bereich unterstand im Mittelalter also nicht der städtischen, sondern der kirchlichen Gerichtsbarkeit.

Links: Zwischen 1370 und 1597 entstand das Schloss Neuhaus mit seinem prachtvollen Barockgarten.
Oben: Fachwerkhaus-Straße „Auf den Dielen"
Unten: Die Baugeschichte des Paderborner Doms reicht bis in das 13. Jh. zurück.

Zentrum dieses Gebiets ist der monumentale Hohe Dom Ss. Maria, Liborius und Kilian, die Kathedralkirche des bereits 806 gegründeten Bistums Paderborn. Die dreischiffige Hallenkirche zeigt in ihrem Äußeren romanische und gotische Züge. Sowohl der trutzige Westturm als auch das Querhaus sind noch romanischen Ursprungs und auch das beeindruckende Paradiesportal an der Südseite des Doms wurde im Stil der Romanik begonnen, später aber mit gotischen Figuren ausgeschmückt. Das Längshaus mit seinen Maßwerkfenstern und den Kreuzrippengewölben zeigt dagegen eindeutig gotische Formen.

An die Nordseite des Doms grenzt mit der 1017 erbauten Bartholomäuskapelle die älteste Hallenkirche Nordeuropas an. Wirkt sie auch von außen eher wehrhaft, so verleihen ihre zierlichen ottonischen Säulen dem Gotteshaus eine lichte Schwerelosigkeit. In ihrer unmittelbaren Nähe wurden in den 1960er-Jahren die Überreste der Kaiserpfalz aus dem 8. Jh. ergraben, über denen nun das Museum in der Kaiserpfalz die bedeutenden Funde aus der mittelalterlichen Blütezeit Paderborns zeigt.

Wer der Pader stadtauswärts folgt, findet einen weiteren architektonischen Höhepunkt in Form von Schloss Neuhaus. Das Schloss, das von einem herrlichen barocken Garten umgeben ist, ist ein typisches Beispiel der Weserrenaissance.

50 FAKTEN

* **Einwohner:** 146.300
* **Bevölkerungsdichte:** 815 Einw./km²
* **Berühmte Personen:** Friedrich Sertürmer (*1783, Entdecker des Morphins), Josef Wirmer (*1901, Widerstandskämpfer), Heinz Nixdorf (*1925, Computerpionier), Dieter Thoma (*1927, Journalist u. Moderator), Rüdiger Hoffmann (*1964, Kabarettist)
* **Sehenswürdigkeiten:** Westfälische Kammerspiele, Dom, Rathaus, Adam-und-Eva-Haus, Paderquellgebiet, Schloss Neuhaus, Kaiserpfalz mit Batholomäuskapelle

Dortmund

DAS GRÖSSTE STADION DES LANDES HAT DORTMUND SCHON LANGE. UND SEIT DER BVB WIEDER GANZ OBEN MITSPIELT, TRÄGT DIE STADT, DIE AUCH ABSEITS DES FUSSBALLS DURCHAUS PUNKTEN KANN, IHRE SCHWARZ-GELBEN VEREINSFARBEN MIT NOCH MEHR STOLZ.

Als Deutschland den Zuschlag zur Austragung der Fußballweltmeisterschaft 1974 erhielt, fiel die Standortwahl unter insgesamt neun Städten auch auf Dortmund. Für 33 Mio. DM wurde das Westfalenstadion errichtet, das knapp 54.000 Zuschauern Platz bietet. Die Dimensionen des im Aufbau begriffenen Stadions standen der Leistung des Vereins in dieser Zeit allerdings diametral entgegen: Nach der Saison 1971/72 stieg der BVB in die Regionalliga West ab und absolvierte 1973 am letzten Spieltag ein Heimspiel vor 1500 Zuschauern – ein Tiefpunkt in der Vereinsgeschichte.

Heute stellt sich die sportliche Situation in Dortmund ganz anders dar. Seit der Krise von damals konnte der BVB vier Mal die Meisterschale entgegennehmen, das Stadion wurde schrittweise auf 80.720 Plätze erweitert, davon allein 25.000 Stehplätze auf der Südtribüne, die sich bei Heimspielen in ein schwarz-gelbes Farbenmeer verwandelt.

Konnte sich die Sportbegeisterung der Dortmunder bis in die Gegenwart erhalten, so sind andere Grundpfeiler der zweitgrößten Ruhrmetropole eingebrochen. Zu den wichtigsten zählten: Stahl, Kohle und Bier. Noch Mitte der 1960er-Jahre war ein Fünftel der in Lohn und Brot stehenden Dortmunder bei einem einzigen Unternehmen beschäftigt: dem Stahl- und Montanriesen Hoesch. Mit dessen Übernahme durch Krupp Stahl und

Links: Alte Zeche aus den Tagen des Bergbaus
Oben: Am Alten Markt befindet sich die Reinoldikirche,
die nach dem Stadtpatron Reinoldus benannt wurde.
Mitte: Europas Fußballtempel, das Westfalenstadion,
heute Signal Iduna Stadion
Unten: Der BVB hat viele Fans und entsprechnd viele
Fankneipen verteilen sich über das ganze Stadtgebiet.

der anschließenden Fusionierung zu ThyssenKrupp Stahl war das Ende der Dortmunder Hüttenstandorte besiegelt. Den Zechen erging es nicht anders. Binnen 35 Jahren verloren über 90.000 Industriebeschäftigte ihre Arbeit. Und mit den Zechen und Stahlwerken verschwanden auch viele Kneipen, was dem dritten ökonomischen Standbein – den traditionsreichen Dortmunder Brauereien – erhebliche Einbußen brachte. Heute liegen die wirtschaftlichen Schwerpunkte woanders: Die Stadt konnte sich erfolgreich als Standort für Unternehmen der Versicherungs- und Finanzwirtschaft sowie als moderner IT- und Dienstleistungsstandort etablieren.

Doch damit nicht genug: 2002 eröffnete ein hochmodernes Konzerthaus, mit dem zugleich ein Strukturwandel des Viertels eingeläutet werden sollte. Das Hoesch-Museum, die Kokerei Hansa und die Zeche Zollern II/IV erinnern an die große Industrievergangenheit, während das Museum am Ostwall mit Werken hochkarätiger Künstler des 20. Jh. aufwarten kann und das Museum für Kunst und Kulturgeschichte Exponate von der Ur- und Frühgeschichte bis zur Gegenwart ausstellt, die allesamt Aufschluss geben über die Geschichte der großen Stadt im Osten des Ruhrgebiets.

51 FAKTEN

* **Einwohner:** 580.400
* **Bevölkerungsdichte:** 2068 Einw./km²
* **Berühmte Personen:** Friedrich Arnold Brockhaus (*1772, Herausgeber des Brockhaus), Rudolf Hammerschmidt (*1853, Fabrikant u. Kunstsammler), Lothar Emmerich (*1941, Fußballer), Dietmar Bär (*1961, Schauspieler)
* **Sehenswürdigkeiten:** Kokerei Hansa, Westfalenpark, Zeche Zollern, Alter Markt, Hafen, Dortmunder U, DASA, Technologiepark, Stadion, Ruine Hohensyburg

Bochum

„BOCHUMS DREIKLANG, MERK IHN DIR: KOHLE – EISEN – SCHLEGEL-BIER." KEIN ANDERER SLOGAN TRAF DEN NERV DER BOCHUMER BÜRGER MEHR ALS JENER DER BRAUEREI SCHLEGEL. DIESE GEHÖRT MITTLERWEILE DER VERGANGENHEIT AN, GENAUSO WIE DIE ZECHEN UND STAHLWERKE DER STADT.

Es war das Jahr 1984, als Herbert Grönemeyer der Stadt, in der er aufgewachsen war, eine Hymne schenkte: Bochum. „Du hast'n Pulsschlag aus Stahl, man hört ihn laut in der Nacht. Du bist einfach zu bescheiden, dein Grubengold hat uns wieder hochgeholt, du Blume im Revier." Als Grönemeyers Lied zur Hymne einer Stadt wurde, kochte der „Pott" schon lange nicht mehr. Die Suche nach dem Grubengold, die in den 1920er-Jahren noch in 70 Schachtanlagen stattfand und Bochum zu einer der zechenreichsten Metropolen Europas machte, war schon vor 1984 aufgegeben worden. 1960 läutete die Schließung der Zeche Prinz Regent das Sterben der Kohleförderung ein, die 1973 mit der Stilllegung der letzten Schachtanlage, der Zeche Hannover, ihr endgültiges Ende fand.

Der Stahlbranche und ihren Arbeitern erging es nur wenig besser. Noch Mitte des 19. Jh. hatte Jacob Mayer dank seiner Erfindung des Gussstahls und der Gründung des Stahlunternehmens „Bochumer Verein" für wirtschaftlichen Aufschwung gesorgt, der sich nicht zuletzt in dem Zuzug vieler Arbeiter und der Gründung der Siedlung Stahlhausen niederschlug. In der Stahlkrise mussten Werke schließen, wieder verloren Tausende Bochumer ihre Arbeit.

Die Anstrengungen Bochums, um einen Weg aus der Krise zu finden, waren groß – und von Erfolg gekrönt. 1965 nahm die neu gegründete Ruhr-Universität Bochum ihren Lehrbetrieb auf. Mittlerweile zählt die Universität mit mehr als 36.000 Studenten zu den größten und forschungsstärksten des Landes. Doch auch als Kulturstadt konnte sich die im Herzen des Ruhrgebiets liegende Metropole einen Namen machen: Das Deutsche Bergbau-Museum ist das weltweit größte Fachmuseum für Bergbau. Hier befinden sich u.a. ein Anschauungsbergwerk mit einem 2,5 km langen Streckennetz und der 71 m hohe Förderturm der stillgelegten Zeche Germania. Ein Aufzug führt hinauf und bietet einen umwerfenden Panoramablick.

Nicht in die Ferne, sondern nach oben schweift der Blick im Zeiss Planetarium, wo ein künstliches Firmament mit rund 9000 Sternen zu betrachten ist. Schauspielhaus, Jahrhunderthalle, Museum Bochum oder die Propsteikirche St. Peter und Paul ergänzen das Kulturangebot auf vielfältige Art und Weise, während das legendäre „Bermudadreieck" – nirgendwo sonst im Ruhrgebiet gibt es eine solche Dichte an Kneipen, Clubs und Restaurants – alle Ansprüche an Gastronomie und Szene erfüllt.

Die Ruhruniversität von Bochum

 FAKTEN

* **Einwohner:** 374.740
* **Bevölkerungsdichte:** 2573 Einw./km²
* **Berühmte Personen:** Anneliese Brost (*1920, Verlegerin, Milliardärin u. Mäzenin), Peter Scholl-Latour (*1924, Journalist), Otto Schilly (*1932, Politiker), Wolfgang Clement (*1940, Journalist u. Politiker)
* **Sehenswürdigkeiten:** Jahrhunderthalle, Deutsches Bergbau-Museum, Zeche Hannover, Rathaus mit Gussstahlglocke, Ruhr-Park, Zeiss Planetarium, Kemnader See, Propsteikirche St. Peter und Paul

Wahrzeichen Bochums und fantastischer Aussichtspunkt – der Förderturm
der Zeche Germania am Deutschen
Bergbau-Museum

DEUTSCHES BERGBAU-MUSEUM

Hier entsteht der
„Schwarze Diama

Essen

KEINE KOHLE WIRD MEHR IN SCHACHT 12 UNTER DEM DOPPELBOCK DER ZECHE ZOLLVEREIN ABGE-
BAUT. STATTDESSEN SIND ES KUNST UND KULTUR, DIE IM SCHATTEN DES BERÜHMTEN FÖRDERTURMS
UND HEUTIGEN UNESCO-WELTERBES GEFÖRDERT WERDEN.

Einst galt das Steinkohlebergwerk im Norden Essens als die modernste und größte Zeche der Welt: Bis zu 12.000 Tonnen Steinkohle brachten die Kumpel täglich ans Tageslicht, die anschließend sortiert, gewaschen und zu Koks veredelt wurde. Seit ihrer Schließung am 23. Dezember 1986 steht die Zeche Zollverein aufgrund ihrer herausragenden Architektur und historischen Bedeutung unter Denkmalschutz: Der 1932 errichtete Doppelförderturm von Schacht 12 gilt als Wahrzeichen des Industriedenkmals wie der Stadt Essen selbst. Und die von den Architekten Fritz Schupp und Martin Kremmer im schlicht-funktionalen Stil des Bauhauses gestalteten Industriehallen wurden mittlerweile einer neuen Funktion zugeführt: Die einstige

Lesebandhalle ließ sich wegen ihrer guten Akustik zum Konzertsaal umwidmen, die Kompressorenhalle ist heute ein Feinschmeckerrestaurant und die ehemalige Kokerei macht mit ihren Kunstausstellungen dem renommierten Essener Museum Folkwang Konkurrenz.

Doch die Zeche Zollverein zeugt nicht allein von den vergangenen großen Zeiten der Stahlproduktion. Die Villa Hügel, Wohnhaus der Familie Krupp, belegt eindrucksvoll, welchen Reichtum der Stahl manch einem brachte. Die klassizistische Villa thront riesig auf einem Hügel über dem Baldeneysee inmitten eines weitläufigen Parks. Alfred Krupp, der die Gussstahlfabrik seines Vaters und den Namen Krupp groß machte,

Links: Blick auf Essen und die im Rahmen einer Ruhr.2010-Initiative gesperrte A 40
Oben: Die Villa Hügel ist das ehemalige Wohn- und Repräsentationshaus der Industriellenfamilie Krupp.
Unten: Weltkulturerbe Zeche Zollverein

ließ die Villa 1873 errichten – gleichzeitig aber auch das Stammhaus in Essen-Altenessen wiederaufbauen, in dem einst seine Eltern lebten. Der eiserne Patriarch, der einerseits seine Arbeiter kontrollierte, andererseits sein Familiensilber einschmelzen ließ, um in Notzeiten deren Löhne zu bezahlen, wollte damit seinen phänomenalen Aufstieg aus bitterer Armut demonstrieren. Die Villa kann heute besichtigt werden; sie zeigt neben Wechselausstellungen einige Wohnräume der Krupps sowie eine Ausstellung zur Industriegeschichte im Ruhrgebiet.

Jenseits von Industrie, Kohle und Stahl zeigt sich Essen von einer ganz anderen kulturellen Seite. Im Essener Münster befindet sich mit der Goldenen Madonna die älteste erhaltene vollplastische Marienfigur. Die vergoldete Figur, die Christus auf dem Schoß hält, wurde um 980 vermutlich in Köln gefertigt und zählt zu den bedeutendsten Kunstwerken aus der Zeit der Ottonen. Noch heute zieht die Figur zahlreiche Pilger in das gotische Gotteshaus. Auch die sogenannte Kinderkrone Ottos III., mit welcher der damals Dreijährige zum deutsch-römischen König gekrönt wurde, gehört zum edlen Schatz des Münsters.

53 FAKTEN

* **Einwohner:** 574.600
* **Bevölkerungsdichte:** 2732 Einw./km²
* **Berühmte Personen:** Karl Baedecker (*1801, Verleger), Alfred Krupp (*1812, Industrieller), Heinz Rühmann (*1902, Schauspieler), Uta Ranke-Heinemann (*1927, Theologin), Otto Rehhagel (*1938, Fußballspieler/-trainer), Dieter Krebs (*1947, Schauspieler u. Kabarettist), Jens Lehmann (*1969, Fußballtorwart)
* **Sehenswürdigkeiten:** Essener Münster mit Goldener Madonna, Zeche Zollverein, Museum Folkwang, Villa Hügel und Hügelpark, Baldeneysee, Grugapark, Ruhrmuseum

Oberhausen

117,5 METER HOCH, 67,6 METER IM DURCHMESSER, 347.000 KUBIKMETER NUTZVOLUMEN AUF 3.000 METERN GRUNDFLÄCHE, 1929 ERBAUT – DAS SIND NUR EINIGE NÜCHTERNE ZAHLEN ZU EINEM DER SPANNENDSTEN OBJEKTE IM GANZEN RUHRGEBIET: DEM GASOMETER OBERHAUSEN.

Im Gasometer zeigt sich oberhalb der einstigen Gasdruckscheibe die höchste Ausstellungshalle Europas, überwölbt von einem imposanten Himmel aus Stahl und Licht. Heute ein Dom der Kunst und der Wissenschaft, war der Gasometer in früherer Zeit eine Lagerstätte für Gas.

In den ersten Jahren war es Gichtgas, später das höherwertige Kokereigas, das im Gasometer gelagert wurde, beides Randprodukte der umliegenden Industrieanlagen und beide nutzbar zur Unterfeuerung von Koksöfen. Der Oberhausener Gasometer gehörte zum Typ der Scheibengasbehälter, das Gas wurde im unteren Bereich des Gasometers gelagert, darüber „schwamm"

die Gasdruckscheibe, beweglich und beschwert durch Betongewichte, damit unabhängig von der Befüllung des Gasometers der Gasdruck stets gleich hoch blieb. Heute ist die 1207 Tonnen schwere Gasdruckscheibe so weit abgesenkt, dass darunter zwei „kleinere" Ausstellungsräume, ein Café und eine Buchhandlung Platz finden, als Glanzstück einer jeden Schau aber, die seit 1994 regelmäßig stattfinden, gilt das, was sich über der Scheibe in den stählernen Himmel des Gasometers reckt.

Konnte man das Bauwerk früher nur über die zugige Außentreppe und die sogenannte Laterne im Dach des Gasometers erreichen, sodass Arbeiter den Behälter zu Wartungszwecken betreten konnten, so fahren die

Links: Es ist dem energischen Einsatz vieler Fürsprecher des Gasometers zu verdanken, dass er heute noch Bestand hat und als Dom der Kunst Furore macht. Oben: Konsum und Kultur liegen in Oberhausen direkt nebeneinander: Das CentrO ist vom Gasometer in wenigen Minuten zu Fuß zu erreichen. Unten: Blick vom Gasometer auf die A 42, die Emscher und den Rhein-Herne-Kanal

Besucher der wechselnden Kunst- und Wissenschaftsausstellungen heute mit einem gläsernen Panoramaaufzug zum Dach hinauf. Von dort aus hat man nicht nur einen spektakulären Ausblick auf die Ausstellung, man gelangt zudem nach draußen: Dort breitet sich um den Gasbehälter das Ruhrgebiet aus, Schlote und einstige Schlackenberge ragen aus dem eher flachen Land, viel Grün ist zu sehen und direkt vor den Füßen zeigt sich das Oberhausener CentrO, Shoppingmall und Freizeitzentrum in einem und seit den 1990er-Jahren als die Neue Mitte der Stadt bezeichnet. Direkt daneben liegt auch das ehemalige Hauptlager der Gutehoffnungshütte, heute Zweigstelle des LVR-Industriemuseums.

Doch wer glaubt, es gäbe in Oberhausen nur Industriebauten, der irrt: Das klassizistische Schloss Oberhausen an der Emscher gilt als eigentliches Wahrzeichen der Stadt, auch wenn der Gasometer heute bekannter ist. Ein Kleinod ist das Rathaus der Stadt: Es zeigt den Übergang zwischen Backsteinexpressionismus, der im Ruhrgebiet verhältnismäßig weit verbreitet ist, und dem „Neuen Bauen". Zu seinem Bau wurde neben dem typischen, auch bei Wohnbauten eingesetzten und dem Industrieklima standhaltenden Backstein auch kontrastreicher, heller Sandstein verwendet.

54 FAKTEN

* **Einwohner:** 212.950
* **Bevölkerungsdichte:** 2761 Einw./km^2
* **Berühmte Personen:** Will Quadflieg (*1914, Schauspieler), Ditmar Jakobs (*1953, Fußballnationalspieler), Gerburg Jahnke (*1955, Kabarettistin), Christoph Schlingensief (*1960, Film- u. Theaterregisseur u. Aktionskünstler), Esther Schweins (*1970, Schauspielerin u. Komödiantin)
* **Sehenswürdigkeiten:** Schloss Oberhausen, Rathaus, Gasometer, CentrO, Amtgericht, Burg Vondern

NORDRHEIN-WESTFALEN

Duisburg

DORT, WO DIE RUHR IN DEN RHEIN MÜNDET, BREITET SICH AUF ZEHN QUADRATKILOMETERN DER GRÖSSTE BINNENHAFEN EUROPAS AUS, DER DUISBURGER HAFEN. RUND 82 MILLIONEN TONNEN GÜTER WERDEN HIER IM JAHR UMGESCHLAGEN.

Für die großen Seehäfen in Rotterdam, Antwerpen, Amsterdam und Hamburg ist der „Duisport" das Drehkreuz des Frachttransportes ins europäische Binnenland, doch fungiert der Hafen darüber hinaus selbst als Seehafen. Seine Geschichte begann im 17. Jh. im heutigen Duisburger Stadtteil Ruhrort mit einem kleinen Schifffahrtsplatz und der Gründung einer Schiffergilde. Jahrhundertelang wuchs der Hafen weiter, immer größere und tiefere Hafenbecken wurden notwendig, um den neuen Schiffsgenerationen gerecht zu werden, bis er in der Mitte des 20. Jh. eine Größe von über 1000 ha erreicht hatte. Doch da entstand ein neues Problem, mit dem die Betreiber nicht gerechnet hatten: Der Hafen drohte leer zu laufen.

Der Rhein grub sich – verstärkt durch seine Eindeichungen und Flussregulierungen – jedes Jahr um einige Zentimeter tiefer in sein Bett. Die Hafenbecken mit ihrem stillstehenden Wasser waren dieser Wühlwirkung des Flusses nicht ausgesetzt, sodass mit den Jahrzehnten ihre Sohlen höher lagen als die Flusssohle. Je größer aber der Niveau-Unterschied zwischen Fluss- und Hafensohle wurde, desto tiefer sank der Wasserstand im Duisburger Hafen. Nach reiflicher Überlegung sahen die Betreiber nur eine Möglichkeit, um dem Verlanden des Hafens zu begegnen: eine kontrollierte Bergabsenkung, bekannt als „Nebenwirkung" des Untertagebaus auch im Ruhrgebiet. Dazu wurde in den 1950er- und 60er-Jahren mit dem bislang immer vermiedenen Kohleabbau des

Links: Moderne Architektur und ein Meisterstück der Technik – der Duisburger Hafen
Oben: Ein Blickfang – Landschaftspark Duisburg-Nord
Mitte: Begehbare Achterbahn im Angerpark
Unten: Duisburger Werke von ThyssenKrupp

sogenannten Sicherheitspfeilers, der grundsätzlich im Untertagebau unter Brücken und Häfen belassen wird, begonnen. Das nie zuvor gewagte Experiment glückte: Durch die entstandenen Stollen senkte sich die Erdoberfläche im sogenannten Senkungstrog ab, die Hafensohle fiel um knapp 2 m ab und somit stieg der Wasserpegel entsprechend an – der Hafen blieb befahrbar. Dessen tätigem Treiben, dem Roll-on/Roll-off und dem Löschen der Fracht kann der Interessierte bei einer Hafenrundfahrt näherkommen.

Diese beginnt im einstigen Innenhafen am Rande der Innenstadt, der in seinen aufwändig restaurierten alten Speichern heute Raum für Kultureinrichtungen, schicke Büros, teure Wohnungen, Restaurants und Cafés bietet. Im Sommer reiht sich dort am Ufer des Hafenbeckens Sonnenschirm an Sonnenschirm und Modegetränke wie Latte macchiato und Aperol Spritz bezeugen einen neuen, nicht mehr auf die Industrie beschränkten Zeitgeist in der Stadt. Vielmehr blüht das kulturelle Leben in Duisburg zunehmend auf: durch die Deutsche Oper am Rhein mit den Standorten Duisburg und Düsseldorf, die Ruhrtriennale, das Museum Küppersmühle und das renommierte, seit vielen Jahren etablierte Wilhelm-Lehmbruck-Museum.

55 FAKTEN

* **Einwohner:** 489.560
* **Bevölkerungsdichte:** 2103 Einw./km^2
* **Berühmte Personen:** Gerhard Mercator (*1512, Mathematiker u. Geograf), Wilhelm Lehmbruck (*1881, Bildhauer u. Grafiker), Rudolf Schock (*1915, Opernsänger), Toni Turek (*1919, Fußballspieler), Wolfram Siebeck (*1928, Journalist u. Gastronomiekritiker), Fritz Pleitgen (*1938, Journalist)
* **Sehenswürdigkeiten:** Duisport, Innenhafen, Salvatorkirche, Wilhelm-Lehmbruck-Museum, Zoo, Museum der deutschen Binnenschifffahrt, Deutsche Oper am Rhein, Landschaftspark Duisburg-Nord, Abtei Hamborn

Krefeld

ES IST DIE INDUSTRIE, DURCH DIE VIELE STÄDTE AM NIEDERRHEIN ZU WOHLSTAND GELANGTEN. DOCH WÄHREND SICH IM NAHE GELEGENEN RUHRGEBIET ALLES UM KOHLE UND STAHL DREHTE, WAR ES DER ZARTE FADEN EINER RAUPE, DER KREFELD WELTRUHM BESCHERTE.

E s ist der Mennonitenverfolgung während und nach dem Dreißigjährigen Krieg geschuldet, dass Krefeld im 17. Jh. eines der europäischen Zentren der Seidenstoffweberei wurde. Die neutrale Stadt nahm mennonitische Flüchtlinge aus den katholischen Gebieten auf, unter ihnen Adolf von der Leyen, der die erste Krefelder Seidenweberei errichtete. Seine Nachfahren sollten bald darauf nahezu ganz Europa mit den kostbaren Geweben beliefern.

Von den preußischen Königen protegiert, entwickelte sich die Textilindustrie in der Stadt zu einem blühenden Wirtschaftszweig, der Krefeld den Namen Samt- und Seidenstadt, ihr vor allem aber ein recht

prächtiges Aussehen einbrachte. Dieses ist heute jedoch nur noch in Teilen erhalten: Die Nähe zum Ruhrgebiet und ein eigenes Thyssen-Stahlwerk machten auch Krefeld zu einem gesuchten Ziel der alliierten Bomber im Zweiten Weltkrieg. Die Innenstadt wurde im Juni 1943 fast völlig zerstört und nach dem Krieg größtenteils recht schmucklos wieder aufgebaut.

An den Beginn der Krefelder Blütezeit erinnert noch heute die Mennonitenkirche mit ihrem original erhaltenen barocken Portal. Ihr schlichter Bau steht in starkem Kontrast zur katholischen Stadtkirche St. Dionysius aus dem 18. Jh., die im 19. Jh. noch einmal durch den Kölner Dombaumeister Ernst Friedrich Zwirner erweitert wurde.

Links: Jedes Jahr findet am Pfingstwochenende rund um die Burg Linn Deutschlands größter mittelalterlicher Handwerkermarkt statt.
Oben: Einst das Stadtpalais der Seidenbarone, heute das Rathaus der Stadt
Unten: Die Lutherkirche im Krefelder Süden wurde 1904 eingeweiht und ist insbesondere wegen ihrer Walcker-Orgel berühmt.

Auch einige schöne Villen sind erhalten: Mit den Häusern Greiffenhorst und Sollbrüggen ließen sich zwei Seidenbarone – damals noch am Stadtrand – jeweils eine mondäne, klassizistische Sommerfrische errichten. Einen ganz anderen Eindruck hinterlassen das Haus Lange und das Haus Esters. Die beiden nebeneinanderliegenden Häuser errichtete Mies van der Rohe zwischen 1928 und 1930 ebenfalls für Seidenfabrikanten, aber schlicht und sachlich im Stil des Bauhauses. Die Häuser beherbergen heute Museen für zeitgenössische Kunst.

Über die Geschichte des Textilhandwerks, der Seide und der Mode informiert dagegen das Deutsche Textilmuseum in Krefeld-Linn sowie das Haus der Seidenkultur, das sich im passenden Industriedenkmal, der alten Paramentenweberei Hubert Gotzes, befindet.

Ein beinahe einzigartiges Denkmal aber ist der Krefelder Schluff, eine alte Dampflokomotive, die samt Personenwagen an Sonn- und Feiertagen Krefelder Bürger wie Touristen von St. Tönis, einem Stadtteil der nahen Stadt Tönisvorst, über Krefeld zum Hülser Berg bringt. Im Naherholungsgebiet Hülser Berg wurden einige mesolithische und keltische Besiedlungsspuren gefunden, die sich heute im Museum Burg Linn in Krefeld befinden und von der langen Geschichtstradition Krefelds zeugen.

 **FAKTEN**

* **Einwohner:** 235.100
* **Bevölkerungsdichte:** 1707 Einw./km²
* **Berühmte Personen:** Joseph Beuys (*1921, Aktionskünstler), Margarethe Schreinemakers (*1958, Moderatorin), Andrea Berg (*1966, Schlagersängerin)
* **Sehenswürdigkeiten:** Rathaus, Burg Linn, Museum Haus Esters/Haus Lange, Kaiser Wilhelm Museum, Sollbrückenpark, Stadtbad, Engelsbergmühle, Deusches Textilmuseum

Wuppertal

„WIE KANN ICH AUSDRÜCKEN, WAS ICH FÜHLE?", FRAGTE SICH DIE BERÜHMTE TÄNZERIN UND CHOREO-GRAFIN PINA BAUSCH ZEIT IHRES LEBENS UND REVOLUTIONIERTE DAMIT DAS BALLETT. UNTER IHRER LEITUNG ERLANGTE DAS TANZTHEATER WUPPERTAL PINA BAUSCH WELTRUHM.

Als Pina Bausch 1973 die Leitung des Wupperta-ler Balletts übernahm, war es ihre Einstellung zum Tanz, die die Tanzwelt fortan verändern sollte: „Mich interessiert nicht, wie sich Menschen bewe-gen, sondern was sie bewegt." Nicht mehr Schrittvorgaben und konkrete Bewegungsabläufe kennzeichneten ihre Proben, sondern die Frage nach den Gefühlen ihrer Tänzer. Nach anfänglichen Irritationen verstanden auch Publikum und Kritiker nach und nach die Intentionen, die Kunst und damit die Aufführungen Pina Bauschs, der internationale Erfolg blieb nicht aus. Heute gilt Pina Bausch, die 2009 im Alter von 68 Jahren starb, als die bedeutendste Choreografin der Gegenwart, das Wupper-taler Tanztheater als eines der renommiertesten der Welt.

Dessen Hauptspielstätte ist das Wuppertaler Opernhaus, ein Gebäude, 1905 in einem Mix aus Neo-barock und Jugendstil errichtet, nach den Zerstörungen des Zweiten Weltkriegs jedoch in der Formensprache der 1950er-Jahre wiederauferstanden. Es liegt im Stadtteil Barmen, der zusammen mit Elberfeld – bis 1929 eigen-ständige Städte – das heutige Zentrum bildet.

Die beiden Städte im Tal der Wupper, schon in der Frühzeit besiedelt, wuchsen jedoch bereits im 19. Jh. wirtschaftlich zusammen. Die angesiedelte Textilin-dustrie erfuhr während der Industrialisierung eine un-geheure Blüte. Sie brachte den Unternehmern Wohl-stand, den heute noch das Briller Viertel mit seinen

* **Einwohner:** 349.721
* **Bevölkerungsdichte:** 2077 Einw./km²
* **Berühmte Personen:** Friedrich Engels (*1820, Philosoph u. kommunistischer Revolutionär), Else Lasker-Schüler (*1869, Dichterin), Horst Tappert (*1923, Schauspieler), Johannes Rau (*1931, Politiker), Pina Bausch (*1940, Choreografin und Tänzerin), Alice Schwarzer (*1942, Frauenrechtlerin), Tom Tykwer (*1965, Regisseur)
* **Sehenswürdigkeiten:** Von-der-Heydt-Museum, Schwebebahn, Tanztheater Pina Bausch, Engels-Haus, Wallfahrtskirche Neviges, Briller Viertel, Ölberg

herrlichen Gründerzeitvillen bezeugt. Die Arbeiter auf dem gleich an das Villenviertel angrenzenden „Ölberg" lebten jedoch weiterhin in Not und Armut. Selbst 1920 war der Ölberg noch nicht an das öffentliche Stromnetz angeschlossen. Diese Beobachtungen mögen Friedrich Engels, 1828 in Wuppertal-Barmen geboren, dazu bewogen haben, zusammen mit Karl Marx sein „Kommunistisches Manifest" und „Das Kapital" zu verfassen und sich gegen den Kapitalismus der Industrialisierung zu stellen. Das Engels-Haus, in dem der Revolutionär aufwuchs, dokumentiert heute das Leben Friedrich Engels und den Verlauf der Frühindustrialisierung.

Ein Produkt der Gründerzeit und heute Wahrzeichen der Stadt ist die Schwebebahn, die von Elberfeld nach Barmen führt und im Großen und Ganzen dem Lauf der Wupper folgt. Sie wurde 1901 durch Kaiser Wilhelm II. eingeweiht. Legendär ist die Werbefahrt des Elefanten Tuffi für den Zirkus Althoff im Jahr 1950. In Panik geraten bricht der Elefant durch eine Seitenwand der Bahn, landet beinahe unverletzt in der Wupper – und wird zum liebsten Symbol der Stadtbahn.

Links: Das Wahrzeichen der Stadt – die Schwebebahn
Oben: Das Briller Viertel in der Nordstadt von Wuppertal beeindruckt durch seine Vielzahl wunderschöner Gründerzeitvillen.
Unten: Idylle in dem zu Wuppertal gehörenden Beyenburg, wo sich zugleich einer der kleinsten Stauseen des Bergischen Landes befindet

Düsseldorf

PRACHTVOLLE GRÜNDERZEITVILLEN EINERSEITS, FUTURISTISCH ANMUTENDE GEBÄUDEKOMPLEXE AN-
DERERSEITS REPRÄSENTIEREN DAS, WAS DÜSSELDORF IST: EINE STADT MIT REICHER HISTORIE, DIE DEN
SPRUNG INS NEUE JAHRTAUSEND LÄNGST GESCHAFFT HAT.

Den schönsten Eindruck von Düsseldorf gewinnt man vom Rhein aus. Auf der linken Flussseite zeigen sich die beiden Ortsteile Ober- und Niederkassel von ihrer mondänsten Seite: Bunte, erstklassig restaurierte Gründerzeitvillen reihen sich am Kaiser-Friedrich-Ring aneinander und lassen keinen Zweifel darüber aufkommen, dass sich hier eine der teuersten Wohnlagen der Landeshauptstadt befindet.

Auf der anderen Rheinseite liegt das eigentliche Düsseldorf – eine Stadt mit Kaufkraft, moderner Infrastruktur, ein bedeutender Wirtschaftsstandort mit einem weit gefächerten Kulturangebot. Die beste städteplanerische Entscheidung der letzten Jahrzehnte war die

Verlegung der nahe dem Ufer verlaufenden Hauptverkehrsstraße in den Untergrund. So konnte eine wunderschöne, mit 600 Platanen bepflanzte Rheinpromenade entstehen, die bei gutem Wetter gleichsam Anlaufstelle für Düsseldorfer und Touristen ist. Hier befindet sich neben der gotischen Kirche St. Lambertus und dem Rathaus aus dem 16. Jh. auch der Schlossturm als einziges Relikt des Düsseldorfer Schlosses, das hier bis 1872 stand, dann jedoch einer Feuersbrunst zum Opfer fiel.

Drei hoch aufragende Bauten fassen die historische Altstadt Düsseldorfs ein: Im Norden erhebt sich der 108 m hohe Victoria-Turm, im Osten liegt direkt neben dem Schauspielhaus das 94 m hohe Dreischeibenhaus

Links: Direkt am Rhein erhebt sich der Rheinturm auf 240 m Höhe.
Oben: Mit dem von Frank O. Gehry entworfenem Zollhof hat die Stadt ein neues Wahrzeichen erhalten.
Unten: Immer gut besucht – die Düsseldorfer Altstadt.

und im Süden übertrifft der 240 m hohe Rheinturm alle architektonischen Höhenrekorde. Ihm schließt sich der MedienHafen an, dem Düsseldorf ein weiteres Aushängeschild verdankt, haben sich hier doch namhafte Architekten verewigt, unter ihnen Karl-Heinz Petzinka, der für das „Stadttor" genannte gläserne Bürohaus verantwortlich zeichnet, oder aber Frank O. Gehry, der den neuen Zollhof entwarf. Gewellte, mit Edelstahlblechen versehene Fassaden, kippende Wände und im Mauerwerk verkantete Fenster bilden die architektonischen Besonderheiten eines Gebäudekomplexes, der mittlerweile zu den meistfotografierten Motiven in der Stadt gehört.

Was der MedienHafen für Architekturliebhaber ist, das ist die „Kö" für alle Konsumfreunde. Die berühmte Königsallee, die von der Deutschen Oper am Rhein südwärts verläuft, lässt keine Wünsche offen – vorausgesetzt, das Portemonnaie ist für die vielen mondänen Boutiquen und Galerien entsprechend gefüllt. Wer Kunst nicht kaufen, sondern nur betrachten möchte, hat ebenfalls zahlreiche Möglichkeiten: Allein 18 städtische Museen verteilen sich über das Stadtgebiet. Sie schlagen zum Teil Brücken zur legendären Kunstakademie Düsseldorf, der von 1961 bis 1972 auch Joseph Beuys als Professor angehörte, oder rücken das Leben und Werk berühmter Dichter in den Mittelpunkt, so z.B. das Goethe-Museum oder das Heinrich-Heine-Museum, welches des berühmten Sohns der Stadt gedenkt.

 **FAKTEN**

* **Einwohner:** 588.700
* **Bevölkerungsdichte:** 2710 Einw./km^2
* **Berühmte Personen:** Heinrich Heine (*1797, Dichter), Heino (*1938, Schlagersänger), Wim Wenders (*1945, Regisseur), Cordula Stratmann (*1963, Kabarettistin u. Autorin), Heike Makatsch (*1971, Schauspielerin)
* **Sehenswürdigkeiten:** Altstadt und Rheinuferpromenade, Gehry-Bauten, Schauspielhaus, Deutsche Oper, Kom(m)ödchen, Königsallee, St. Lambertus, Löwenhaus, Carschhaus, Radschlägerbrunnen, Mack-Brunnen

Blick vom rechtsrheinischen Ufer auf die Altstadt Kölns, Groß St. Martin, Fernsehturm und Dom

NORDRHEIN-WESTFALEN

Köln

DIE KÖLNER LIEBEN IHREN DOM – UND STEHEN DAMIT NICHT ALLEIN. SECHS MILLIONEN MENSCHEN BETRETEN DAS SAKRALE BAUWERK IN DER RHEINMETROPOLE PRO JAHR UND MACHEN ES DAMIT ZUR MEISTBESUCHTEN SEHENSWÜRDIGKEIT DES LANDES.

Egal, ob man per Bahn oder Auto anreist, sich der Stadt von oben nähert oder dem Rhein als Wasserstraße folgt – früher oder später rückt der Kölner Dom ins Blickfeld und lässt von da an alles andere vergessen. Keine 300 m vom Rheinufer entfernt, ragt er imposant und mächtig in die Höhe und bildet zusammen mit der Hohenzollernbrücke und der historischen Altstadt eine Kulisse, die schöner nicht sein könnte.

1248 wurde der Grundstein der gotischen Kathedrale gelegt, erst 1882 konnte die Vollendung gefeiert werden. Der eigentlichen Baugeschichte ging ein Raub voraus: Im Zuge seiner Belagerung Mailands nahm Kaiser Friedrich Barbarossa die dort befindlichen Reliquien der

Heiligen Drei König an sich und schenkte sie 1164 dem Kölner Erzbischof Rainald von Dassel, der sie umgehend nach Köln bringen ließ. In der Stadt entwickelte sich daraufhin ein wahrer Pilgertourismus, der die Kapazitäten der Vorgängerkirche überstieg. Sie wurde abgerissen, um Raum für den Dom zu schaffen. Aufbewahrt werden die berühmten Reliquien in einem 2,20 m langen und 1,53 m hohen goldenen Schrein, der mit seinen filigranen Figuren und den zahlreichen Edelsteinen eine der kostbarsten und kunstvollsten Goldschmiedearbeiten des Mittelalters darstellt.

Der Reliquienschrein ist jedoch bei Weitem nicht das einzige Meisterwerk, das der Kölner Dom bereithält.

Allein seine Dimensionen sind überwältigend: Über 100 Pfeiler stützen die prächtigen Gewölbe, die im Mittelschiff eine Höhe von 43 m erreichen. Licht dringt durch kunstvoll gearbeitete Buntglasfenster, die eine Fläche von insgesamt 10.000 m² einnehmen. Das älteste aus dem Jahre 1260 befindet sich in der Dreikönigenkapelle, jüngster Zugang ist das aufsehenerregende Fenster in der Südfassade, das vom Kölner Künstler Gerhard Richter entworfen und im August 2007 eingeweiht wurde.

Schwindelfrei und konditionsstark muss sein, wer sich ein Bild davon machen möchte, welche unvorstellbare Leistung die Dombauer erbrachten, als sie ab den 1840er-Jahren zwei gotische Türme mit 157 m Höhe errichteten und den Zeiten, als sich der Dom nur als Torso darbot, ein Ende bereiteten. 386, oft stark ausgetretene Stufen führen über eine enge Wendeltreppe vorbei am Glockenturm zu einer Zwischenebene, der sich weitere 147 Stufen auf einer Metalltreppe anschließen, die schließlich zur spektakulären Aussichtsplattform des Südturms auf rund 97 m Höhe führt. Von hier sind die ganze Rheinmetropole und ihr Umland zu betrachten.

Ganz automatisch strebt das Auge gen Rhein, der je nach Wasserstand mal gemächlich, mal bedrohlich und kraftvoll an Köln vorbeizieht. Acht Brücken schlagen die Verbindung zur anderen Flussseite, die in der Zeit, als Köln noch zur römischen Provinz Germania Inferior gehörte, Siedlungsgebiet germanischer Stämme war. Colonia Claudia Ara Agrippinensium, so der einstige Name

59 **FAKTEN**

* **Einwohner:** 1.007.100
* **Bevölkerungsdichte:** 2486 Einw./km²
* **Berühmte Personen:** Iulia Agrippina (*15, erste römische Kaiserin), Jacques Offenbach (*1819, Komponist), Konrad Adenauer (*1876, Politiker), Willy Millowitsch (*1909, Volksschauspieler), Heinrich Böll (*1917, Schriftsteller), Alfred Neven DuMont (*1927, Verleger), Wolfgang Niedecken (*1951, Musiker)
Sehenswürdigkeiten: Dom, Rathaus, 4711 Haus, Altstadt, Heinzelmännchenbrunnen, Wallraf-Richartz-Museum, Philharmonie, Museum Ludwig, Kolumba-museum, Römisch-Germanisches Museum, Rheinpark

Links: 157 m ragen die Türme des Doms empor.
Oben: Mit der Umgestaltung des Rheinauhafens hat
Köln u.a. die prägnanten Kranhäuser dazugewonnen.
Mitte: Eine Stadt steht Kopf – Kölner Karneval
Unten: Die Altstadt mit ihren schmalen Gassen und
Häusern bietet eine unermessliche Fülle an
Brauhäusern und Restaurants.

Kölns, bildete die Hauptstadt dieser nördlichen Provinz
des Römischen Reichs. Noch heute sind Zeugnisse der
jahrtausendealten Besiedlungsgeschichte erhalten, von
denen das im Römisch-Germanischen Museum ausge-
stellte Dionysos-Mosaik aus dem 3. Jh. n. Chr. eines der
prächtigsten darstellt.

Ein lebendiges Bild des mittelalterlichen Kölns
liefert die Altstadt in unmittelbarer Nähe zu Dom und
Rhein. Zwar sind die meisten Gebäude Rekonstruktio-
nen, doch das beeinträchtigt das Erscheinungsbild nicht.
Im Gegenteil: Wo früher heruntergekommene Bauten
standen, präsentieren sich heute hübsche, mit Walm-
dächern versehene Giebelhäuser, eins schmaler als das
andere. Der gesamte Altstadtbereich ist Ausgehmeile:
Insbesondere an Wochenenden strömen Touristen in
Scharen hierher, um am eigenen Leib zu erfahren, was
es mit dem rheinischen Frohsinn auf sich hat. Dieser
lässt sich in der Domstadt bekanntlich am besten in der
„fünften Jahreszeit" studieren, wenn allerorten gefeiert
und getrunken, geschunkelt und gesungen wird. Allein
an Rosenmontag säumen bis zu eine Million Zuschauer
die Straßen, um den Rosenmontagszug durch die Kölner
Innenstadt zu verfolgen.

Wenn nach Aschermittwoch wieder mehr Ruhe
einkehrt, ist es Zeit, sich auf das zu besinnen, was Köln
noch zu bieten hat. Eine lebendige Kunstszene mit
renommierten Museen wie Wallraf-Richartz, Ludwig,
Kolumba, Römisch-Germanisches oder Rautenstrauch-
Joest sowie zahlreichen Galerien zählt ebenso dazu wie
die Vielzahl sehenswerter Kirchen – allein zwölf romanische Gotteshäuser sind es innerhalb der mittelalterlichen Stadtgrenzen. Diese Architektur- und Kulturschätze
helfen, darüber hinwegzusehen, dass Köln aufgrund der
Bombardierungen im Zweiten Weltkrieg einen großen
Teil seiner historischen Wohnhäuser verloren hat. Nach
Bausünden der Nachkriegszeit hat Köln jedoch mit dem
Bau der Kranhäuser unmittelbar am Rhein der Stadt in
den letzten Jahren ein neues Profil gegeben.

Bergisch Gladbach

NICHT BERGE GABEN DER ÖSTLICH VON KÖLN GELEGENEN GROSSSTADT IHREN NAMEN, SONDERN DIE GRAFEN VON BERG, DEREN HERZOGTUM BIS ZUM RHEIN REICHTE UND NEBEN BERGISCH GLADBACH VIELE ANDERE GEMEINDEN EINSCHLOSS.

Berge gibt es dennoch in ausreichender Zahl. Es sind die westlichen Ausläufer der Bergischen Höhen, die sich im Stadtgebiet noch immerhin bis auf 270 m erheben und vielerorts einen fantastischen Weitblick über die niederrheinische Bucht oder das Bergische Land gewähren. Einer der schönsten und exklusivsten Aussichtpunkte ist das Bensberger Schloss. Schon 1774 begeisterte sich Johann Wolfgang von Goethe: „Schloss und Dorf Bensberg liegen auf einem hohen Berge, von dem man viele Meilen voll Wälder, Äcker und Heiden, in die Fern' eine Strecke des Rheins und die berühmten Sieben Berge sieht." Heiden und Äcker sind mittlerweile weitgehend Häusern und Straßen gewichen, doch der Ausblick und das Schloss sind geblieben.

Es ist Johann Wilhelm II., Herzog von Jülich und Berg, der gegen Ende des 17. Jh. den Plan fasst, ein Schloss zu errichten. Der Standort ist mit Bedacht gewählt: Der Herzog, im Volksmund „Jan Wellem" genannt, ist ein leidenschaftlicher Jäger und mit dem waldreichen Königsforst, der sich direkt an das heutige Bensberg anschließt, findet er alles, was er sucht. Innerhalb von 16 Jahren wird ein barockes Meisterwerk nach dem Vorbild von Schloss Schönbrunn errichtet. Die Fertigstellung indes erlebt Johann Wilhelm nicht mehr. Seine Nachfolger regieren von der Pfalz aus und so wird kaum 25 Jahre nach dessen Vollendung bereits der Niedergang des Schlosses eingeläutet. Seit 2000 darf das Schloss wieder sein, was sich Johann Wilhelm immer gewünscht

Links: Als Jagdschloss konzipiert, dient das Bensberger Schloss heute als exklusives 5-Sterne-Hotel.
Oben: Fachwerkhäuser im Stadtteil Bensberg mit dem von Gottfried Böhm entworfenen Rathaus im Hintergrund
Mitte: Villa Zanders im Zentrum von Bergisch Gladbach
Unten: Schloss Lerbach mit englischem Landschaftsgarten

hat: ein Repräsentationsbau. Ein 5-Sterne-Grandhotel hat nach ausgiebiger Renovierung das feudale Gebäude bezogen, bietet Luxus pur und ganz nebenbei auch eines der wenigen 3-Sterne-Restaurants des Landes.

Auch das nahe gelegene Schloss Lerbach kann sich einer Spitzenküche rühmen. Bis 1900 stand am Lerbach eine Wasserburg, die dann zugunsten eines Herrenhauses im englischen Landhausstil aufgegeben wurde. Hier residierte einst Richard Zanders mit seiner Familie, der die lange Tradition der Papierherstellung in Bergisch Gladbach fortführte, die bis ins 16. Jh. zurückreicht. Das Papiermuseum Alte Dombach spürt diesem wichtigen Industriezweig der Stadt nach, geht zurück zu den Anfängen, als am Strunder Bach in Papiermühlen gearbeitet wurde, und bietet Besuchern die Gelegenheit, sich selbst im Schöpfen des unentbehrlichen Werkstoffs zu versuchen.

Nur wenige Kilometer von Bergisch Gladbach entfernt, bietet sich der Altenberger Dom für eine Besichtigung an. 1259 wurde der Grundstein für das Gotteshaus gelegt, das im Innern durch seine strenge, klare Formgebung und die helle Ausgestaltung besticht und dank seiner Einbettung in das waldreiche Bergische Land ein Kleinod mit ganz besonderer Ausstrahlung darstellt.

 60 | **FAKTEN**

* **Einwohner:** 105.720
* **Bevölkerungsdichte:** 1272 Einw./km²
* **Berühmte Personen:** Richard Zanders (*1860, Papierfabrikant), Annemarie Lütkes (*1948, Politikerin), Wolfgang Bosbach (*1952, Politiker), Simon Stockhausen (*1967, Komponist), Heidi Klum (*1973, Model u. Moderatorin), Tim Wiese (*1981, Fußballtorwart), Fabian Hambüchen (*1987, Kunstturner)
* **Sehenswürdigkeiten:** Schloss Bensberg, Schloss Lerbach, Papiermuseum Alte Dombach, Marktplatz Bergisch Gladbach, Dom in Altenberg, Rathaus Bensberg, Villa Zanders

Aachen

VIER EINFACHE MARMORPLATTEN, MIT EISENWINKELN ZUSAMMENGEFÜGT UND DURCH SECHS STUFEN ERHÖHT, SO SIEHT DER SCHLICHTE THRON KARLS I. DES GROSSEN AUS. IM GEGENSATZ DAZU STEHT SEIN HEUTIGES GRAB, DAS PRUNK UND HERRLICHKEIT ZEIGT.

Als Karl der Große, Herrscher des Fränkischen Reichs, am Weihnachtstag des Jahres 800 zum römischen Kaiser gekrönt wurde, war seine Pfalzkapelle zu Aachen gerade fertiggestellt. Das karolingische Gotteshaus, das mit antiken Marmorsäulen, die extra aus Rom herantransportiert wurden, ausgeschmückt war, sollte fortan das geistig-kulturelle Zentrum seines Reichs sein. Den turmartigen achtseitigen und recht wenig untergliederten Zentralbau umschließt ein 16-seitiger, doppelstöckiger Umgang. Schon damals von dem karolingischen Bau wie von dem Herrscher selbst tief beeindruckt, ließen sich die Nachfolger Karls des Großen auf seinem Thron krönen – dessen sechs Stufen auf den biblischen König Salomon verweisen.

Die Pfalzkapelle wurde in späteren Jahrhunderten erweitert und zum Dom umgebaut – ein Meisterwerk der Romanik und Gotik, das seit 1974 zum UNESCO-Weltkulturerbe zählt.

Auch Karls Grab befand sich einst in der Pfalzkapelle, in einem antiken Sarkophag. Unter Friedrich II. jedoch wurden die Gebeine in einem goldenen, mit zahllosen Juwelen besetzten und einem reichen Bildprogramm geschmückten Schrein erneut feierlich beigesetzt. Heute befindet sich der Schrein im gotischen Chor, unweit des ebenso edlen Marienschreins. Dieser enthält die sogenannten Aachener Berührungsreliquien, die alle sieben Jahre dem Volk gezeigt werden: das Enthaup-

Links: Abendliches Aachen mit dem Rathaus (links) und
dem Dom (rechts)
Oben: Der Dom zu Aachen mit Blick auf den von Kaiser
Friedrich I. gestifteten Kronleuchter aus dem 12. Jh.
Unten: In dem klassizistischen Residenzgebäude von
einst ist heute das Casino Aachen untergebracht.

tungstuch Johannes des Täufers, das Kleid der Jungfrau
Maria sowie die Windeln und das Lendentuch Jesu.

Auch im 21. Jh. ist Karl der Große ein wesentlicher
Bestandteil Aachens: Den Karlspreis verleiht die Stadt in
jedem Jahr an eine Person, die sich um die europäische
Einigung verdient gemacht hat, und zu diesem wie auch
zu anderen Gelegenheiten singt die Stadt die Karlshym-
ne „Urbs Aquensis, urbs regalis", die eigentlich auf den
Kaiser gedichtet war, heute aber auf die Schönheit der
Stadt Aachen bezogen wird. Die zeigt sich auch rund
um den Dom, vornehmlich in der Altstadt mit ihren
lebendigen Gassen und Plätzen und dem gotischen,
im Barock stark veränderten Rathaus. In ihm werden
originalgetreue Kopien der Reichskleinodien verwahrt,
deren mittelalterliche Originale sich in der Weltlichen
Schatzkammer in Wien befinden.

Auf eine kürzere, aber dennoch wichtige Zeit blickt
der Elisenbrunnen außerhalb der Altstadt zurück. Die
klassizistische Wandelhalle nach Plänen von Schinkel
wurde um die Kaiserquelle herum errichtete. Das Heilwasser und die noble Atmosphäre Aachens förderte den
Bädertourismus im 19. Jh., zumal mit dem Kasino und
der Oper auch für abendliches Vergnügen gesorgt war.

61 FAKTEN

* **Einwohner:** 258.660
* **Bevölkerungsdichte:** 1608 Einw./km²
* **Berühmte Personen:** Henry Joseph Napoléon
Lambertz (*1834, Gründer der Printenfabrik Lam-
bertz), Ludwig Mies van der Rohe (*1886, Architekt),
Ewald Mataré (*1887, Bildhauer und Maler), Otto Graf
Lambsdorff (*1926, Politiker), Gert Scobel (* 1959,
Journalist u. Fernsehmoderator)
 * **Sehenswürdigkeiten:** Aachener Dom, Rathaus,
Altstadt, Elisenbrunnen, Haus Löwenstein, Ludwig-
Forum für Internationale Kunst in der Schirmfabrik Emil
Bauer, Suermondt-Ludwig-Museum, Burg Frankenberg

Bonn

ALS BERLIN SEINEN STATUS ALS HAUPTSTADT ZURÜCKGEWANN, DROHTE AUS DER RHEINMETROPOLE BONN EIN PROVINZNEST ZU WERDEN. ES IST ANDERS GEKOMMEN. HOCHKARÄTIGE MUSEEN, FESTIVALS UND ZAHLREICHE MINISTERIEN HAUCHEN DER CHARMANTEN STADT VIEL LEBEN EIN.

Mit der Museumsmeile ist Bonn ein großer Wurf gelungen. Als im Juni 1991 der Deutsche Bundestag dem Antrag „Vollendung der Einheit Deutschlands" zustimmte und Berlin damit als alte/neue Hauptstadt bestätigt wurde, sorgten sich viele Bewohner Bonns um die Zukunft ihrer Stadt. Es war eine Fügung des Schicksals, dass Anfang der 1990er-Jahre gleich vier Museen in Bonn feierlich eröffnet wurden, die den neuen Kurs in Richtung Kultur,- Bildungs- und Kongresszentrum untermauerten.

Alle vier Kunsthäuser, die heute zusammen mit dem Museum Alexander König ein Ensemble bilden, liegen an und in unmittelbarer Nähe der Bundesstraße 9,

die zu Hauptstadtzeiten noch im Volksmund „Diplomatenrennbahn" hieß. Heute ist sie jedermann unter dem Begriff „Museumsmeile" bekannt und zieht Jahr für Jahr Zigtausende Besucher an.

Mit rund 7 Mio. Präparaten zählt das Museum Koenig zu einem der größten naturkundlichen Sammlungen des Landes, die in aufwändig inszenierte Großlebensräume wie Savanne, Regenwald oder Arktis aufgeteilt sind. Ganz im Zeichen der deutschen Geschichte von 1945 bis in die Gegenwart steht hingegen das 1994 eröffnete Haus der Geschichte, das auf 4000 m² mit unterschiedlichsten Exponaten die Erinnerung der Besucher wachrüttelt.

* **Einwohner:** 324.900
* **Bevölkerungsdichte:** 2301 Einw./km²
* **Berühmte Personen:** Ludwig van Beethoven (*1770, Komponist), Alexander Koenig (*1858, Begründer des Museums Koenig), Roger Willemsen (*1955, Autor u. Moderator), Johannes B. Kerner (*1964, Moderator)
Sehenswürdigkeiten: Museumsmeile, Beethovenhaus, Münsterplatz mit Münster, Beethovenskulptur und altem Postamt, Markt, Universität, Bundesviertel, Villen in Bad Godesberg, Poppelsdorfer Schloss

Die zwei nebeneinanderliegenden Häuser Kunstmuseum Bonn und Kunst- und Ausstellungshalle verfolgen zwei unterschiedliche Ansätze: Ersteres präsentiert Dauerausstellungen mit den Schwerpunkten „August Macke und der Rheinische Expressionismus" sowie „Deutsche Kunst seit 1945", Letzteres konzipiert zwei bis vier parallel laufende Wechselausstellungen aus dem Spektrum bildende Kunst, Kulturgeschichte, Wissenschaft und Technik.

Dem Themenbereich Wissenschaft und Technik wiederum widmet sich das Deutsche Museum Bonn. Von der Atomuhr bis zum Transrapid – hier können spektakuläre Erfindungen der Technik unter die Lupe genommen werden. Die Museumsmeile bietet sich aber auch immer für Abstecher an. Direkt am Rhein liegen das ehemalige Bundeskanzleramt, das Palais Schaumburg und die Villa Hammerschmidt, der frühere Amtssitz des Bundespräsidenten. Und weiter flussabwärts gelangt man in das historische Zentrum. Hier beeindrucken vor allem die im spätbarocken kurfürstlichen Schloss untergebrachte Universität und der Münsterplatz samt altem Postamt, einer Skulptur Ludwig van Beethovens, dessen nahe gelegenes Geburtshaus zu besichtigen ist, und natürlich dem Münster selbst – einer über 80 m hohen Basilika im romanischen Baustil. Und auch der Markt ist ein lohnenswertes Ziel, dessen architektonischer Höhepunkt zweifelsohne das Alte Rathaus im Rokoko-Stil ist.

Links: Das wunderschöne Rokoko-Rathaus von Bonn
Oben: Das Poppelsdorfer Schloss ist ein Nachfolgebau einer 1583 zerstörten gotischen Wasserburg.
Unten: Marktplatz mit Beethovenskulptur und Postamt

Koblenz

ALS EINEN „FAUSTSCHLAG AUS STEIN" BEZEICHNETE KURT TUCHOLSKY DAS REITERSTANDBILD
WILHELMS I., DAS DENNOCH ZU EINEM WAHRZEICHEN KOBLENZ' WURDE, KRÖNT ES DOCH DEN
BERÜHMTESTEN FLECKEN DER STADT, DAS DEUTSCHE ECK.

Koblenz liegt am Zusammenfluss von Rhein und Mosel. Den Mündungsbereich schmückt eine Landzunge, Deutsches Eck genannt. 1897 wurde in Anwesenheit des letzten deutschen Kaisers und unter großem Tamtam ein Reiterstandbild eingeweiht, das Kaiser Wilhelm I. zeigte. 48 Jahre hielt sich der Kaiser dort fest im Sattel, bis er im März 1945 von einer amerikanischen Artilleriegranate getroffen wurde und vom Sockel fiel. Es dauerte weitere 48 Jahre, bis das Reiterstandbild durch eine originalgetreue Nachbildung ersetzt wurde. Seitdem ist der Kaiser wieder zu sehen, wie er auf einem „riesigen Gefechtshengst wie aus einer Wagneroper" (Tucholsky) dahinreitet – begleitet von einer Siegesgöttin.

Der Standort für das Denkmal war gut gewählt, denn von jeher bildete der Mündungsbereich der Mosel in den Rhein einen strategisch äußerst wichtigen Punkt. 9 v. Chr. errichteten die Römer hier ein Kastell, um den Moselübergang auf der Verkehrsachse Xanten–Köln–Mainz zu sichern. Ihnen folgten Franken, die Koblenz für knapp 600 Jahre regieren, bis die Stadt 1018 in den Besitz der Erzbischöfe von Trier überging. Unter ihrer Herrschaft erlebte Koblenz eine bedeutende Blütezeit: Die Stadtmauern wurden erweitert, Kirchen errichtet und nicht zuletzt erfuhr die Burg Ehrenbreitstein auf der gegenüberliegenden Rheinseite Ausbau und Umgestaltung zu einer der sichersten Festungen des Landes, in der in Krisenzeiten wertvolle Güter deponiert wurden. Unüber-

Links: Das Deutsche Eck am Zusammenfluss von Rhein und Mosel
Oben: Seit der Bundesgartenschau 2011 lässt sich die Ehrenbreitstein per Seilbahn besichtigen.
Mitte: Jesuitenplatz von Koblenz
Unten: Das Wilhelm-Denkmal am Deutschen Eck

windbar war sie dennoch nicht. 1797 belagerten französische Truppen die Burg, erzwangen die Übergabe und sprengten sie 1801. Der Wiederaufbau begann 1815 unter der Regie der Preußen, die sie zu der heute zweitgrößten erhaltenen Festungsanlage Europas ausgestalteten.

Seit Koblenz zum Austragungsort der Bundesgartenschau 2011 wurde, führt eine Seilbahn auf die Festung Ehrenbreitstein, wo sich neben Jugendherberge und archäologischer Sammlung auch das Landesmuseum Koblenz befindet. Doch der wohl wichtigste Anreiz für Besucher, den 118 m hohen Ehrenbreitstein zu besuchen, ist der unvergleichliche Ausblick, der sich von hier auf die Stadt, ihre beiden großen Flüsse und bis weit in das Hinterland bietet. Zahlreiche Kirchtürme ragen gen Himmel, die auffälligsten Gebäude am Rheinufer sind das preußische Regierungsgebäude sowie das im Stil des französischen Klassizismus errichtete Kurfürstliche Schloss aus dem Ende des 18. Jh. Vom Rhein gen Westen erstrecken sich die vielen kleinen Gassen der Koblenzer Altstadt mit Lokalen und Restaurants, die eine willkommene Einladung darstellen, um einen weiteren Vorteil aus der Lage an zwei Flüssen auszukosten: die unmittelbare Nähe zu den zwei großen Weinbaugebieten der Mosel und des Rheins.

63 **FAKTEN**

* **Einwohner:** 106.400
* **Bevölkerungsdichte:** 1013 Einw./km^2
* **Berühmte Personen:** Clemens Brentano (*1778, Schriftsteller), Ottilie von Hansemann (*1840, Frauenrechtlerin), Fritz Baedeker (*1844, Verleger), Valéry Giscard d'Estaing (*1926, französischer Politiker), Bodo Illgner (1962, Fußballtorhüter)
* **Sehenswürdigkeiten:** Festung Ehrenbreitstein, Kurfürstliches Schloss, Kaiser-Wilhelm-Denkmal, Schängelbrunnen, Deutsches Eck, Basilika St. Kastor, Liebfrauenkirche

Mainz

KURZ NACHDEM DER RHEIN DIE GEWALTIGEN WASSERMASSEN DES MAINS AUFGENOMMEN HAT, ERHEBT SICH ZU SEINER LINKEN DIE RHEINLAND-PFÄLZISCHE LANDESHAUPTSTADT MAINZ MIT IHRER EBENSO SPANNENDEN WIE WECHSELVOLLEN STADTGESCHICHTE.

Mittelpunkt und zugleich Augenweide von Mainz ist der Bereich rund um den Dom St. Martin und St. Stephan. Hoch ragen die sechs Türme des aus rotbraunem Sandstein errichteten Sakralbaus auf, der in seiner über 1000-jährigen Geschichte sieben Brände überstehen musste. Das erste Feuer wütete im Jahr 1009, just an dem Tag der geplanten Weihe des Gotteshauses, das Erzbischof Willigis in Auftrag gegebenen hatte. Auf Neuerrichtungen folgten weitere Brände, Bauphasen- und Baustile lösten einander ab, so lange, bis dem Dom in der zweiten Hälfte des 19. Jh. mit dem neuromanischen östlichen Vierungsturm sein endgültiges Antlitz verliehen wurde.

Zu Füßen des monumentalen Sakralbaus erstreckt sich der großzügig gestaltete Liebfrauenplatz, auf dem an Markttagen ein besonders quirliges Treiben herrscht. Der Platz wird von beeindruckenden Häusern gerahmt, die vergessen lassen, dass Mainz im Zweiten Weltkrieg Ziel mehrerer Großangriffe war, durch die bis zu 80 % des historischen Stadtkerns zerstört wurden. Von hier verlaufen schmale Altstadtgässchen, auch sie gesäumt von zahlreichen Fachwerkhäusern, die der Mainzer Altstadt einen unverwechselbaren Charme verleihen.

Besonders stimmungsvoll und entsprechend gerne von Touristen aufgesucht ist der südlich des Doms

Links: Auf dem Marktplatz von Mainz, der von beeindruckenden Giebelhäusern gesäumt wird.
Oben: Der „Kirschgarten" besticht durch seine vielen schönen Fachwerkhäuser, in denen Cafés und zahlreiche Geschäfte untergebracht sind.
Unten: Blick über den Rhein auf den Mainzer Dom

gelegene Kirschgarten. Fachwerkhäuser mit Geschäften, Cafés und Weinlokalen schmiegen sich aneinander, unter ihnen auch das älteste Gebäude der Stadt, das mit einer Giebelfassade versehene Fachwerkhaus „Zum Aschaffenberg". Es wurde Mitte des 15. Jh. errichtet, zu jener Zeit, als der wohl berühmteste Sohn der Stadt sich dazu anschickte, mit seiner Arbeit ein neues Kapitel innerhalb der europäischen Kultur- und Geistesgeschichte aufzuschlagen: Johannes Gutenberg. Zwischen 1448 und 1457 druckte er ca. 180 Exemplare der berühmten 42-zeiligen Gutenberg-Bibel unter Einsatz beweglicher Metall-Lettern. Eines dieser kostbaren Exemplare ist im Gutenberg Museum am Liebfrauenplatz zu besichtigen.

Rund 500 Jahre später hinterließ eine andere bedeutende Persönlichkeit ihre Spuren in Mainz: Marc Chagall gestaltete zusammen mit Charles Marq zwischen 1878 und 1884 die Fenster der Pfarrkirche St. Stephan, deren Inneres seitdem in ein mystisches Blau getaucht ist. Viele Besucher begeistern sich für diese weitere Sehenswürdigkeit in einer Stadt, die dank besonnener Wiederaufbauprogramme in neuem (altem) Glanz erstrahlt und durch die Ernennung zur Landeshauptstadt und als Sitz des ZDF von einem wohltuenden modernen Hauch umweht wird.

64 **FAKTEN**

* **Einwohner:** 199.240
* **Bevölkerungsdichte:** 2038 Einw./km²
* **Berühmte Personen:** Johannes Gutenberg (*1400, Erfinder des Buchdrucks), Ludwig Bamberger (*1823, Bankier u. Politiker), Heinz Schenk (*1924, Showmaster u. Schauspieler), Horst Janson (*1935, Schauspieler, bekannt auch durch die Sesamstraße)
* **Sehenswürdigkeiten:** Mainzer Dom, Kirche St. Stephan, Schillerplatz, Landesmuseum, Kurfürstliches Schloss, Gutenberg Museum, Kirschgarten

Trier

WAS SICH BESUCHERN VON TRIER AUF EINER FLÄCHE VON NUR WENIGEN QUADRATKILOMETERN PRÄSENTIERT, IST NICHT WENIGER ALS EINES DER EINDRUCKSVOLLSTEN UND BESTERHALTENEN ZEUGNISSE RÖMISCHEN ERBES IN UNSEREM LAND.

Trier gilt als älteste Stadt Deutschlands. Wer sie besichtigt, versteht, warum die Römer ausgerechnet diesen Ort für einen ihrer Stützpunkte nördlich der Alpen wählten: Die Mosel, an deren Ufer „Augusta Treverorum" 16 v. Chr. errichtet wurde, fließt hier in einem weiten Tal, das sich im Südosten zu den Hochflächen des Hunsrücks, im Nordwesten zu den Höhen der Eifel aufschwingt. An den schieferreichen Hängen des Flusses gediehen schon bald Trauben, mit denen die jahrtausendealte Tradition von Moselweinen begründet wurde. Und nicht zuletzt die Schnittstelle zwischen den Verkehrswegen der damals römischen Siedlungen Lyon, Metz und Köln einerseits und Reims und Mainz andererseits sprach für die Standortwahl.

Die Römer haben den Bewohnern Triers weitaus mehr hinterlassen als kultivierte Weinhänge vor den Toren der Stadt. Imposantestes Erbe ist die Porta Nigra, das nördliche Stadttor aus dem Ende des 2. Jh. n. Chr. Bedenkt man, dass das gesamte ehemals hellgraue Sandsteingebäude ohne Mörtel erbaut wurde, erscheinen die Ausmaße von 36 m Länge und 29 m Höhe noch weitaus eindrucksvoller. Nicht minder bemerkenswert ist die um 150 n. Chr. errichtete Römerbrücke. Bis ins hohe Mittelalter war sie der einzige fest errichtete Moselübergang zwischen Metz und Koblenz. Die aus der Römerzeit stammenden Brückenpfeiler aus Stein tragen selbst die heutige Brücke und mit ihr einen regen Verkehrsfluss, der sich von einem Ufer zum anderen bewegt.

* **Einwohner:** 105.300
* **Bevölkerungsdichte:** 899 Einw./km²
* **Berühmte Personen:** Ambrosius von Mailand (*339, Bischof von Mailand), Karl Marx (*1818, Politiker u. Philosoph), Guildo Horn (*1963, Schlagersänger)
* **Sehenswürdigkeiten:** Porta Nigra, Amphitheater, Kaiserthermen, Barbarathermen, Römerbrücke, Trierer Dom, Liebfrauenkirche, Karl-Marx-Haus, Hauptmarkt, Kurfürstliches Palais

Im Osten der ehemaligen „Augusta Treverorum" befindet sich das Amphitheater, das einst bis zu 20.000 Zuschauern Platz bot. So wie Porta Nigra und Römerbrücke ist auch die Arena eine architektonische Meisterleistung, wurde die eine Hälfte der treppenförmig angelegten Zuschauerränge doch in den Hang des Petrisberges gebaut, während für die andere Hälfte gewaltige Erdmassen bewegt und aufgeschüttet werden mussten. Rund 300 Jahre lang, bis zum endgültigen Verbot der Spiele durch Kaiser Theodosius und Zerstörungen der Anlage durch Franken Anfang des 5. Jh., wurden in dem Amphitheater Tierhatzen, Gladiotorenkämpfe und Hinrichtungen (von Christen) abgehalten. Weitaus harmloser gaben sich da die Vergnügungen aus, die man sich von den beiden luxuriösen Badeanlagen versprach: den Barbarathermen im Uferbereich der Mosel und den Kaiserthermen, die, als eine der größten Bäderanlagen des Römischen Reichs errichtet, allerdings nie in Betrieb genommen wurden.

Angesichts der antiken Relikte vergisst man beinahe den Blick auf das Trier der Gegenwart. Dabei muss sich die Stadt keineswegs verstecken. Die Bewohner Triers, unter ihnen 15.000 Studenten, genießen die Beschaulichkeit ihrer Stadt, die dank des römischen Erbes, vieler Touristen und ihrer Lage im „Mosel-Weinland" nicht Gefahr läuft, provinziell zu wirken.

Links: Eines der besterhaltenen Relikte antiker römischer Herrschaft – die Porta Nigra
Oben: Blick auf den Hochaltar von St. Paulin
Mitte: Das Kurfürstliche Palais erstrahlt in schönster Renaissance- und Rokoko-Architektur.
Unten: Der Dom ist die älteste Bischofskirche des Landes.

Worms

IN VIELEN STÄDTEN BILDEN KIRCHEN NICHT NUR DAS GEOGRAFISCHE ZENTRUM. SIE SIND OFT DREH- UND ANGELPUNKTE HISTORISCHER EREIGNISSE, DEREN STRAHLKRAFT WEIT ÜBER DIE STADTGRENZEN HINAUSREICHT. FÜR WORMS GILT DIES IN BESONDERER WEISE.

Edelmut und Hinterlist, Liebe und Leidenschaft, Verrat und Betrug, Tod und Rache – all dies ist enthalten in einem der kulturgeschichtlich bedeutsamsten literarischen Werke des Hochmittelalters: dem Nibelungenlied. Glaubt man an den historischen Wahrheitsgehalt dieses in 2400 Strophen gefassten Heldenepos, so fand in Worms vor dem Nordportal des Doms einst der entscheidende Streit zwischen den Rivalinnen Kriemhild und Brünhild statt, der zunächst die Ermordung des Drachentöters Siegfried mit sich brachte, später dann einen Rachefeldzug unermesslichen Ausmaßes. Nicht auf diese, doch eine weitere entscheidende Szene des Nibelungenlieds bezieht sich ein Denkmal, das direkt am Ufer des Rheins errichtet wurde. Es

zeigt Hagen von Tronje, der den Nibelungenhort im Fluss versenkt – eine Vorstellung, die noch heute die Fantasie zahlreicher Menschen beflügelt und zu mitunter aberwitzigen Suchaktionen nach dem berühmten Rheingold veranlasst.

Doch auch ohne Nibelungenlied ist Worms mit seinem Dom ein überaus geschichtsträchtiger Ort: 1048 fand hier die Papstwahl Leos IX. statt, 1122 besiegelte das Wormser Konkordat das Ende des Investiturstreits. Fast 400 Jahre später wurde ein weiterer Konflikt ausgetragen, diesmal jedoch nicht zwischen weltlicher und geistlicher Macht, sondern zwischen katholischer Kirche und einem „Separatisten", der zunehmend Anhänger

Links: Der Wormser Dom – neben Speyer und Mainz einer der drei berühmten Kaiserdome am Rhein
Oben: Portal am Kaiserdom
Unten: Hagen versenkt den Schatz der Nibelungen.

im Volk fand: Martin Luther. 1521 wurde in Worms der Reichstag abgehalten und Luther war aufgefordert, die Inhalte seiner Schriften zu widerrufen. Wie allgemeinhin bekannt, verweigerte der Reformator diesen Widerruf und wurde dafür mit der Reichsacht bestraft. Ein Denkmal auf dem Lutherplatz in Worms erinnert an dieses Ereignis.

Wer einen Spaziergang durch den historischen Bereich der Stadt unternimmt, stößt früher oder später auf die Spuren einer langen jüdischen Kultur in Worms. Auf dem ältesten jüdischen Friedhof Europas mit mehr als 2000 Grabsteinen befindet sich ein Stein, der bis in das Jahr 1076 zurückweist. Das einstige Judenviertel liegt im nördlichen Teil der Altstadt. Seinen Mittelpunkt bilden die 1961 wiedererrichtete Synagoge sowie das unterirdisch angelegte Ritualbad, das im Zweiten Weltkrieg nahezu unzerstört blieb.

Die Anstrengungen der Stadtverantwortlichen in Worms zielten in den letzten Jahren auch auf die Ausgestaltung der Rheinpromenade. Mit Erfolg: Die historische Parkanlage aus den 1920er-Jahren verströmt nahezu mediterranes Flair, das unterstützt wird durch die Möglichkeit, eines der nahe gelegenen Lokale unmittelbar am Rhein aufzusuchen, um dort den Tag ausklingen zu lassen und sich gegebenenfalls der Fantasie hinzugeben, was man machen würde, stieße man selbst auf den legendären Schatz der Nibelungen.

 FAKTEN

* **Einwohner:** 81.700
* **Bevölkerungsdichte:** 752 Einw./km²
* **Berühmte Personen:** Hermann Staudinger (*1881, Chemiker u. Nobelpreisträger), Petra Gerster (*1955, Journalistin u. Fernsehmoderatorin), Timo Hildebrand (*1979, Fußballtorhüter)
* **Sehenswürdigkeiten:** Wormser Kaiserdom St. Peter, Synagoge Worms, Lutherdenkmal, Nibelungenmuseum, Hagendenkmal, Schicksalsrad

Ein schöner Treffpunkt –
St. Martinsplatz

Kaiserslautern

FRITZ WALTER IST EINER DER GROSSEN SÖHNE DER PFÄLZISCHEN STADT. MIT IHM WURDE DER 1. FC KAISERSLAUTERN ZWEIMAL DEUTSCHER MEISTER, UNTER SEINER FÜHRUNG ALS MANNSCHAFTSKAPITÄN GEWANN DIE NATIONALELF 1954 DIE FUSSBALL-WELTMEISTERSCHAFT.

Fritz Walter gilt noch heute als Ausnahmetalent des deutschen Fußballs, dessen überragendem spielerischem Talent das „Wunder von Bern" zu verdanken ist. Dem trugen die „Lauterer" Rechnung, indem sie das Stadion auf dem 285 m hohen Betzenberg kurzerhand in Fritz-Walter-Stadion umbenannten.

Noch ein weiterer Name lässt sich mit der Stadt verbinden: der von Friedrich I. Barbarossa. Der Kaiser ließ hier ab 1152 eine Reichspfalz errichten. 100 Jahre später wurden der wachsenden Gemeinde die

Stadtrechte verliehen und nach weiteren 100 Jahren war nicht mehr von Lautern, sondern von Kaiserslautern die Rede.

Von der einstmals beeindruckenden Kaiserpfalz sind heute nur noch Mauerreste zu sehen. Aber die dreitürmige gotische Hallenkirche bildet noch wie im 13. Jh. das Zentrum der Stadt. Die Ausstattung der Kirche fiel zum Teil dem Bildersturm zum Opfer und so sollten Kunstinteressierte besser in die Pfalzgalerie wechseln, denn dort sind Malereien und Plastiken vom 15. Jh. bis zur Gegenwart zu bewundern.

67 | **FAKTEN**

* **Einwohner:** 99.180
* **Bevölkerungsdichte:** 710 Einw./km²
* **Berühmte Personen:** Lina Pfaff (*1854, Unternehmerin und Kommerzienrätin), Fritz Walter (*1920, Fußballspieler), Stefanie Tücking (*1962, Fernsehmoderatorin)
* **Sehenswürdigkeiten:** Stiftskirche St. Martin und St. Maria, Ruinen der Kaiserpfalz, Martinskirche, Fritz-Walter-Stadion, Pfalzgalerie

Neustadt an der Weinstraße

NEUSTADT BIETET ALLES, WAS MAN VON WEINSTÄDTEN ERWARTET: URIGE LOKALE, IDYLLISCHE GASSEN, LIEBEVOLL RESTAURIERTE FACHWERKHÄUSER, EINEN SCHÖNEN MARKTPLATZ UND UMLIEGENDE WEINHÄNGE. UND ÜBER ALLEM THRONT DAS HAMBACHER SCHLOSS, DIE WIEGE DER DEUTSCHEN DEMOKRATIE.

Die Lage könnte nicht schöner sein. Gen Westen erstreckt sich der Naturpark Pfälzerwald, eines der größten zusammenhängenden Waldgebiete des Landes, im Osten liegt die Oberrheinische Tiefebene, die der Region warme Sommer und milde Winter beschert und mit Mannheim und Worms zwei schnell zu erreichende Rheinmetropolen bereithält. Am Übergang dieser zwei Landschaftsformen verläuft eine der romantischsten Straßen Deutschlands: die Weinstraße. 85 km lang, verbindet sie etliche Dörfer des Weinbaugebiets Pfalz miteinander. Einer der Höhepunkte dieser Route ist zweifelsohne die 49.900-Einwohner-Gemeinde Neustadt. Das Zentrum von Neustadt an der Weinstraße, zu dem neun umliegende Weindörfer zählen, ist der von Fachwerkhäusern gerahmte Marktplatz mit Rathaus und gotischer Stiftskirche. Zur Zeit des Deutschen Weinlesefestes, das jährlich in Verbindung mit der Wahl der Deutschen Weinkönigin abgehalten wird, herrscht auf dem Marktplatz und in den umliegenden Gassen mit ihren Lokalen und Schänken dichtes Gedränge.

Kaum ein Besucher Neustadts wird es sich entgehen lassen, den vor den Toren der Stadt befindlichen 325 m hohen Schlossberg zu besuchen. Hier bietet sich nicht nur ein fantastischer Ausblick über die Rheinische Tiefebene mit Dörfern und Weinbergen, hier erhebt sich auch das Hambacher Schloss, das laut Theodor Heuß zur „Wiege der deutschen Demokratie" wurde, als hier 1832 Zehntausende Menschen ihre Ideen einer revolutionären, nationaldeutschen Demokratie proklamierten.

 FAKTEN

* Einwohner: 52.850
* Bevölkerungsdichte: 451 Einw./km²
* Berühmte Personen: Friedrich II. (*1482, Kurfürst von der Pfalz), Hans Geiger (*1882, Physiker, Erfinder des Geigerzählers), Gregor Braun (*1955, Radrennprofi), Mario Basler (*1968, Fußballer), Bernhard Hoëcker (*1970, Komiker)
* Sehenswürdigkeiten: historische Altstadt samt Stiftskirche, Stadtmuseum Villa Böhm, Marienkirche, Hambacher Schloss, Naturpark Pfälzewald, Weindörfer, Weinberge

Hambacher Schloss – ein Denkmal der deutschen Demokratiebewegung

Speyer

GLEICH EINEM GEBIRGE AUS ROTEM SANDSTEIN, MIT TÜRMEN, BLENDBÖGEN UND FRIESEN, ÜBER-
RAGT DER KAISER- UND MARIENDOM DIE STADT SPEYER. ALS EINZIGER DER DREI KAISERDOME AM
RHEIN ZÄHLT ER ZUM UNESCO-WELTKULTURERBE.

Es sollte das größte Gotteshaus der Christenheit werden – zum Lobe Gottes und zur De-
monstration der eigenen kaiserlichen Herrlichkeit –, das der erste salische Kaiser, Konrad II., bei seiner
Krönung 1027 zu bauen plante. Und selbst wenn der
Kaiser die Fertigstellung seines Doms – zu der seit der
Grundsteinlegung im Jahr 1030 fünf Generationen von
Zimmerleuten, Steinmetzen und Schmieden beigetragen
hatten – nicht erlebte, haben wir ihm ein einzigartiges
Monument romanischer Baukunst und das bedeutendste Denkmal des salischen Herrscherhauses zu verdanken.
Insbesondere die Hallenkrypta mit dem originalen
romanischen Taufbecken besticht durch ihre makello-
sen, säulengestützten Rundbögen. Ein Teil der Krypta
ist heute Grablege für acht deutsche Kaiser und Könige,
darunter auch Konrad II. selbst.

Präsentiert sich der Dom mit seiner prächtigen
Westfassade der Speyerer Altstadt, so ist er zu allen anderen Seiten vom Domgarten umgeben. Mit seinen uralten
schattenspendenden Bäumen ist der Park das Naherholungsgebiet der Speyerer: Hier verbringen sie ihren
Sonntagnachmittag oder nutzen die Bänke im Park oder
am angrenzenden Rheinufer für eine kleine Pause vom
Arbeitsalltag. Idyllisch in den Park eingestreut finden
sich Relikte der alten Stadtbefestigung oder der früheren
Domumbauung: ein Beispiel ist der Ölberg, eine Skulp-
turengruppe aus dem frühen 16. Jh.

Westlich des Doms erstreckt sich dagegen die
Altstadt mit ihrer schnurgeraden Fußgängerzone, der
Maximilianstraße. Im Mittelalter Pracht- und Marktstraße,
wurde beinahe die gesamte mittelalterliche Bausubstanz
im Jahr 1689 infolge der Pfälzer Erbfolgekriege zerstört:
Die heute sichtbare Bebauung – wie das aufwändig
gestaltete barocke Rathaus – stammt daher weitgehend
aus dem 18. Jh. An der Straßenführung wie auch an ihrer
Bedeutung für die Stadt hat sich seit dem Mittelalter wenig verändert: Die belebte Einkaufsstraße mit Cafés und
Markständen führt direkt vom Dom zum gegenüberliegenden sogenannten Altpörtel, dem trutzigen 55 m westlichen Haupttor der einstigen Stadtbefestigung. Insbesondere zur Innenstadt hin zeigt er sein schönes spätgotisches
Maßwerk an einer Galerie aus Arkadenbögen. Den Turm
kann man über 154 Stufen besteigen, er bietet einen
ausgezeichneten Blick auf Stadt, Dom und Rhein.

Rechts: Der mächtige Dom zu Speyer
Links: Eine schöne Fußgängerzone verbindet den Dom
mit dem westlichen Stadttor Altpörtel.

69 | **FAKTEN**

* **Einwohner:** 49.900
* **Bevölkerungsdichte:** 1171 Einw./km²
* **Berühmte Personen:** Konrad II. (*um 990, Kaiser),
Anselm Feuerbach (*1829, Maler), Thomas Bug
(*1970, Hörfunk- und Fernsehmoderator), Tino Oac
(*1976, Mitglied der Band Söhne Mannheims)
* **Sehenswürdigkeiten:** Kaiser- und Mariendom, Altpörtel, Judenhof, Mikwe, Maximilianstraße, Historisches Museum der Pfalz

Völklingen

WIE EIN OMEN ZEICHNET SICH DER ZWIEBELTURM DER VERSÖHNUNGSKIRCHE HINTER DEN GICHTGASROH-
REN, HOCHÖFEN UND WINDERHITZERN DER VÖLKLINGER HÜTTE AB. SEIT DAS HÜTTENWERK ZUM WELTER-
BE ERNANNT WURDE, VERSUCHT DIE STADT DURCH KULTUR DEM NIEDERGANG ENTGEGENZUWIRKEN.

Für das Saarland war es ein Schock, als 1986 der letzte Abstich in der Völklinger Hütte erfolgte und damit Tausende von Arbeitsplätzen verloren gingen. Das nun stillgelegte, über 100 Jahre betriebene Eisenhüttenwerk war ein wichtiger Arbeitgeber, wenn auch die Völklinger Werksanlage der Saarstahl-AG noch rund 250 ha umfasst, die weiterhin in Betrieb sind. Doch seit Schließung der Völklinger Hütte verzeichnet die Stadt stetig sinkende Einwohnerzahlen, Ladenlokale und Wohnhäuser stehen leer.

Hört man die Berichte der einstigen Arbeiter und Angehörigen des Hüttenwerks, das Völklingen zeitweise zur reichsten Stadt des Saarlandes gemacht hatte, so ist es viel Nostalgie, die in ihnen mitschwingt: Die gute Gemeinschaft der Werksarbeiter wird hervorgehoben – und die ging mit der Schließung natürlich verloren. Aber auch die harte Arbeit wird erwähnt: beispielsweise die an den Hochöfen mit der Hitze, dem unfassbaren Lärm und giftigen Dämpfen oder an der sogenannten Drahtstraße, an der jeder Arbeiter nur 20 Minuten arbeiten durfte, so hochkonzentriert musste er die glühenden Drähte mit Zangen fangen. Eine Arbeit, die sich nicht vorstellen kann, wer sie nie erlebt hat und heute durch die Hallen des Eisenhüttenwerks läuft.

Das nämlich erscheint heute in einem ganz anderen Licht als noch vor 30 Jahren. Bereits ein Jahr nach

Links: 1873 wurde die Völklinger Hütte errichtet und gab bis zu ihrer endgültigen Schließung 1986 Tausenden Menschen Arbeit.
Oben: 6000 m² umfasst allein die sogenannte Gebläsehalle der Völklinger Hütte.
Unten: Alte Lastkähne erinnern noch heute in Völklingen an die Zeit, als Schiffe zum An- und Abtransport von Rohstoffen auf der Saar eingesetzt wurden.

Stilllegung wurde die Völklinger Hütte unter Denkmalschutz gestellt, 1994 ernannte sie die UNESCO zum Weltkulturerbe und seitdem gibt die „Kathedrale der Arbeit", wie vor allem die alte Gebläsehalle des Werks genannt wird, einen spannenden Rahmen für Ausstellungen und Konzerte. Die mit Explosionskappen bekrönten Gichtgasrohre, die Kuppeln der Winderhitzer, die Hochöfen und Schlote werden am Abend zur Projektsfläche farbenprächtiger Lichtinstallationen. Die Schlackenberge Hermann und Dorothea – poetisch benannt nach Goethes gleichnamigem Idyll – sind zu Naherholungsgebieten aufgestiegen und entsprechen nun eher dem Epos. Und seit der Hütte das Science-Center Ferrodrom angeschlossen ist, kann man in einstigen Werkshallen alles über Eisenverhüttung und Stahl lernen.

Wer Glück hat, der wird heute von einem ehemaligen Mitarbeiter durch die Hallen des Werks geführt. Dann kann man am ehesten ermessen, was die Schließung der Völklinger Hütte für die Arbeiter, die Stadt und das Land bedeutet hat und warum sie sich nur allmählich mit ihr aussöhnen können.

70 FAKTEN

* **Einwohner:** 39.630
* **Bevölkerungsdichte:** 591 Einw./km²
* **Berühmte Personen:** Carl Röchling (*1827, Gründer der Völklinger Hütte), Tilly Breidenbach (*1910, Schauspielerin), Hermann Neuberger (*1919, Präsident des Deutschen Fußball-Bundes), Norbert Berger (*1945, Sänger des Schlagerduos Cindy & Bert), Peter Zimmermann (*1955, Fernseh- u. Filmregisseur)
* **Sehenswürdigkeiten:** Völklinger Hütte, Katholische Kirche St. Eligius, Altes Rathaus, Alter Bahnhof, Versöhnungskirche

Saarbrücken

DIE HAUPTSTADT DES SAARLANDES, SAARBRÜCKEN, STÖSST DIREKT AN DIE DEUTSCH-FRANZÖSISCHE GRENZE. SO IST ES NICHT VERWUNDERLICH, DASS EIN REGER AUSTAUSCH ZWISCHEN SAARBRÜCKEN UND DEN FRANZÖSISCHEN NACHBARGEMEINDEN STATTFINDET.

Es klingt jedoch eher ungewöhnlich, dass Franzosen nach Deutschland reisen, um feine Gourmetküche und deutsche Lebensart zu genießen. Andersrum würde ein Schuh draus, sollte man meinen. Doch Saarbrücken beweist einmal mehr, wie unterschätzt das kleine Saarland oft ist: Dort nämlich verwöhnen gleich zwei Sterneköche anspruchsvolle Gaumen.

Der Guide Michelin verlieh Klaus Erfort für seine Kreationen im „Gästehaus Erfort" mittlerweile drei Sterne – womit er zu den nur neun Köchen Deutschlands gehört, die mit dieser Auszeichnung beehrt wurden. Sein Schüler Jens Jakob erkochte sich im „Le Noir" immerhin einen ersten Michelin-Stern.

Häufig unterschätzt wird zudem die Stadt Saarbrücken selbst. Schon von Kelten besiedelt, entstanden einige der noch heute das Stadtbild bestimmenden Bauten im 18. Jh. Der Barockbaumeister Friedrich Joachim Stengel konzipierte eine Vielzahl der repräsentativen Bauwerke wie den Neubau des Saarbrücker Schlosses, das auf den fränkischen Königshof Sarabrucca zurückgeht, das Erbprinzenpalais und das Alte Rathaus sowie die katholische Basilika St. Johann und die protestantische Ludwigskirche. Letztere ziert mittlerweile teilweise die deutsche Zwei-Euromünze.

Der Name des Schlossplatzes „Platz des Unsichtbaren Mahnmahls" wirft bei zahlreichen Besuchern

Links: Das Saarbrückener Schloss musste einige Zerstörungen über sich ergehen lassen, wurde in den 1980er-Jahren jedoch grundlegend saniert.
Oben: Blick über die Alte Brücke auf die Schlosskirche von Saarbrücken
Unten: Die Ludwigskirche gilt als eine der bedeutendsten evangelischen Barockkirchen des Landes.

der Stadt Fragen auf. Ist doch auf ihm tatsächlich nichts Auffallendes zu sehen, denn das Mahnmal liegt quasi unter dem Pflaster. Es geht auf die Initiative des Konzeptkünstlers und Kunstprofessors der Saarbrücker Universität, Jochen Gerz, zurück: Zusammen mit seinen Studenten ritzte er 1993 zunächst heimlich die Namen zerstörter jüdischer Friedhöfe in die Pflastersteine vor dem Schloss und versenkte sie anschließend mit der Schrift nach unten im Boden. Die Stadt griff die Idee auf und beschriftete insgesamt 2146 Pflastersteine, bevor sie diese wieder vor dem Schloss einsetzte.

Besondere Beachtung verdient auch die Umgebung Saarbrückens: Die Wälder und Streuobstwiesen des Bliesgaus, das sich im Südosten der Stadt anschließt, wurden im Jahr 2009 zum Biosphärenreservat erhoben. In dessen sanften Hügelketten liegt der „Brennende Berg", ein gut 350 m hoher Berg an der Grenze Saarbrückens zu Sulzbach, in dem während des Steinkohleabbaus ein Flöz in Brand geriet – und zwar bereits im 17. Jh. Der Berg bzw. das Steinkohleflöz schwelt auch nach über 300 Jahren noch vor sich hin und so wurde der Berg zum Naturdenkmal erhoben.

71 **FAKTEN**

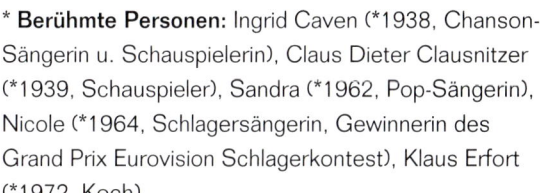

* **Einwohner:** 175.740
* **Bevölkerungsdichte:** 1052 Einw./km²
* **Berühmte Personen:** Ingrid Caven (*1938, Chanson-Sängerin u. Schauspielerin), Claus Dieter Clausnitzer (*1939, Schauspieler), Sandra (*1962, Pop-Sängerin), Nicole (*1964, Schlagersängerin, Gewinnerin des Grand Prix Eurovision Schlagerkontest), Klaus Erfort (*1972, Koch)
* **Sehenswürdigkeiten:** Schloss Saarbrücken, Markt, Altes Rathaus, St. Johann, Ludwigskirche, Bergwerksdirektion, Saarlandmuseum, Kreisständehaus, Alte Brücke

Mannheim

BUCHSTABEN-ZIFFERN-KOMBINATIONEN STATT STRASSENNAMEN GEBEN IN DER INNENSTADT ORIENTIERUNG UND VERWEISEN AUF EIN BESONDERES STÄDTEPLANERISCHES KONZEPT AUS DEM 18. JH., DAS MANNHEIM AUCH DEN BEINAMEN „QUADRATESTADT" GIBT.

Im Jahre 1720 verlegte Kurfürst Carl Philipp III. die Residenz der pfälzischen Kurfürsten von Heidelberg nach Mannheim und entschloss sich zum Bau eines repräsentativen Barockschlosses. Mit diesem Schritt begann nach einem unruhigen Jahrhundert der Kriege und Seuchen eine längere Konsolidierungsphase Mannheims – die die Bewohner zunächst mit einem hohen Preis bezahlten, denn ein Problem belastete das ehrgeizige Bauvorhaben von Beginn an. Das auf 600 Zimmer angelegte Schloss mit seiner 440 m langen Schaufront verschlang weitaus mehr Gelder, als der Etat vorsah. Der Kurfürst reagierte darauf, indem er kurzerhand eine hohe Schlossbausteuer bei seinen Untertanen erhob.

Die Kosten blieben auch nach der Fertigstellung des Baus immens hoch: Auf Carl Philipp folgte sein Neffe Carl Theodor, der 900 Personen im Schloss beschäftigte, Mannheim aber auch gleichzeitig zu einem Zentrum für Kultur, Kunst und Wissenschaft machte. Zeichen dieser kulturellen Blüte waren neben der Errichtung von Hofbibliothek und Hofoper, Gemäldesammlung und Sternwarte auch die Eröffnung des Nationaltheaters, an dem 1782 Friedrich Schillers „Die Räuber" in Anwesenheit des Dichters uraufgeführt wurden.

Entsprechend groß war die Sorge um das Schicksal der Stadt, als Carl Theodor 1778 seine Residenz nach München verlegen musste. Das Schloss mit seinen

Links: Blick auf Mannheim. Links des Neckars erstreckt sich die planquadratisch angelegte Innenstadt, am Horizont ist die Industrie von Ludwigshafen zu sehen.
Oben: Friedrichsplatz mit Wasserturm
Unten: Das barocke Schloss von Mannheim

überbordenden Dimensionen erschien fragwürdiger denn je. Wie sehr die Mannheimer jedoch letztendlich an dem Barockbau hängen, zeigte sich nach 1945, als die Innenstadt und das Schloss nach massiven Luftangriffen nahezu vollständig zerstört waren. Der amtierende Oberbürgermeister plädierte für einen Abriss, dem sich die Mannheimer Bürger jedoch entschieden widersetzten. Und so wurden Teile wieder aufgebaut, die Universität zog 1967 ein und 2005/06 fand eine aufwändige Generalsanierung statt.

Vom Schloss aus verläuft nach Nordosten bzw. in Richtung Neckar die Kurpfalzstraße, der sich links und rechts die mit Ziffern und Buchstaben versehenen Häuserblöcke, auch Quadrate genannt, anschließen. Hier befinden sich zugleich die meisten Sehenswürdigkeiten Mannheims: Im Westen reihen sich fast nahtlos die barocke Jesuitenkirche, die Sternwarte, das Reiss-Engelhorn-Museum und das Zeughaus sowie das Alte Rathaus aneinander. Im östlichen Teil wiederum versprechen Luisenpark und Friedrichsplatz samt 60 m hohem Wasserturm zwei Orte der Erholung, während Kunsthalle, Nationaltheater und Technoseum den Bedürfnissen kulturell Interessierter auf ganz unterschiedliche Weise gerecht werden. Im Süden schließlich bildet der Rhein die Grenze zur „Schwesterstadt" Ludwigshafen und zugleich zum Nachbarbundesland Rheinland-Pfalz.

 FAKTEN

* **Einwohner:** 313.200
* **Bevölkerungsdichte:** 2160 Einw./km²
* **Berühmte Personen:** Sepp Herberger (*1897, Fußballspieler/-trainer), Anneliese Rothenberger (*1926, Opernsängerin), Stefanie Graf (*1969, Tennisspielerin), Xavier Naidoo (*1971, Sänger), Christian Wörns (*1972, Fußballspieler), Bülent Ceylan (*1976, Komiker)
* **Sehenswürdigkeiten:** Barockschloss, Christuskirche, Jesuitenkirche, Technoseum, Wasserturm, Luisenpark, Kunsthalle, Fernmeldeturm, Nationaltheater, Marktplatz und Altes Rathaus

Heidelberg

WILLIAM TURNER VEREWIGTE SIE AUF GEMÄLDEN, HÖLDERLIN WIDMETE IHR EINE UNVERGESSENE ODE UND MIT „ICH HAB MEIN HERZ IN HEIDELBERG VERLOREN" FAND DIE STADT IM NECKARTAL EINGANG IN JEDES OHR. HEIDELBERG IST ROMANTIK PUR, OHNE DABEI IN DER VERGANGENHEIT VERHAFTET ZU SEIN.

Die Ansicht auf die Stadt ist legendär: Vom Hügel des rechten Neckarufers fällt der Blick auf die Alte Brücke, die in breiten Bögen die Verbindung zur Altstadt schlägt, über deren Dächern sich malerisch das Heidelberger Schloss erhebt. Rund 1,2 Mio. Touristen pro Jahr suchen die Stadt genau wegen dieser romantischen Kulisse auf. Sie kommen aus allen Teilen der Welt, schlendern durch die Gassen einer im Krieg unzerstörten Altstadt und nehmen das weltberühmte Schloss in Augenschein.

Von Weitem betrachtet stellt sich das Schloss als nahezu geschlossene, intakte Anlage dar. Doch je mehr man sich dem am Nordhang des Königstuhls gelegenen Bauwerk nähert, desto deutlicher kann man erkennen, dass es sich um eine Ruine handelt, die nicht zuletzt aufgrund ihrer Lage als eine der schönsten des Landes bezeichnet werden kann. Zwei Mal gerieten Stadt und Schloss im Zuge kriegerischer Auseinandersetzungen in die Schusslinie: Das war in den 1620er- und 1630er-Jahren so, als Friedrich V. von der Pfalz die Königswürde von Böhmen annahm, dadurch die katholische Liga gegen sich aufbrachte, deren Truppen nach ihrem Sieg am Weißen Berg bei Prag in die Kurpfalz zogen und Heidelberg unter Beschuss nahmen. Und das war wieder Ende des 17. Jh. so, als französische Truppen im Zuge des Pfälzischen Erbfolgekrieges in der Stadt brandschatzten und Teile des Schlosses sprengten.

Links: Die Alte Brücke von 1788 führt direkt in die Altstadt Heidelbergs, über der sich das Schloss erhebt.
Oben: Auch aus der anderen Perspektive – vom Schloss aus gesehen – präsentiert sich Heidelberg als wunderschöne Stadt.
Unten: Imposante Aula der Alten Universität

Lange Zeit wurde diskutiert, ob die einstige Residenz wieder aufgebaut werden sollte. Man entschied sich für Konservierung statt Restaurierung. Und hat damit die richtige Wahl getroffen. Heidelberg kann sich heute eines einmaligen Bauwerks rühmen. Die einzelnen Bauelemente sind mal schlicht gehalten, mal reich verziert und ergeben zusammen ein beeindruckendes Ensemble aus rotem Neckarstein.

Was sich zu Füßen des Schlosses ausbreitet, ist nicht minder sehenswert. Heidelberg ist eine der wenigen deutschen Großstädte, die den Zweiten Weltkrieg nahezu unversehrt überstanden. Alleine am Marktplatz mit dem Rathaus von 1703, dem Haus Ritter, einem imposanten Renaissancebau von 1592, oder der Heiliggeistkirche aus der ersten Hälfte des 15. Jh. sind zahlreiche historische Gebäude in ihrem Ursprungszustand erhalten. Auch die Alte Universität ist in der Heidelberger Altstadt gelegen. 1386 von Ruprecht I. eröffnet, ist sie die älteste Universität Deutschlands und zählt heute über 5000 Wissenschaftler und mehr als 29.000 Studenten. Diese machen die Stadt nicht nur zu einem wichtigen Zentrum für Lehre und Forschung, sondern belegen, dass Heidelberg bei aller Romantik den Sprung ins 21. Jh. längst geschafft hat und sich auch als zukunftsträchtige Metropole am Neckar präsentiert.

73 | **FAKTEN**

* **Einwohner:** 147.300
* **Bevölkerungsdichte:** 1354 Einw./km²
* **Berühmte Personen:** Ludwig Sütterlin (*1863, Linguist u. Germanist), Friedrich Ebert (*1871, Politiker), Hubert Burda (*1940, Verleger), Silvia Sommerlath (*1943, Königin von Schweden), Götz Werner (*1944, Gründer der dm-Märkte), Rufus Beck (*1957, Schauspieler)
* **Sehenswürdigkeiten:** Schloss und Schlossgarten, Heiliggeistkirche, Alte Brücke, Peterskirche, Hotel „Zum Ritter", Bergfriedhof, Universität, Universitätsplatz, Löwenbrunnen

Heilbronn

WARUM HEINRICH VON KLEIST SEIN GROSSES HISTORISCHES RITTERSCHAUSPIEL „DAS KÄTHCHEN VON HEILBRONN" IN EBEN JENER STADT AM NECKAR ANGESIEDELT HAT, IST BIS HEUTE UNGEWISS. HEILBRONN JEDOCH VERDANKT IHM EINE POPULARITÄT WEIT ÜBER DIE LÄNDERGRENZEN HINAUS.

Heilbronn und das Käthchen sind untrennbar miteinander verbunden. Es war das Jahr 1810, als Kleists Werk erstmalig erschien und in Wien uraufgeführt wurde. Das Ritterschauspiel in fünf Akten wurde zum Publikumsliebling, unzählige Male auf die Bühne gebracht und zu insgesamt acht Opernfassungen vertont. Schon früh begann die Suche nach einem real existierenden Heilbronner Käthchen, das Kleist als Vorbild gedient haben könnte. Doch trotz der Bemühungen zahlreicher Historiker konnten derartige Verknüpfungen nie eindeutig festgestellt werden, auch wenn das Käthchenhaus am Marktplatz genau diese Vermutung nahelegt. Gewohnt hat hier ein historisches Vorbild der literarischen Figur indes nie.

Doch auch jenseits von Käthchen und Kleist hat Heilbronn einiges zu bieten. 741 wird die Stadt zum ersten Mal urkundlich erwähnt, 1281 verlieh König Rudolf I. von Habsburg ihr das Stadtrecht. Schon in den darauffolgenden Jahren wurden zwei der heute noch bedeutendsten Bauwerke errichtet: Um 1300 entsteht das Alte Rathaus, das dem Rat der Stadt – gebildet von zwölf „consules" aus den Reihen des Patriziats – zum Ort ihrer Amtsausübung wird. Wie so viele andere Gebäude wird auch das Rathaus bei Luftangriffen im Zweiten Weltkrieg zerstört, später jedoch nach Renaissance-Vorbildern in Teilen wiedererrichtet. Besonderer Blickfang ist die astronomische Kunstuhr, bestehend aus Mondphasen-, Zeit- und astronomischer Uhr sowie einem Glockenspiel.

Links: Das wiedererrichtete Alte Rathaus von Heilbronn mit seiner auffälligen astronomischen Uhr
Oben: Blick auf den Westturm der Kilianskirche
Unten: Das Trappenseeschlösschen liegt im Osten der Stadt inmitten des gleichnamigen Sees.

Ebenfalls in die Zeit der Stadterhebung fällt die Errichtung der Kilianskirche, die im 15. Jh. entscheidende Umgestaltungen im Bereich des Langhauses und Chores erfährt. Anfang des 16. Jh. wird der ursprüngliche Plan zweier Westtürme zugunsten eines einzelnen aufgegeben, der sich 62 m hoch gen Himmel streckt. Es ist der Weitsicht einiger Personen zu verdanken, dass Schätze aus der Kirche bereits Anfang des Zweiten Weltkrieges in Sicherheit gebracht wurden, sodass heute noch der kostbar geschnitzte Hochaltar von Hans Seyfer aus dem Jahre 1498 zu bewundern ist.

Was die Kilianskirche an himmlischer Kunst bietet, das bieten die Weinstuben und Gaststätten der Stadt an irdischen Genüssen. Heilbronn zählt mit über 530 ha Rebfläche zu den wichtigsten Weinbaugemeinden im Lande, 120 Familienbetriebe erzeugen jährlich mehr als 6 Mio. Liter Wein, unter ihnen Riesling und Trollinger, Gewürztraminer, Muskateller oder Samtrot. Die Weinhänge geben der Gegend um Heilbronn ein besonders reizvolles Aussehen und laden zu Spaziergängen ein, die sich allerdings ebenso gut am Ufer des Neckars anbieten. Im Rahmen der Offensive „grünes Heilbronn" wird der Freizeitwert des Flusses vermehrt in den Vordergrund gestellt, der als wichtiger Schifffahrtsweg von jeher Garant für Handel und Wohlstand war. Jetzt werden das Gewässer und seine Uferbereiche für Erholungssuchende zurückerobert, die hier flanieren und sich anschließend per Taxiboot zurück in die Innenstadt fahren lassen können.

 74 **FAKTEN**

* **Einwohner:** 122.900
* **Bevölkerungsdichte:** 1230 Einw./km^2
* **Berühmte Personen:** Johann Rudolf Schlegel (*1729, Theologe u. Pädagoge), Wilhelm Waiblinger (*1804, Dichter), Wilhelm Maybach (*1846, Automobilpionier), Tomislav Marić (*1973, Fußballspieler)
* **Sehenswürdigkeiten:** Kilianskirche, Deutschordensmünster, Nikolaikirche, Käthchenhaus, Deutschhof, Fleischhaus, Rathaus, Trappenseeschlösschen

Schwäbisch Hall

„ES IST KEINEN ROTEN HELLER MEHR WERT" SAGT MAN IM DEUTSCHEN, WENN ETWAS SEINEN LETZTEN WERT VERLOREN HAT. DASS DIESE FLOSKEL AUF DIE STADT SCHWÄBISCH HALL UND EINE MITTELALTERLICHE MÜNZE VOM WERT EINES HALBEN PFENNIGS ZURÜCKGEHT, WEISS DABEI KAUM JEMAND.

Eine sprudelnde Salzquelle lockte bereits in der Eisenzeit keltische Siedler in das Tal des Kochers, eines Nebenflusses des Neckars. Sie gewannen das kostbare Mineral, indem sie das Wasser kochten, bis es verdunstete. Anschließend konnte das noch feuchte Salz in Formen gepresst und verkauft werden. Die Quelle wurde bei einem Erdrutsch verschüttet und es dauerte etwa 1000 Jahre, bis sie wiederentdeckt und nutzbar gemacht wurde. Dann aber begann man in Hall in Schwaben – der Name „Hall" ist übrigens keltischen Ursprungs und bedeutet Salz – erneut mit der Salzsiederei. Das Dorf wuchs und gedieh im 11. und 12. Jh., gelangte durch den Handel mit dem „weißen Gold" zu Wohlstand und erhielt 1280 endlich die Stadtrechte.

Zuvor hatte Kaiser Friedrich I. Barbarossa in Hall eine Münzstätte errichtet: Sie prägte eine Münze vom Wert eines halben Pfennigs aus einer Silber-Kupfer-Legierung, die zuerst Haller, dann Häller und schließlich Heller genannt wurde und bald in ganz Süddeutschland Verbreitung fand. Bereits bei der Entstehung als kleine, geringwertige Münze angelegt, wurde das Silber bei der Metallmischung immer weiter verringert, bis der Heller fast rot und damit beinahe wertlos war. Den Heller gibt es längst nicht mehr und auch die Salzquelle ist seit Beginn des 20. Jh. nicht mehr rentabel. Sie wird nun nur noch zu Heilzwecken verwendet, etwa zur Linderung von Rheumatismus und Hauterkrankungen, und zieht seit Ende des 19. Jh. Kurgäste an.

Wer heute durch Hall schlendert, das seit 1934 Schwäbisch Hall heißt, kann den einst durch den Salzhandel erlangten Wohlstand noch in den Straßen finden. Mittelpunkt der Stadt ist wie schon in den vergangenen Jahrhunderten der Marktplatz am Fuße der mächtigen evangelischen Stadtkirche St. Michael. Eine großzügige Freitreppe, auf der im Sommer Theater gespielt wird, führt zu ihrem wuchtigen, noch romanischen Portal hinauf, durch das man die ansonsten spätgotische Hallenkirche betritt. Im Innern ist der mittelalterliche Hochaltar erhalten, doch die meisten Besucher sind eher von dem Stoßzahn eines Mammuts beeindruckt, der, in schmiedeeiserne Ornamente gefasst, im Chor hängt.

Von der Freitreppe aus hat man einen schönen Blick auf das barocke Rathaus und die teils mittelalterlichen Fachwerk-, teils barocken Bürgerhäuser. Vor dem Gasthof Goldener Adler, der schon seit dem 17. Jh. ein Wirtshaus beherbergt, findet sich auch noch der gotische Pranger, an dessen Halseisen im Mittelalter vermeintliche Schurken wegen teils geringer Strafen schmachten mussten. Schmale, von reich verzierten Häusern gesäumte Treppengassen führen vom Markt hinab zum Kocher. An seinen Ufern und auf den beiden Inseln zeigt sich Schwäbisch Hall von seiner idyllischsten Seite.

Links: Hinter den zahlreichen Fachwerkhäusern erheben sich das ehemalige Zeughaus und der Getreidespeicher von Schwäbisch Hall.
Oben: Blick vom Sulfersteg am Kocher auf den Steinernen Steg, rechts liegt die kleine Insel „Grasbödele".
Mitte: Altstadt mit der St.-Michael-Kirche
Unten: Sulfertor und Sulfersteg

Karlsruhe

KARLSRUHE WIRD IMMER DANN ZUM GEFLÜGELTEN WORT, WENN JEMAND IN EINEM GERICHTSVER-
FAHREN DIE LETZTE INSTANZ BEMÜHT ODER GAR EINE VERFASSUNGSBESCHWERDE ANSTREBT. BEIDE
DAFÜR ZUSTÄNDIGEN GERICHTE HABEN IHREN SITZ SEIT DEN 1950ER-JAHREN IN KARLSRUHE.

Ein absoluter Herrscher, Markgraf Karl III. Wilhelm von Baden-Durlach, ist für die Entstehung Karlsruhes verantwortlich. Um seinem bevorzugten Jagdgebiet am Oberrhein näher zu sein und eine Residenz nach seinen Vorstellungen errichten zu können, ließ er die Stadt auf dem Reißbrett planen und ab 1715 errichten.

Zentrum von Karlsruhe ist das Schloss, dessen ursprünglicher Holzbau bereits wenige Jahrzehnte nach dem Erbauen saniert und erneuert werden musste. Karl Wilhelms Nachfolger zogen dafür den berühmten Barock-Baumeister Balthasar Neumann zu Rate, der eine mehrflügelige dreigeschossige Anlage plante, wie sie im

Großen und Ganzen heute noch erhalten ist. Allerdings nur in der leuchtend gelben Fassade, denn das Schloss wurde im Zweiten Weltkrieg zerstört und nur äußerlich originalgetreu rekonstruiert. Heute beherbergt die einstige Residenz das Badische Landesmuseum, das Exponate aus Ur- und Frühgeschichte und klassischer Antike sowie badische Kunst bis zur Gegenwart zeigt.

Das Residenzschloss steht inmitten des sogenannten Karlsruher Fächers, eines vom Schloss aus strahlenförmig verlaufenden Kranzes aus 32 Straßen. Den französischen Sonnenkönig Ludwig XIV. imitierend und ganz dem Absolutismus verhaftet, sollten Schloss und Herrscher den Mittelpunkt der Grafschaft bilden.

Links: Das Karlsruher Schloss mit seiner charakteristischen leuchtend gelben Farbe
Oben: Botanischer Garten
Mitte: Ein Blickfang – die Pyramidenskulptur am Markt
Unten: Ausblick über das Schloss auf Karlsruhe

Die neun südlichen Straßen bildeten dabei die ersten Straßen der neuen Residenzstadt, die 23 nördlichen führten durch den Schlosspark, sind aber heute teilweise ebenfalls bebaut. Karl Wilhelm, der die „elegantissimae species" der Tulpe liebte, züchtete im Schlosspark eigenhändig Blumen. Allein rund 1160 Tulpenvarietäten sind belegt. Der Schlosspark wurde zur Bundesgartenschau 1967 teilweise nach barocken Plänen gestaltet und bildet heute den Botanischen Garten Karlsruhes.

Über die mittige Schlossstraße erreicht man direkt den Marktplatz: Die rote Sandsteinpyramide in dessen Zentrum markiert das Grab des Stadtgründers. Dort stand einst die Konkordienkirche, in deren Gruft er beigesetzt wurde. Die Pyramide ist heute das steinerne Wahrzeichen Karlsruhes, die ideellen sind dagegen der Bundesgerichtshof und das Bundesverfassungsgericht. Während Ersterer stilvoll im ehemaligen Palais des Großherzogs Friedrich II. von Baden untergebracht ist und auch besichtigt werden kann, ist die Heimstatt der deutschen Verfassungswächter ein eher bescheidener Neubau und von keinerlei künstlerischem Interesse. Das wird dagegen in der Staatlichen Kunsthalle befriedigt, die ebenfalls im Schlossbezirk liegt. In ihr befinden sich herausragende Werke von Dürer, Cranach und Grünewald in schönen historischen Gebäuden.

76 FAKTEN

* **Einwohner:** 294.760
* **Bevölkerungsdichte:** 1699 Einw./km²
* **Berühmte Personen:** Karoline von Günderode (*1780, Schriftstellerin), Peter Sloterdijk (*1947, Philosoph u. Kulturwissenschaftler), Nino de Angelo (*1963, Sänger), Oliver Bierhoff (*1968, Fußballspieler), Oliver Kahn (*1969, Fußballtorwart), Mehmet Scholl (*1970, Fußballspieler), Regina Halmich (*1976, Boxerin)
* **Sehenswürdigkeiten:** Schloss mit Badischem Landesmuseum, Staatliche Kunsthalle, Marktplatz mit Pyramide, Prinz-Max-Palais, Zentrum für Kunst und Medientechnologie

Baden-Baden

SEIT JAHRMILLIONEN SPRUDELT AM HANG DES FLORENTINERBERGS HEISSES QUELLWASSER AUS DEM GESTEIN, REICH AN NATRIUMCHLORID UND ANDEREN MINERALSTOFFEN. MIT IHM BEGINNT DIE GE-SCHICHTE BADEN-BADENS, IN DEM HEUTE DIE MEISTEN MILLIONÄRE DEUTSCHLANDS LEBEN.

Als Kaiser Vespasian im ersten nachchristlichen Jahrhundert eine seiner Legionen im Nord-schwarzwald stationierte, erkannten die bäder-liebenden Römer rasch den Nutzen der heißen Quellen am Florentinerberg. Sie errichteten eine kleine Siedlung mit mehreren Badeanlagen, die 200 Jahre später durch Marcus Aurelius Antoninus, der den Spitznamen Cara-calla trug, ausgebaut wurden. Noch heute trägt die mo-derne Therme Baden-Badens seinen Namen, die Ruinen seiner Bauten zeugen von der langen Bädertradition der Stadt. Zunächst aber zerstörten die weniger reinlichen Alemannen die Badeanlagen der Römer, so wie sie die Legionen aus dem Schwarzwald vertrieben; das heiße Wasser versickerte ungenutzt in der Schwarzwalderde.

Als jedoch in der Mitte des 14. Jh. – die Siedlung am Florentinerberg war mittlerweile stark angewachsen und hatte 1250 die Stadtrechte erhalten – die Pest auch den Schwarzwald erreichte, verbreitete sich schnell die Idee, das Trinken des Quellwassers und Waschungen mit ihm könnten vor dem Schwarzen Tod schützen. Die Pest verschwand und stattdessen verbreitete sich die Kunde von der Heilkraft des Baden-Badener Wasser. Zeitgleich veröffentlichte der berühmte Arzt Paracelsus sein erstes Bäderbüchlein und begründete somit die Blüte der Stadt als Badeort, die im 19. Jh. ihren Höhe-punkt erreichte. Aus jener Zeit stammen das historische Friedrichsbad sowie die schöne, mit Schwarzwälder Sagen ausgestaltete Trinkhalle. Schlückchenweise das

* **Einwohner:** 54.445
* **Bevölkerungsdichte:** 388 Einw./km²
* **Berühmte Personen:** Max von Baden (*1867, letzter Reichskanzler des Kaiserreichs), Louis II. (*1870, Fürst von Monaco), Erich Kuby (*1910, Journalist u. Publizist), Reinhold Schneider (*1903, Schriftsteller), Tony Marshall (*1938, Schlager- und Opernsänger), Alexandra Kamp (*1966, Schauspielerin)
* **Sehenswürdigkeiten:** Staatliche Kunsthalle Baden-Baden, Museum Frieder Burda, Kurhaus und Kasino, Caracalla Therme, Friedrichsbad, Kloster Lichtenthal, Schloss Hohenbaden, Neues Schloss

heilende Wasser trinkend, wandelten die Gäste durch deren Gänge, nach Bekannten und interessanten Leuten Ausschau haltend. Um jedoch den eleganten Badetouristen des 19. Jh. zu genügen, reichten Heilwasseranwendungen allein nicht aus. Denn nicht nur echte Krankheiten lockten die Gäste nach Baden-Baden, sondern vornehmlich die Vergnügungen, die das älteste Spielkasino Deutschlands, das Festspielhaus sowie die Galopprennbahn im nahen Iffezheim boten. Die gesamte europäische Noblesse, die Künstler der Romantik, darunter Brahms und Liszt, die russische Zarenfamilie und die Dichter Dostojewski und Tolstoi verspielten auf der Rennbahn und im Kasino ihr Geld.

In deren Tradition kommt heute der russische Geldadel nach Baden-Baden. Er kauft die in der zweiten Hälfte des 20. Jh. stark vernachlässigten Villen der Stadt auf, lässt sie aufwändig restaurieren und bringt ansonsten sein Geld auf der altehrwürdigen, noblen Shoppingmeile, den Kolonnaden, unter die Leute. Und so erstrahlt Baden-Baden zusehends wieder im alten Glanz, bietet Millionären ein Sommerdomizil und den einfachen Leuten ein gesundheitsförderndes Heilwasser und zumindest das Vergnügen, die Reichen beobachten zu dürfen.

Links: Das Kurhaus von Baden-Baden
Oben: Blick über die Kuppel der Friedrichstherme auf die Kurstadt Baden-Baden
Mitte: Badevergnügen in der Caracalla Therme
Unten: Flanier- und Shoppingmeile – Zentrum Baden-Badens Ecke Leopoldsplatz und Sophienstraße

Stuttgart

EIN FLACHER TALKESSEL, ÜBERRAGT VOM BEWALDETEN HOHEN BOPSTER UND DEM FERNSEHTURM –
SO PRÄSENTIERT SICH STUTTGART DEM VON NORDEN ANREISENDEN BESUCHER. ES IST DAS BEKANN-
TESTE PANORAMA MIT DEM WAHRZEICHEN DER BADEN-WÜRTTEMBERGISCHEN LANDESHAUPTSTADT.

In den Jahren 1954/55 wurde der Stuttgarter Fernsehturm auf dem 485 m hohen Hausberg der Stadt
erbaut und ist seitdem das eigentliche Wahrzeichen
der Stadt. Von dessen Panoramacafé aus hat man die gesamte Stadt im Blick. Sie liegt in einem weiten Talkessel,
umgeben von bewaldeten oder mit Rebstöcken bestan-
denen Hügelketten, und gruppiert sich um das Alte und
das Neue Schloss.

Die beiden feudalen Bauten bilden noch immer
das Herz Stuttgarts und verweisen darauf, dass die
Stadt bereits seit dem Mittelalter Residenzstadt war. Die
Markgrafen von Baden verliehen der Ortschaft 1219 die
Stadtrechte, knapp 40 Jahre später fiel sie durch Heirat
an die Grafen von Württemberg. Mit deren Erhebung
zu Herzögen im 15. Jh. wurde Stuttgart Herzogsresidenz,
bis Württemberg 1806 durch Napoleon I. in ein Königreich umgewandelt und Stuttgart zu dessen Hauptstadt
ernannt wurde. Beide Schlösser sind Bauten aus der Zeit
des Herzogtums: Das Alte Schloss, das mittlerweile das
Württembergische Landesmuseum beherbergt, repräsentiert dessen Anfangszeit, das Neue Schloss wurde vom
letzten Herzog und ersten König Württembergs Friedrich I. 1807 vollendet. Der Schlossplatz mit der Jubiläumssäule gilt als das Wohnzimmer der Stuttgarter, hier
verbringen sie bei schönem Wetter ihre Mittagspausen
und Sonntagnachmittage und hier finden im Sommer
Konzerte und Filmvorführungen statt.

Links: Der Schlossplatz ist vor allem im Sommer ein beliebter Treffpunkt.
Oben: Ein Glaskubus umhüllt die Ausstellungsräume des Kunstmuseums.
Mitte: Mercedes-Benz-Museum
Unten: Blick vom Pavillon auf den Schlossplatz mit Neuem Schloss und Jubiläumssäule

Ebenfalls am Schlossplatz liegt ein weiteres der bedeutenden Stuttgarter Museen: das Kunstmuseum. In dem gläsernen Kasten, der in einem anziehenden Kontrast zu dem mittelalterlichen und dem barocken Schloss steht, wird Kunst der klassischen Moderne und der Gegenwart gezeigt. Architektonisch noch aufregender sind die Museumsbauten von Mercedes-Benz und Porsche. Die beiden Automobilgiganten haben sich in den Stuttgarter Vorstädten ihre eigenen Denkmäler gesetzt: Mercedes-Benz, indem es spektakuläre Exponate zeigt wie die ersten Autos der Welt und die legendären Grand-Prix-Rennwagen „Silberpfeile"; Porsche dagegen mit einem exorbitant teuren Gebäude, das keinen einzigen rechten Winkel besitzt.

Obwohl die beiden Automobilhersteller fest mit der Stadt verbunden sind und beide neben den Museen auch eine Arena finanzieren – der eine vornehmlich für Fußballveranstaltungen, der andere für Hallensportarten und Konzerte –, kommt man mit dem Auto in Stuttgart nicht immer sehr weit. Häufig versperren die berühmten Stäffele den Weg. Über 400 dieser Treppenanlagen bewältigen die Höhenunterschiede zwischen der Innenstadt im Tal und den umliegenden Vorstädten.

 FAKTEN

* **Einwohner:** 606.590
* **Bevölkerungsdichte:** 2925 Einw./km^2
* **Berühmte Personen:** Georg Wilhelm Friedrich Hegel (*1770, Philosoph), Gustav Schwab (*1792, Dichter), Isolde Kurz (*1853, Schriftstellerin), Ernst Klett (*1863, Gründer des Ernst Klett Verlags), Berthold Graf Schenk von Stauffenberg (*1905, Jurist u. Hitler-Attentäter), Richard von Weizsäcker (*1920, Politiker), Gloria Prinzessin von Thurn & Taxis (*1960, Prinzessin u. Unternehmerin)
* **Sehenswürdigkeiten:** Altes und Neues Schloss, Kunstmuseum, Mercedes-Benz-Museum, Porsche Museum, Fernsehturm, Wilhelma, Stiftskirche

Esslingen am Neckar

EHEMALIGE REICHSSTADT, ERSTE UND GRÖSSTE INDUSTRIESTADT IM KÖNIGREICH WÜRTTEMBERG, WEIN- UND HANDELSSTADT – ALL DAS IST ESSLINGEN, DAS SICH SEIN GANZ EIGENES FLAIR BEWAHRT HAT UND DESHALB NIE GEFAHR LIEF, IM SCHATTEN DES GROSSEN NACHBARN STUTTGART ZU STEHEN.

Dass der Teufel nie sein Unwesen in Esslingen treiben konnte, verdankt die Stadt einer listigen Marktfrau. Sie erkannte den verkleideten Teufel an seinem Pferdefuß und Schwefelgeruch und reichte ihm statt eines eingeforderten Apfels eine Zwiebelknolle. Herzhaft biss der Teufel in diese hinein und schrie auf: „Eure Äpfel schmecken ja nach Zwiebel! Von nun an sollt ihr Zwiebel heißen." Und so kam es: Esslinger werden seitdem gerne und oft als „Zwieblinger" bezeichnet, müssen dafür aber auch nicht mehr den Teufel fürchten, der nach dieser Episode die Stadt verließ und nie wiederkehrte.

So viel zur Legende der Stadt am Neckar. Historisch belegt hingegen ist, dass sich Esslingen ab dem

9. Jh. zu einem viel besuchten Pilgerort entwickelte, nachdem die sterblichen Überreste des heiligen Vitalis und vermutlich auch des heiligen Dionysius dorthin überführt worden waren. Zwei Vorgängerbauten wichen im 13./14. Jh. der heute bestehenden frühgotischen Stadtkirche St. Dionys. Auffällig ist die Brücke zwischen den beiden ungleichen Kirchtürmen: Sie dient statischen Zwecken, denn im 17. Jh. neigte sich der Südturm gefährlich zur Seite und wurde auf diese Weise durch den stabileren Nordturm gestützt.

Nicht nur die Wallfahrt bescherte Esslingen Wohlstand und Wachstum: Dank der günstigen Lage an Fernhandelswegen blühte die Stadt auf: Händler und

Handwerker ließen sich nieder. In der Freien Reichs-
stadt bildete sich ein stolzes Bürgertum, das nicht nur in
politischer, sondern auch in architektonischer Hinsicht
Zeichen setzte: Prächtigstes Beispiel ist das Alte Rathaus
am Marktplatz. Es wurde um 1420 errichtet und erhielt
Ende des 16. Jh. seine wunderschöne Renaissance-
Fassade mit Glockenturm sowie eine astronomische
Uhr. Weitere stattliche Patrizierhäuser, allen voran das
Kielmeyerhaus, eine ehemalige Spitalkelter, schließen
sich in den umliegenden Gassen an.

Das Kielmeyerhaus erinnert zugleich an die lange
Weinbautradition Esslingens. Mönche brachten das Wissen um die edlen Tropfen in die Stadt und schufen damit
einen neuen, ertragreichen Wirtschaftszweig. Schon bald
wurde Wein in jeder Schänke gereicht, selbst mittellosen
Insassen des Spitals stand eine großzügige Ration zu. Im
19. Jh. entwickelte sich die Stadt dann zu einem wichtigen Industriestandort: Die Anfänge machten die Textil-
und Lederindustrie, gefolgt von der Metallindustrie.

Heute präsentiert sich Esslingen als moderner
Wirtschaftsstandort mit einer renommierten Hochschule und einem reichen architektonischen Erbe, das sich
am besten bei einem Bummel durch die verwinkelten
Gassen der Altstadt betrachten lässt oder von der Esslinger Burg aus, zu der mehr als 300 Stufen führen.

79 **FAKTEN**

* **Einwohner:** 91.870
* **Bevölkerungsdichte:** 1979 Einw./km²
* **Berühmte Personen:** Emil Julius Carl von Keßler
  (*1813 in Baden-Baden, wirkte viele Jahre in Esslingen
  und gründete dort die Maschinenfabrik Esslingen),
  Christian Gottlob Ferdinand Ritter von Hochstetter
  (*1829, Geologe u. Naturforscher), Eva Heller (*1948,
  Schriftstellerin), Serdar Taşçı (*1987, Fußballspieler)
* **Sehenswürdigkeiten:** Altes Rathaus, St. Dionys,
  Münster St. Paul, Neues Rathaus, Frauenkirche,
  Spitalkelter, Burg

Tübingen

OXFORD AM NECKAR – SO WIRD DIE BADEN-WÜRTTEMBERGISCHE STADT TÜBINGEN HÄUFIG BEZEICH-
NET. NICHT IN ERSTER LINIE DIE GEBÄUDE LEGEN DIESEN GEDANKEN NAHE, SONDERN DIE BERÜHMTE
UNIVERSITÄT UND DER NECKAR, DER ZU BOOTSPARTIEN EINLÄDT.

Schöne Fachwerkhäuser, eine spätgotische Stiftkirche, ein herrschaftliches Schloss – das Bild Tübingens unterscheidet sich zunächst grundlegend von dem der berühmten englischen Universitätsstadt. Diese kennt zwar auch die kleinen Fachwerkhäuser, die imposanten Universitätsgebäude Oxfords jedoch gleichen kaum denen Tübingens.

Viele der Dichter und Denker, die an der Universität Tübingen gelernt haben, erlangten Weltruhm. Zu ihnen zählen Dichter wie Wilhelm Hauff, Eduard Mörike und Martin Walser, Theologen wie Philipp Melanchton und Dietrich Bonhoeffer, der Philosoph Hegel, der Astronom Kepler oder der Philologe Walter Jens.

Doch es sind die Sommertage am Fluss, an denen Tübingen beinahe zum getreuen Abbild des großen Oxfords wird. Dann nämlich bevölkern die Studenten und Einwohner der deutschen wie der englischen Stadt die Stechboote des Flusses, die in Tübingen „Stocherkähne" und in Oxford „punt boats" genannt werden. Es ist nicht unbedingt einfach, die Boote mit den langen Staken über den Fluss zu einem lauschigen Picknickplatz zu manövrieren, aber die Städter an Neckar und Cherwell haben es darin zu wahren Meistern gebracht. Die Tübinger stellen dieses Können daher alljährlich bei einem frühsommerlichen Stocherkahnrennen unter Beweis, einem Spektakel, das die gesamte Stadt an den Neckar ruft.

Links: Marktplatz mit dem auffällig schönen Rathaus
Oben: Gasthaus in der Tübinger Altstadt
Mitte: Die mittelalterliche Architektur Tübingens verbindet sich mit dem Flair einer modernen Universitätsstadt.
Unten: Die Ufer des Neckars entwickeln sich insbesondere im Sommer zur beliebten Flaniermeile.

Die Ufer der Altstadt mit dem Hölderlinturm, in dem der Dichter mehr als 30 Jahre lebte, geben dazu den malerischen Rahmen. Deren Häuser stammen teils aus dem Mittelalter, teils wurden sie – nach einem verheerenden Stadtbrand im Jahr 1789 – im Stil des Klassizismus errichtet. In der Altstadt fallen drei Gebäude ins Auge: Die spätgotische Stiftskirche St. Georg mit ihrem sehr hohen Langhaus und dem dazu verhältnismäßig niedrigen Kirchturm beherrscht eindeutig das Bild der Stadt, doch an Schönheit steht das reich bemalte Rathaus am Marktplatz mit seiner astronomischen Uhr und dem zierlichen Glockenturm der Kirche in nichts nach. Von dort aus sind es nur wenige Meter bis zum Schloss Hohentübingen. Es liegt auf einem Berg über der Stadt und beeindruckt durch ein stattlich-kunstvolles Renaissanceportal an der ansonsten eher wehrhaften Burganlage.

Rund um den Schlossberg finden sich noch die Relikte des einst wichtigsten Wirtschaftszweigs der Stadt, des Weinbaus. Die befestigten Weinbergterrassen fallen heute meist ohne Rebstöcke zum Neckar hin ab. Nur noch vereinzelt wird in der Stadt und in der nahen Umgebung Wein angebaut und gekeltert – ein Umstand, den Oxford und Tübingen ebenfalls gemein haben, denn aufgrund der Klimaerwärmung kann nun auch erstmals in der britischen Stadt Wein angebaut werden.

 FAKTEN

* **Einwohner:** 88.360
* **Bevölkerungsdichte:** 817 Einw./km²
* **Berühmte Personen:** Philipp Melanchthon (*1497 in Bretten, Theologe u. Philosoph, lehrte 1512–1518 an der Universität Tübingen), Friedrich Hölderlin (*1770 in Lauffen am Neckar, lebte viele Jahre in Tübingen, Dichter), Ludwig Uhland (*1787, Dichter), Sigi Harreis (*1937, Moderatorin u. Journalistin), Maren Kroymann (*1949, Kabarettistin u. Schauspielerin)
* **Sehenswürdigkeiten:** Altstadt, Rathaus, Stiftskirche St. Georg, Schloss Hohentübingen, Alte Aula der Universität, Hölderlinturm, Neckar, Stadtmuseum

Ulm

IMMER LICHTER WIRD DAS GOTISCHE MASSWERK, SCHMAL SIND DIE WENDELTREPPEN – WER ÜBER DIE 768 STUFEN DEN HÖCHSTEN KIRCHTURM DER WELT ERKLIMMEN MÖCHTE, SOLLTE SCHWINDELFREI SEIN. BELOHNT WIRD ER MIT EINEM GRANDIOSEN BLICK BIS HIN ZU DEN ALPEN.

In Ulm sollte der erste Weg in das ab 1377 errichtete Münster führen und der zweite auf dessen Turm hinauf, der mit 161,6 m den höchsten Kirchturm der Welt darstellt. Die Besteigung ist ein echtes Erlebnis, denn das gotische Maßwerk des erst im Jahr 1890 vollendeten Turms ist nur selten durch Gitter gesichert, der Blick schweift frei auf die baden-württembergische Landschaft links der Donau bzw. die nun bayerische Landschaft und die Stadt Neu-Ulm auf dem rechten Donauufer. Wendeltreppen führen den Turm hinauf, vorbei an der Glockenstube, über zwei Aussichtsplateaus und dann noch einmal die letzten ausgetretenen Stufen herauf. Oben angekommen, pfeift der Wind, und man hat auf 143 m einen phänomenalen Rundblick.

Im Innern des Münsters lässt sich der Ulmer Spatz bestaunen. Eine Kopie dieses ursprünglich auf dem Münster installierten Vogels ist nicht nur wieder auf dem Kirchendach, sondern auch überall in der Stadt in Pappmaché und knalligen Farben anzutreffen. Der Sage nach brauchten die Ulmer zum Bau ihres Münsters einen besonders langen Balken, den sie aber – weil sie ihn quer trugen – partout nicht durchs Stadttor bringen konnten. Da beobachteten sie einen Spatzen beim Nestbau, der einen Ast längs im Schnabel trug. Die Ulmer taten es dem Vogel nach und seitdem gemahnt der Spatz die Bürger jeden Tag daran, dass es sich lohnt, manchmal umzudenken und andere Wege zu beschreiten.

Der Weg vom Münster zum Donauufer führt durch das reizende Fischerviertel. Seine Fachwerkhäuser werden von der Blau durchflossen, die im Blautopf entspringt und in Ulm in die Donau mündet. In dem alten Fischer- und Gerberviertel der Stadt, in dem sich heute Touristen wie Einheimische am Abend an schwäbischen Spezialitäten und Gold-Ochsen-Bier laben, lebten die Menschen einst von und mit den beiden Flüssen. Die Fischer zogen aus der Donau Hechte, Zander und Barsche und von hier aus starteten die berühmten Ulmer Schachteln ihre Fahrten flussabwärts. Die Einwegboote, die ursprünglich aus Wien stammten und dort Zillen heißen, ersetzten bereits ab dem 17. Jh. Flöße, um Waren oder Personen zu transportieren – sogar bis ins Donaudelta. An ihrem Bestimmungsort wurden die schwarz-weiß gestreiften Boote zerlegt und das Holz weiterverkauft.

Ulm vom Turm des Münsters aus flussaufwärts der Donau gesehen

81 FAKTEN

* **Einwohner:** 122.801
* **Bevölkerungsdichte:** 1035 Einw./km²
* **Berühmte Personen:** Albert Einstein (*1879, Physiker), Otl Aicher (*1922, Gestalter), Siegfried Unseld (*1924, Verleger), Hildegard Knef (*1925, Schauspielerin u. Sängerin), Uli Hoeneß (*1952, Fußballspieler)
* **Sehenswürdigkeiten:** Ulmer Münster, Kloster Wiblingen, Fischerviertel, Pauluskirche, Ulmer Museum, Kunsthalle Weishaupt, Skulpturenweg, Schiefes Haus, Stadtmauer, Metzgerturm

Freiburg

ES IST EIN BESCHAULICHES, GUTES LEBEN IN DER SONNIGSTEN UND WÄRMSTEN GROSSSTADT DES LANDES. DAS ESSEN UND DIE LEBENSLUST HABEN SICH DIE FREIBURGER VON DEN FRANZOSEN ABGESCHAUT UND WER HIER EINMAL HERGEZOGEN IST, MÖCHTE ANSCHEINEND NIE MEHR WEG.

Während andere Städte in Deutschland schrumpfen, wächst Freiburg im Breisgau, am Rande des Schwarzwaldes, stetig an. Die Stadt gilt nicht nur als eine der beliebtesten Studentenstädte, auch ältere Semester schätzen die Lebensqualität über die Maßen und wer nach dem Studium in der Region einen Arbeitsplatz findet, der bleibt – und zieht allenfalls in das alternative Quartier Vauban am Stadtrand. Bereits im Dritten Reich Kaserne und nach dem Krieg von den Franzosen übernommen, wurden die alten Gebäude in ein modernes Wohnviertel umgebaut, in dem man Wert auf autofreie Zonen, ein ökobewusstes Leben und eine generationenübergreifende Gemeinschaft legt. Als „Toskana Deutschlands" bezeichnen die Einheimischen die Gegend um das Quartier Vauban gerne, so wie sie Freiburg gern als Öko- und Fahrradhauptstadt bezeichnen. Dieser Titel gebührt zwar eigentlich der westfälischen Stadt Münster, in der es tatsächlich mehr Fahrräder als Einwohner gibt, aber auch in Freiburg ist das Fahrrad beliebter als das Auto – zumal ein Großteil der Innenstadt autofreies Gebiet ist und Radfahrern und Fußgängern gehört.

Das eigentliche Zentrum breitet sich am Fuße des Schlossbergs rund um das Münster Unserer Lieben Frau aus. Das markante Gotteshaus aus rotem Sandstein gilt als einer der bedeutendsten gotischen Bauten Deutschlands. Im Innern beeindrucken neben dem meisterlichen Langhaus und den Kapellen insbesondere das Bild

Links: Blick von den Weinbergen auf Freiburg
Oben: Biergarten am Schlossbergring mit dem mittelal-
terliche Schwabentor im Hintergrund
Mitte: Beliebter Veranstaltungsort – der Münsterplatz
Unten: Herz-Jesu-Kirche mit ihren grünen Dachziegeln

des Schnewlin-Altars von Hans Baldung Grien sowie das Hans-Holbein-Altarbild in der Universitätskapelle.

Die Gassen und Plätze rund um das Münster zeigen sich im mittelalterlichen Bauensemble – einige herausragende Beispiele sind das Alte und Neue Rathaus sowie das rote Historische Kaufhaus – und werden nach wie vor von den Freiburger Bächle durchzogen. Die Wasserrinnen am Rande der Gassen dienten einst als Viehtränken und zur Straßenreinigung; heute gelten sie als eines der Stadtwahrzeichen. Zu diesen zählt auch das Straßenpflaster aus halbierten Rheinkieseln, die zu allerlei das Freiburger Gewerbe und Leben darstellenden Bildern gelegt wurden.

Wer jedoch das wahre Freiburger Leben kennenlernen möchte, der muss an einem lauen Sommerabend, den mit badischem Wein, Roter Wurst, Schwarzwälder Schinken und Brezeln gut gefüllten Picknickkorb im Arm, auf den Schlossberg hinauf. Hier oben im Schatten der Bäume sitzen, den Blick über Weinberge hinweg auf Altstadt, Münster und Universität genießen und im Rücken die tiefen Wälder des Schwarzwaldes spüren – so lässt sich der Tag beenden. Und wer einmal hier oben saß, der weiß, warum die Freiburger ihre Stadt gegen keine Metropole der Welt eintauschen würden.

 **FAKTEN**

* **Einwohner:** 224.200
* **Bevölkerungsdichte:** 1465 Einw./km^2
* **Berühmte Personen:** Johann Christian Wentzinger (*1710, Bildhauer, Maler u. Architekt), Angelika Schrobsdorff (*1927, Schriftstellerin), Wolfgang Schäuble (*1942, Politiker), Jürgen Erich Schrempp (*1944, Manager), Peter Gaymann (*1950, Cartoonist), Til Schweiger (*1963, Schauspieler), Benjamin Lebert (*1982, Schriftsteller)
* **Sehenswürdigkeiten:** Freiburger Münster, Altes und Neues Rathaus, Historisches Kaufhaus, mittelalterliche Stadttore, Die Bächle, Wentzingerhaus, Martinskirche, Schlossberg

Ravensburg

JEDES KIND KENNT IN DEUTSCHLAND DIE STADT RAVENSBURG ODER ZUMINDEST DEREN NAMEN. DIE-
SE BEKANNTHEIT VERDANKT DIE STADT IN ERSTER LINIE DEM SPIELEVERLAG RAVENSBURGER, DER 1883
ALS OTTO MAIER VERLAG GEGRÜNDET WURDE.

Memory, das 1956 erschienene Kartenlegespiel, bei dem die Spieler verdeckte Zwillingskarten finden müssen, gilt nicht nur bis heute als das erfolgreichste Spiel des Ravensburger Spieleverlags, sondern auch als eines der beliebtesten Spiele weltweit. Über 50 Mio. Mal wurde es in insgesamt 70 Ländern verkauft. Auch einige weitere weltbekannte, mit dem blauen Dreieck gekennzeichnete Spiele wie „Scotland Yard", „Sagaland" und „Das verrückte Labyrinth" stammen aus dem Ravensburger Verlagshaus.

Der Verlag ist mittlerweile in ein modernes Gebäude umgezogen, doch das Stammhaus in der Marktstraße ist noch erhalten. Die Straße ist eine der bezauberndsten der Stadt: Patrizierhäuser aus dem späten Mittelalter, teilweise später im Stil des Barocks umgebaut, reihen sich dicht aneinander. Sie beginnt am Obertor – einem der zahlreichen Stadttürme – und führt direkt zum Marienplatz. Dort versammeln sich einige der bedeutendsten Bauwerke der Stadt: Das gotische rote Rathaus z.B., errichtet im 14. und 15. Jh., wurde mit einem reizenden Renaissance-Erker verziert. Gleich neben dem Rathaus liegt das schöne einstige Waaghaus, das von dem Blaser-

turm flankiert wurde. Dieser quadratische Uhrenturm wird von einer achteckigen Turmspitze bekrönt. Gegenüber dem Waaghaus befindet sich das sogenannte Lederhaus. In dem aufwändig verzierten ehemaligen Haus der Lederhandwerker ist heute das Postamt untergebracht.

Am nördlichen Stadttor, dem Frauenturm, liegt auch die recht schlicht gehaltene Liebfrauenkirche aus dem 14. Jh., deren größter Schatz, die Schutzmantelmadonna von Michel Erhart, dort leider nur noch als Kopie zu sehen ist, während das Original in Berlin im Bode-Museum ausgestellt ist. Das spätgotische Meisterwerk zeigt die in goldene und purpurne Gewänder gehüllte Gottesmutter ihren Mantel zum Schutz über zehn Personen ausbreitend. Einer modernen Legende nach erschien einem britischen Bomberpiloten bei einem Angriff auf Ravensburg die heilige Jungfrau, sodass er kehrtmachte und die Stadt für diesen Tag verschont blieb. Auch in der Nachfolge wurde Ravensburg im Krieg kaum zerstört und kann sich deshalb eines noch recht geschlossenen mittelalterlichen Antlitzes erfreuen, das sich am besten von der Veitsburg aus betrachten lässt, einem Barockschlösschen hoch über der Altstadt.

Das alte Waaghaus, einstiges Münz- und Eichamt, mit seinem weithin sichtbaren Uhrenturm

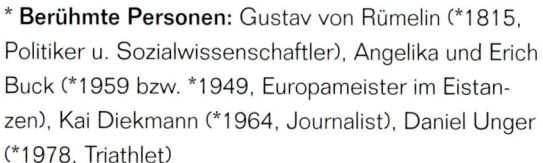

83 **FAKTEN**

* **Einwohner:** 49.770
* **Bevölkerungsdichte:** 541 Einw./km²
* **Berühmte Personen:** Gustav von Rümelin (*1815, Politiker u. Sozialwissenschaftler), Angelika und Erich Buck (*1959 bzw. *1949, Europameister im Eistanzen), Kai Diekmann (*1964, Journalist), Daniel Unger (*1978, Triathlet)
* **Sehenswürdigkeiten:** Marienplatz und Altstadt, Liebfrauenkirche, Stadttürme, „Mehlsack", Veitsburg, Reichskloster Weingarten

Blick vom Blaserturm auf
die Altstadt von Ravensburg

Konstanz

PARADIES HEISST EIN KONSTANZER STADTTEIL, DER SICH AM SEERHEIN UNMITTELBAR AN DIE ALTSTADT ANSCHLIESST. UND PARADIESISCH IST ES HIER TATSÄCHLICH. DAFÜR SORGEN NEBEN DER GEOGRAFISCHEN LAGE VOR ALLEM DAS KULTURELLE ANGEBOT UND DIE INTERNATIONALITÄT DER STADT.

Es gibt Städte, die hinsichtlich ihrer Lage schlichtweg als privilegiert zu bezeichnen sind. Konstanz ist ohne jeden Zweifel eine solche Stadt. Richtung Osten breitet sich der wunderschöne Obersee des Bodensees aus, an dem gleich drei Länder Anteil haben und der für Wassersportliebhaber keine Wünsche offenlässt. Wer gebirgige Regionen vorzieht, wendet sich gen Süden und findet mit den Alpen, deren schneebedeckte Gipfel von Konstanz aus bereits zu sehen sind, alles, was er sucht. Folgt man hingegen dem Seerhein Richtung Westen, erreicht man zunächst den Untersee mit der weltberühmten Klosterinsel Reichenau und rund 50 km weiter in Gestalt des Rheinfalls eines der imposantesten Naturspektakel Europas.

Doch all das ist gewissermaßen nur die Mitgift einer Stadt, die im Hinblick auf Lebensqualität, Freizeit- und Kulturangebote selbst aus dem Vollen schöpfen kann. Konstanz wurde aufgrund seiner Nähe zur Schweiz von Luftangriffen im Zweiten Weltkrieg verschont und so ist die bis in die Antike zurückreichende Geschichte der Stadt noch heute architektonisch greifbar. Besonders deutlich wird dies in der historischen Altstadt, wo ganze Straßenabschnitte in ihrem Baubestand nahezu unverändert geblieben sind und auf die Blütezeit Konstanz' zwischen dem 10. und 15. Jh. verweisen.

Dank der strategisch günstigen Lage am Schnittpunkt der Handelsstraßen nach Oberitalien, Frankreich

Links: Blick vom Turm des Münsters auf den Bodensee
Oben: Ziel vieler Segler – der Hafen von Konstanz
Mitte: In dem „Konzil" genannten Gebäude fand 1417
die Papstwahl von Martin V. statt.
Unten: Die belebte Fußgängerzone von Konstanz

und Osteuropa entwickelte sich die Stadt zu einem wichtigen Umschlagplatz für Waren aller Art. In die Zeit des ausgehenden Mittelalters fällt auch das berühmte Konstanzer Konzil, das 1414 eröffnet wurde und zu dem Kirchenvertreter aus ganz Europa an den Bodensee reisten. Die Anhörung des böhmischen Reformators Jan Hus endete mit dessen Hinrichtung auf dem Scheiterhaufen; das Abendländische Schisma fand mit der Wahl von Papst Martin V. ein Ende.

Die 9 m hohe, aus Beton gegossene Imperia-Statue an der Hafeneinfahrt nimmt auf ihre ganz eigene Art und Weise Bezug auf das Konzil von Konstanz. Die umstrittene Figur, die in ihren Händen Papst und Kaiser als Miniaturfiguren hält, repräsentiert das Gewerbe der Huren, das in den dreieinhalb Jahren des Konzils florierte. Doch es gibt in der Stadt auch weniger verfängliche Erinnerungen an das wichtige historische Ereignis, so etwa das Hus-Museum in der Hussenstraße oder das schöne Konzilsgebäude von 1388, das ursprünglich als Warenhaus konzipiert wurde, 1417 jedoch zum Schauplatz der einzigen Papstwahl auf deutschem Boden wurde. Daneben verdient das kunstvoll gestaltete Münster ebenso einen Besuch wie das frühere Dominikanerkloster. Von hier aus empfiehlt sich ein Spaziergang entlang des Seeufers zum kleinen Hafen, wo sich Konstanz von seiner ganz mediterranen Seite zeigt.

 84 FAKTEN

* **Einwohner:** 84.690
* **Bevölkerungsdichte:** 1565 Einw./km²
* **Berühmte Personen:** Ferdinand Adolf Heinrich August Graf von Zeppelin (*1838, Luftschiffkonstrukteur), Ernst Sachs (*1867, Erfinder der Nabenschaltung), Theo Sommer (*1930, Journalist), Barbara Auer (*1959, Schauspielerin)
* **Sehenswürdigkeiten:** Münster, ehemaliges Dominikanerkloster, Altstadt, Hafen mit Imperia-Statue, Schnetztor, Rathaus, Kaiserbrunnen, Haus „Zur Katz"

Coburg

EINE IMPOSANTE BURGANLAGE ÜBERRAGT DIE OBERFRÄNKISCHE STADT COBURG, DIE VIELE JAHR-
HUNDERTE RESIDENZSTADT WAR UND AUF EIN ENTSPRECHEND PRÄCHTIGES ARCHITEKTONISCHES
ERBE AUS DIESER ZEIT VERWEISEN KANN.

Die Erkundung Coburgs sollte am besten von der knapp 170 m über dem Stadtzentrum gelegenen Veste Coburg aus beginnen. Einge-bettet in dem Hügelland zwischen Thüringer Wald und oberem Maintal, beeindruckt die trutzige Burganlage mit ihren Wehrmauern, Türmen und Bastionen schon von Weitem. Es waren die Staufer, die Anfang des 13. Jh. den Anstoß zum Bau der Veste auf den Grundmauern von Vorgängerbauten gaben. In den folgenden Jahrhun-derten folgten mehrfache Erweiterungen und Umge-staltungen, bis sie schließlich ihre heutige Gestalt und ihre Dimensionen erlangte: 25.000 m² Fläche weist die Veste Coburg auf und zählt damit zu einer der größten mittelalterlichen Burgen Deutschlands.

Unabhängig von ihren Ausmaßen bietet die über Jahrhunderte uneingenommene Festung vor allem eins: einen fantastischen Ausblick. Sofern das Wetter es zulässt, überblickt man das Gebiet vom Thüringer Wald im Norden bis zur Fränkischen Alb im Süden, wo das Kloster Banz, die berühmte Wallfahrtskirche Vierzehnheiligen von Balthasar Neumann und nicht zuletzt Staffelberg im Maintal bestechend schöne Fixpunkte bilden. Im Osten sind Frankenwald und Fichtelgebirge zu sehen, im Nord-westen lässt sich die Rhön ausmachen.

1530 stellt sich hoher Besuch in der Veste Coburg ein: Martin Luther verbrachte hier fünf Monate, arbei-tete an der Übersetzung der Bibel, verfasste Bekennt-

Links: Nie eingenommen – die Veste Coburg
Oben: Das Stadthaus besticht durch seine aufwändig
gestaltete Renaissance-Fassade.
Mitte: Zu Pfingsten wird die Stadt zum Treffpunkt für
Studentenverbindungen des Coburger Convents.
Unten: Das Lutherzimmer in der Veste Coburg

nis- und Streitschriften und predigte an Ostern in der Morizkirche, dem ältesten Gotteshaus der Stadt. Die Wohn- und Aufenthaltsräume des großen Reformators sind in der Veste ebenso zu besichtigen wie das lebensgroße Lutherbild von Lucas Cranach d. J. sowie eine Büste im Burghof.

Das 16. Jh. bescherte Coburg nicht nur die Erhebung zur Residenzstadt, sondern auch eine rege Bautätigkeit. Herzog Johann Ernst ließ unter Einbeziehung eines aufgelösten Franziskanerklosters das Schloss Ehrenhof errichten, das nach einer Brandkatastrophe im 17. Jh. zur barocken Residenzanlage umgestaltet wurde, um schließlich im 19. Jh. seine jetzige Fassade zu erhalten. Das Schloss beherbergt heute die Coburger Landesbibliothek, die über eine umfangreiche Luther-Sammlung mit zahlreichen Erstausgaben von Reformationsschriften verfügt. Ebenfalls aus dem 16. Jh. stammen das Stadthaus mit seiner beeindruckenden Renaissance-Fassade sowie die Erweiterung des gotischen Rathauses im Stil der Renaissance. Weitaus älter, aber ebenso in direkter Umgebung von Rat- und Stadthaus am Marktplatz gelegen, befinden sich das Münzmeisterhaus von 1444, das eines der ältesten Fachwerkhäuser Deutschlands ist, sowie die Kirche St. Moriz, in der Luther 1530 predigte.

85 FAKTEN

* **Einwohner:** 41.075
* **Bevölkerungsdichte:** 851 Einw./km^2
* **Berühmte Personen:** Leopold I. (*1790, erster König der Belgier), Michael Ballhaus (*1935 in Berlin, verbrachte seine Kindheit in Coburg, Kameramann), Eckart Conze (*1963, Historiker), Christian Rose (*1977, Handballspieler)
* **Sehenswürdigkeiten:** Landestheater, Veste Coburg, Schlossplatz und Schloss Ehrenburg, Rathaus, Stadthaus, St. Moriz, Nikolauskapelle, Altstadt, Bürglaß-Schlösschen

BAYERN

Schweinfurt

„WIR HABEN MEHR AUF LAGER" HEISST EIN SLOGAN DER STADT SCHWEINFURT, DIE SICH DAMIT AUF IHRE ROLLE ALS WICHTIGSTE PRODUKTIONSSTÄTTE FÜR WÄLZLAGER BEZIEHT, ZUGLEICH ABER AUCH MIT STOLZ DARAUF VERWEIST, DASS SIE EINEN WEG AUS DER KRISE DER 1990ER-JAHRE GEFUNDEN HAT.

Als Schweinfurt im „Zukunftsatlas 2007" des Schweizer Forschungsinstituts prognos im Bereich Dynamik den ersten Platz unter 439 Städten und Landkreisen in Deutschland belegte, kam das einem Ritterschlag gleich. Groß waren die Bemühungen gewesen, einen Weg aus der Krise der Großindustrie zu finden, von der die unterfränkische Stadt Anfang der 1990er-Jahre erfasst wurde und die einem vorübergehenden Absturz glich.

Wohl kaum jemand hätte diese Entwicklung für möglich gehalten. Schweinfurt war bis dato der Inbegriff für Wohlstand und blühende Arbeitsmärkte, die untrennbar mit der Industrialisierung verbunden waren.

Diese setzte Anfang des 19. Jh. ein, als es Wilhelm Sattler erstmalig gelang, das leuchtend kräftige Mitisgrün industriell zu fertigen. „Schweinfurter Grün", so der bald gängige Name der Farbe, wurde zum Verkaufsschlager: Von Tapeten und Teppichen über Vorhänge und Kleider bis hin zu Spielzeug und Süßwaren – kaum ein Bereich, in dem die Farbe keine Anwendung gefunden hätte. Das Problem: Kupferarsenat machte das Produkt hochtoxisch, ein Umstand, mit dem das Bundesland Bayern noch heute in Form von Altlasten zu kämpfen hat.

Auf Schweinfurter Grün folgten in der zweiten Hälfte des 19. Jh. Kugellager, die über 100 Jahre lang die wichtigste Einnahmequelle der Stadt bildeten. Gleich

* **Einwohner:** 53.415
* **Bevölkerungsdichte:** 1496 Einw./km^2
* **Berühmte Personen:** Friedrich Rückert (*1788, Dichter u. Begründer der Orientalistik), Georg Schäfer (*1896, Industrieller u. Kunstmäzen), Stefan Marquard (*1964, Koch), Tommy Jaud (*1970, Drehbuchautor u. Schriftsteller)
* **Sehenswürdigkeiten:** Marktplatz mit Rückert-Denkmal und historischem Rathaus, Schrotturm, Museum Georg Schäfer, St. Johannis, Ernst-Sachs-Bad

drei Firmen lassen sich hier nieder: die Firma Kugelfischer – später FAG Kugelfischer Georg Schäfer AG –, die Kugellagerfabrik Fries & Höpflinger, die nachher als SFK firmierte, und Fichtel & Sachs. Schnell steigt Schweinfurt zur führenden Kugellagerstadt des Landes auf. Der damit einhergehende Wohlstand schlägt sich auch im Stadtbild nieder: Neue Ämter und öffentliche Einrichtungen werden gebaut, aber auch viel Geld in die Erhaltung der historischen Gebäude investiert. Zu den sehenswertesten gehören zweifelsohne das Renaissance-Rathaus von Nikolaus Hofmann, der Ebracher Hof, Zeughaus und Altes Gymnasium und zahlreiche Gebäude der historischen Altstadt, die in großen Teilen von einer Stadtmauer samt Wehrtürmen und Bastionen umfasst wird.

Noch **1991 konnte Schweinfurt** zur 1200-Jahr-Feier auf seine lange und überaus erfolgreiche Tradition als „Lagerstadt" verweisen. Doch dann brach die Krise mit aller Macht über die Stadt ein. In den folgenden Jahren verloren Tausende ihre Arbeitsplätze, die Abhängigkeit von der Fahrzeugzuliefer- und Wälzlagerindustrie wurde zum Fluch. Doch neben finanziellen Mitteln seitens des Freistaats Bayern und der EU sowie einem Verlegungsplan für Behörden ist es nicht zuletzt einer energischen Standortoffensive zu verdanken, dass Schweinfurt heute wieder als „neue Macht am Main" gehandelt wird und von vielen Seiten gute und beste Bewertungen im Hinblick auf Dynamik und Entwicklungschancen erhält.

**Links: In der ehemaligen Zehntscheune des Ebracher Hofs ist die Stadtbibliothek untergebracht.
Oben: Das historische Rathaus der Stadt
Unten: Genussvolle Auszeit – die Weinhänge entlang des Mains beginnen direkt vor den Toren der Stadt.**

Aschaffenburg

SEINE MALERISCHE LAGE IM MAINTAL LOCKTE VON JEHER FÜRSTEN UND KÜNSTLER NACH ASCHAF-FENBURG. DEREN LIEBE ZUR STADT OFFENBART SICH BESONDERS DURCH EINEN BLICK VOM MAIN-UFER AUS AUF DAS EINDRUCKSVOLLE STADTENSEMBLE.

Die am westlichen Rand Bayerns gelegene Klein-stadt mag nicht durch ihre flächenmäßige Größe beeindrucken – durch ihre Kulturgüter wie auch ihre herrliche Umgebung bezaubert sie allent-halben. Der Main mit seinen Auen und die Ausläufer des Spessarts bilden den natürlichen Rahmen für ein lebendiges Stadtleben in geschichtsträchtigem Gewand.

Bereits seit der Zeit der Völkerwanderung be-siedelt, gründete der Landesherr Herzog Liudolf von Schwaben Mitte des 10. Jh. auf einem Hügel am Main das Kollegiatstift St. Peter, an dessen Fuß sich bald ein rühriges dörfliches Leben entwickelte. Liudolfs Sohn Otto starb kinderlos und so ging das Gebiet des

heutigen Aschaffenburgs in den Besitz der Mainzer Kurfürsten über. Damit begann die Blüte des Ortes: Die Stiftskirche und eine erste Holzbrücke über den Main wurden unter den Kurfürsten errichtet, im 12. Jh. erhielt der Flecken erst das Markt-, dann das Münz- und schließ-lich das Stadtrecht. Die Befestigung wurde erweitert, war dennoch bald zu eng, wodurch sich die Unterstadt Richtung Main ausdehnte und als Handelsplatz zuneh-mend an Bedeutung gewann.

Den Mainzer Kurfürsten indes behagten die dichten Wälder des Spessarts mit ihrem reichen Wildbestand sehr: Sie ernannten die Stadt zu ihrer Zweitresidenz und begannen 1605 mit dem Bau eines angemessenen

Links: Schloss Johannisburg wurde zwischen 1605 und 1614 unter der Leitung von Georg Ridinger gebaut.
Oben: Der rote Sandstein ist das charakteristische Kennzeichen von Schloss Johannisburg.
Unten: Altstadt mit St. Peter und Alexander

Wohnsitzes. Seitdem beherrscht die imposante vierflügelige Schlossanlage aus rotem Sandstein das Panorama Aschaffenburgs.

Die Schlossanlage im Stil der Renaissance beherbergt heute vier Museen. Neben den einstigen kurfürstlichen Wohnräumen zeigt die Gemäldegalerie Werke von Lucas Cranach d. Ä. Darüber hinaus findet sich im Schloss die weltweit größte Sammlung von Korkmodellen zu Bauwerken des antiken Roms – teilweise von König Ludwig I. in Auftrag gegeben. Die Leidenschaft der Wittelsbacher für die klassische Antike offenbart sich wenige Meter vom Schloss entfernt auch im Pompejanum. Ludwig II. ließ diesen Nachbau einer römischen Villa 1848 erbauen, nachdem ihn die „Villa des Castor und Pollux" in Pompeji tief beeindruckt hatte.

Das milde Mainklima der Stadt, das den bayrischen „Märchenkönig" zum Vergleich mit dem südländischen Nizza animierte, bestimmt auch heute noch das Leben in der Stadt: Rund um die romanische Stiftsbasilika, in deren Innerem Matthias Grünewalds „Beweinung Christi" beeindruckt, werden die Altstadtgassen von Studenten belebt, aber ebenso von Touristen, die das anheimelnde wie lebensfrohe Aschaffenburg als Basis für ausgedehnte Ausflüge in den Spessart nutzen.

 FAKTEN

* **Einwohner:** 68.680
* **Bevölkerungsdichte:** 1099 Einw./km²
* **Berühmte Personen:** Alexandra Amalie von Bayern (*1826, Schriftstellerin u. Wohltäterin der Stadt), Ernst Ludwig Kirchner (*1880, Maler u. Grafiker), Guido Knopp (*1948 in Treysa, aufgewachsen in Aschaffenburg, Historiker), Felix Magath (*1953, Fußballspieler/-trainer), Urban Priol (*1961, Kabarettist), Ivo Iličević (*1986, Fußballspieler)
* **Sehenswürdigkeiten:** Schloss Johannisburg, Pompejanum, Stiftsbasilika St. Peter und Alexander, Kirche Unsere Liebe Frau, Park Schöntal, Schönborner Hof

Würzburg

WELCH EINE PRACHT! MIT DER RESIDENZ, DER FESTUNG MARIENBERG, DEM DOM ST. KILIAN, DER TRUT-ZIGEN ALTEN BRÜCKE, DEM ALTEN KRANEN UND DEM ZIERLICHEN KÄPPELE IST WÜRZBURG EINE DER SCHÖNSTEN STÄDTE DES LANDES – OHNE DABEI IN TOTEM STEIN ZU ERSTARREN.

Zu Beginn des 18. Jh. sah der Fürstbischof Johann Philipp Franz von Schönborn seine Residenz auf dem Würzburger Marienberg als nicht mehr standesgemäß an. Die mittelalterliche Festung an der Stelle einer keltischen Fliehburg hoch über dem Maintal und der Stadt war zwar in Renaissance und Barock mehrfach erweitert und umgebaut worden, bot dem Herrscher aber zu wenig Komfort und vor allem Pracht. Er beauftragte daher Balthasar Neumann mit der Errichtung eines repräsentativen Schlosses. Dieser versammelte einen Stab renommierter Baumeister, Stukkateure, Maler und Bildhauer um sich und vereinigte seine eigenen neuen Ideen und deren Erfahrungen zu einem solch harmonischen Gesamtkunstwerk, dass die

Residenz als „das einheitlichste und außergewöhnlichste aller Barockschlösser" im Jahr 1981 von der UNESCO zum Weltkulturerbe ernannt wurde.

1719 begonnen, konnte das Schloss außen 1744, im Inneren 1781 fertiggestellt werden. Zentrale Räume der Residenz sind der Weiße Saal mit den außerordentlichen Stuckaturen Antonio Bossis, der Kaisersaal, den ebenfalls Antonio Bossi und der berühmte venezianische Maler Giovanni Battista Tiepolo großartig ausgestalteten, und, bevor man die beiden betritt, das unvergleichliche Treppenhaus – ohne Zweifel der imposanteste Raum der Residenz. Die dreiläufige Treppenanlage mit Umgang wird von einem 23 m hohen Muldengewölbe

* **Einwohner:** 133.800
* **Bevölkerungsdichte:** 1527 Einw./km²
* **Berühmte Personen:** Konrad von Würzburg (*1220/30, Lyriker u. Epiker), Matthias Grünewald (*1475, Maler u. Grafiker), Werner Karl Heisenberg (*1901, Physiker), Josef Neckermann (*1912, Versandkaufmann), Jehuda Amichai (*1924, Lyriker), Leo Kirch (*1926, Medienunternehmer), Jutta Ditfurth (*1951, Sozialwissenschaftlerin u. Politikerin)
* **Sehenswürdigkeiten:** Residenz, Festung Marienberg, St. Kilian, Neumünster, Käppele, Alte Mainbrücke, Rathaus, Alter Kranen

überspannt, das nicht nur als architektonische Meisterleistung gilt, sondern auch mit einem einzigartigen Fresko Tiepolos geschmückt ist, das die damals bekannten vier Erdteile allegorisch darstellt.

Doch die Residenz ist nicht das einzige Werk des großen Barockbaumeisters Neumann in Würzburg: Auch die barocke Schönbornkapelle, an den romanischen Kiliansdom angebaut und Grablege der Fürstbischöfe, wurde von ihm gestaltet. Zu seinen Spätwerken gehört die zarte Wallfahrtskirche Mariä Heimsuchung alias Käppele inmitten der Weinberge rund um die Stadt, die einen älteren Bildstock ersetzte.

Ein ganz anderes Monument der Stadt, der Alte Kranen, ein barocker Mainlastkran, wurde ebenfalls von einem Neumann errichtet, allerdings nicht von Balthasar, sondern seinem Sohn Franz Ignaz Michael. Mit dem Lastkran wurden vor allem die Weinfässer mit Frankenwein, der in der Umgebung Würzburgs gekeltert wird, verladen. Die Silvaner, die hier – insbesondere am Würzburger Stein – angebaut werden, zählen zu den besten der Welt. Und die werden schoppenweise in den schönen Weinstuben und Biergärten der Stadt serviert und genossen.

Links: Weinhänge schmücken die Landschaft rund um Würzburg.
Oben: Blick von der Alten Mainbrücke auf den Marienberg mit Festung
Unten: Die fürstbischöfliche Residenz zu Würzburg

Bamberg

ÜBER 2400 DENKMALGESCHÜTZTE HÄUSER MACHEN BAMBERG ZU EINEM HISTORISCHEN GESAMTKUNST-
WERK, DAS AUCH DAS ERGEBNIS EINES LANGE WÄHRENDEN STREITS ZWISCHEN BÜRGERN UND BISCHÖ-
FEN IST, DIE SICH MIT REPRÄSENTATIONSBAUTEN GEGENSEITIG ZU ÜBERTRUMPFEN VERSUCHTEN.

Auf sieben Hügeln errichtet und mit seinen unzähligen Kirchtürmen sollte Bamberg schon im Mittelalter auf die heilige Stadt Rom und das himmlische Jerusalem verweisen. Die Stadt wurde im Jahr 1007 von Kaiser Heinrich II. und seiner Gemahlin Kunigunde als Bistum gegründet; im selben Jahr legte man den Grundstein zum Dom auf einem der Hügel. An dessen Fuß entwickelte sich ab dieser Zeit die Stadt, die – aufgrund der herausragenden Stellung der Bamberger Bischöfe und als bedeutender Handelsplatz – zu beachtlichem Wohlstand gelangte. Mit ihren Herren konnten sich die Bürger im Mittelalter dennoch nicht so ganz anfreunden, versuchten immer wieder gegen sie aufzubegehren und ihre eigenen Privilegien zu erweitern.

Baulicher Zeuge dieses Streites zwischen Bürgern und bischöflicher Kurie ist auch das Alte Rathaus auf einem Brückenpfeiler inmitten der Regnitz. Der Fluss kennzeichnete im Mittelalter die Grenze zwischen kirchlichem und weltlichem Bezirk und das Rathaus steht folglich auf nahezu neutralem Boden. Der Bau entstand Mitte des 15. Jh., wurde durch das scheinbar über dem Fluss schwebende Fachwerk-Rottmeisterhaus 1688 erweitert und im Barock der Zeit entsprechend modern umgestaltet. Aus jener Zeit stammen auch die Fassadenmalereien, die sich den jeweiligen Städten zuwenden und sie verherrlichen: Die der Bürgerstadt zugewandte Fassade ehrt in allegorischen Darstellungen die bürgerlichen Tugenden, die zum Dom gewandte die von Bischof und Kirche.

Links: Bis 1803 wurde das Kloster Michelsberg von Benediktinern bewohnt.
Oben: Spektakulär ist das kleine Rottmeisterhaus, das 1688 dem Alten Rathaus „vorgesetzt" wurde.
Unten: Blick vorbei am Alten Rathaus über den Dom bis hin zum Kloster Michelsberg

Die gesamte Altstadt Bambergs mit dem Dom und der bischöflichen Residenz, dem Fischerviertel, der Weinbauernsiedlung und dem Gebiet der Ackerbürger, die am Rande des Stadtgebietes heute auf wesentlich kleinerem Terrain als im 15. bis 18. Jh. Gemüse und Obst anbauen, zählt seit 1993 zum UNESCO-Weltkulturerbe. Sie ist nicht nur in ihrer mittelalterlichen Struktur noch vollständig erhalten, sodass es in Bamberg heißt, man könne in ihr selbst mit mittelalterlichen Stadtplänen noch jeden Weg finden. Sie erlebte auch in keinem Krieg nennenswerte Zerstörungen. Häuser, Kirchen und Klöster sind daher noch in dem Zustand erhalten, wie sie im Mittelalter errichtet bzw. in späteren Jahrhunderten umgestaltet wurden.

Letzteres geschah vornehmlich im Barock, als Lothar Franz von Schönborn zum Fürstbischof Bambergs ernannt wurde und seine Residenz gleich neben dem gotischen Dom bauen ließ. Er bestimmte auch, dass die Stadt grundlegend modernisiert werden sollte: Offenes Fachwerk wurde verboten, barocke Umbauten dagegen steuerlich begünstigt. Die reichen Bürgerhäuser auf der Regnitzinsel sind für diese Beihilfen ein herrliches Beispiel: Ihre Stuckaturen machen selbst der üppigen bischöflichen Residenz oftmals Konkurrenz.

89 **FAKTEN**

* **Einwohner:** 70.000
* **Bevölkerungsdichte:** 1282 Einw./km^2
* **Berühmte Personen:** Konrad III. (*1093, römisch-deutscher König), Joachim Camerarius d. Ä. (*1500, Humanist, Universalgelehrter u. Dichter), Thomas Gottschalk (*1950, Moderator), Harry Koch (*1969, Fußballspieler/-trainer), Sven Schultze (*1978, Basketballspieler)
* **Sehenswürdigkeiten:** Altes Rathaus mit vorgebautem Rottmeisterhaus, Dom samt Kaisergrab und Bamberger Reiter, Alte Hofhaltung, Neue Residenz, Brauereimuseum, Staatsbibliothek, Klein-Venedig

Bayreuth

WER BAYREUTH HÖRT, DENKT AN WAGNER UND DIE ALLJÄHRLICHE PARADE DER POLITISCHEN, GESELL-
SCHAFTLICHEN UND TEILS WOHL AUCH GEISTIGEN ELITE, DIE DIE ERÖFFNUNG DER WAGNER-FESTSPIELE
ZELEBRIERT. DIE ANDEREN SCHÖNHEITEN DER STADT WERDEN DABEI LEIDER ÜBERSEHEN.

A ls Richard Wagner 1872 in Bayreuth sein Festspielhaus gründete, erstrahlte die Stadt schon
längst in barockem Glanz. Die Markgrafen von
Brandenburg-Bayreuth hatten die Stadt, die seit dem
12. Jh. urkundlich belegt ist, bereits im 17. Jh. zu ihrer
Residenz auserwählt, ließen sich dort ein erstes Schloss
errichten und bauten Bayreuth grundlegend um.

Es ist maßgeblich der Markgräfin Wilhelmine, Tochter des Soldatenkönigs Friedrich Wilhelm I., Schwester
Friedrich des Großen und Gattin des Markgrafen Friedrich von Brandenburg-Bayreuth, geschuldet, dass Bayreuth
einige der schönsten Rokoko-Bauten des Landes sein Eigen nennen kann. Sie regte die grundlegende Modernisie-

rung der Stadt an und so entstanden nicht nur Schlösser,
Gärten, eine großzügige Stadterweiterung und mit ihnen
eine eigene Variante des Rokoko, genannt Bayreuther
Rokoko. Auf Aufforderung der gebildeten Fürstin, die mit
Voltaire philosophische Themen diskutierte, gründete der
Markgraf auch 1742 die Friedrich-Akademie, die ein Jahr
später zur Universität erhoben wurde.

Prächtigster Bau jener Zeit ist gewiss das Markgräfliche Opernhaus, das zur Vermählung der einzigen
Tochter des Fürstenpaares eröffnet wurde. Es wurde
zwischen 1745 und 1748 als hölzernes Logentheater –
jedem gesellschaftlichen Stand seine eigene Logenempo-
re – errichtet und gilt bis heute als eines der schönsten

Links: Das Richard-Wagner-Festspielhaus von 1872
Oben: Das alte Schloss in der Maximilianstraße ist heute Sitz des Bayreuther Finanzamtes.
Mitte: Seit 2010 ist im Jagdschloss Thiergarten eine internationale Schule untergebracht.
Unten: Barocke Pracht – das Markgräfliche Opernhaus

Rokoko-Theater der Welt. In dem Opernhaus, das mit seinen geschnitzten, vergoldeten Logen und den Deckengemälden prunkt, findet jedes Jahr zu Ehren Wilhelmines das Festival „Bayreuther Barock" statt, das bedauerlicherweise und unverdient weit weniger Beachtung erhält als die kurz vorher veranstalteten Wagner-Festspiele.

Die Festspiele finden nicht im Rokokobau statt, sondern in dem speziell für Richard Wagner und nach dessen Entwürfen zwischen 1872 und 1875 erbauten Festspielhaus. Es konnte nur durch die finanzielle Unterstützung König Ludwigs II. und des osmanischen Sultans Abdülaziz, der ein Bewunderer des Komponisten war, realisiert werden. Das im Stil der hellenischen Romantik gestaltete Haus erinnert auch im Innern an ein antikes Amphitheater. Bewusst verzichtete Wagner auf Logen, er beabsichtigte vielmehr eine „demokratische" Sitzverteilung. Andere, wichtige technische Neuerungen waren die vollständige Verdunklung des Zuschauerraumes, eine verbesserte Akustik und der sogenannte Wagnervorhang, der den Blick auf die Bühne durch das gleichzeitige Öffnen nach oben und zur Seite schneller freigibt. Seit Richard Wagner die Festspiele 1876 mit der Uraufführung des gesamten „Rings der Nibelungen" eröffnete, liegt deren Leitung in der Hand seiner Familie.

90 FAKTEN

* **Einwohner:** 135.520
* **Bevölkerungsdichte:** 1679 Einw./km²
* **Berühmte Personen:** Georg Christian Unger (*1743, Architekt u. Baumeister), Jean Paul (*1763 in Wunsic del, lebte ab 1804 in Bayreuth, Schriftsteller), Franz Liszt (*1811, Komponist), Richard Wagner (*1813, Komponist), Cosima Wagner (*1837, Leiterin der Festspiele), Max von der Grün (*1926, Schriftsteller)
* **Sehenswürdigkeiten:** Altes Schloss, Neues Schloss, Opernhaus, Festspielhaus, Jean-Paul-Museum, Haus Wahnfried, Eremitage, Schloss Fantaisie

Erlangen

ERLANGEN BILDET MIT FÜRTH UND NÜRNBERG EINEN FRÄNKISCHEN BALLUNGSRAUM. DAS STADT-
BILD IST AUCH EIN ERGEBNIS DER RIGOROSEN RELIGIONSPOLITIK LUDWIGS XIV. GEGENÜBER HUGE-
NOTTEN, DIE IN ERLANGEN ZUFLUCHT FANDEN UND KULTUR UND ARCHITEKTUR BEEINFLUSSTEN.

Schon in der Frühgeschichte besiedelt und im Mittelalter zur Stadt angewachsen, wurde Erlangen im
Dreißigjährigen Krieg komplett zerstört. Ein wenig
bewohnter Flecken blieb zurück, in dem etwas Landwirt-
schaft betrieben wurde, der aber seine wirtschaftliche
Blüte eingebüßt hatte. Zumindest, bis Ludwig IV. seine
Zusagen des Edikts von Nantes widerrief, die Hugenotten zu Tausenden aus Frankreich flüchten mussten und
der Markgraf Christian Ernst von Brandenburg-Bayreuth, in dessen Fürstentum Erlangen lag, den Flüchti-
gen das Siedlungsrecht an der Regnitz gewährte.

Planmäßig wurde daher 1686 mit dem Bau der
barocken „Neustadt", auch Hugenottenstadt genannt,
begonnen. Deren gerade Straßen kennzeichnen noch
immer das Zentrum Erlangens, zumal nach einem Großbrand im Jahr 1706 im alten Teil der Stadt auch dieses
Gebiet in die barocken Pläne integriert wurde. Gleichzeitig mit dem Bau der ersten Wohnhäuser begannen
die wohlhabenden Emigranten mit der Errichtung ihrer
ersten Kirche, der Hugenottenkirche im Zentrum der
Neustadt. Das Gotteshaus mit dem markanten kupfergedeckten Walmdach beeindruckt mit einem lichten,
ovalen Innenraum, der von zwölf Säulen umstanden
und von der barocken Ritterorgel geschmückt wird.

Um die junge Gemeinde zu unterstützen, begann
der Markgraf mit dem Bau einer Residenz sowie der

* **Einwohner:** 105.630
* **Bevölkerungsdichte:** 1373 Einw./km²
* **Berühmte Personen:** Georg Simon Ohm (*1789, Physiker), Jakob Herz (*1816, Professor für Anatomic; Chirurg, erster jüdischer Ordinarius in Bayern), Hermann Emil Fischer (*1852, Professor für Chemie, Nobelpreisträger), Lothar Matthäus (*1961, Fußballspieler)
* **Sehenswürdigkeiten:** Alt- und Neustadt, Schlossanlage samt Garten, Orangerie und ehemalige Konkordienkirche, Palais Stutterheim, Markgrafentheater, Stadtmuseum, Hugenottenkirche

Universität, sodass das Wirtschaftsleben schnell florierte: Weißgerbereien und Handschuhmanufakturen eröffneten, einer der wichtigen Gewerbezweige wurde die Strumpfwirkerei. Bald zog die prosperierende, religionstolerante Stadt auch Lutheraner und Deutsch-Reformierte an: Weitere Kirchen, wie die Altstädter und die Neustädter Kirche, zeugen davon.

Heute sind Alt- und Neustadt mit ihren barocken Kirchen- und Profanbauten zur Erlanger Altstadt zusammengewachsen, deren Geschichte sich beim Durchstreifen der Straßen unmittelbar erleben lässt. Relikte von Handwerksbetrieben, wie ein goldener Handschuh an der alten Handschuhmanufaktur am Bahnhofsplatz, stattliche Bürgerhäuser am Neustädter Kirchenplatz oder das dem Schloss gegenüberliegende Palais Stutterheim, in dem nun das Kunstpalais Ausstellungen arrangiert, legen Zeugnis vom Rang Erlangens ab. Natur dagegen erfährt, wer die Stadtgrenze überschreitet. Im Tennenloher Forst etwa, in dem einst NS- und später US-Truppen das Schießen übten, grasen heute Przewalski-Wildpferde, ein seltenes Schauspiel hierzulande.

Links: Im Garten des Markgräflichen Schlosses
Oben: Die Hugenottenkirche entstand im Zuge der Gestaltung der Erlanger Neustadt.
Unten: Das zwischen 1728 und 1730 errichtete Palais Stutterheim beherbergt heute ein Museum.

Fürth

FÜRTH STEHT IMMER EIN WENIG IM SCHATTEN DER MITTELFRÄNKISCHEN NACHBARN NÜRNBERG UND ERLANGEN, MIT DENEN SEINE STADTRÄNDER IM SÜDOSTEN BZW. IM NORDEN ZUSAMMENGEWACHSEN SIND. DABEI BESITZT DIE STADT EIN GANZ EIGENES FLAIR UND LOHNT DURCHAUS EINEN BESUCH.

Fürth mag nicht die Größe Nürnbergs oder den Rang Erlangens als Universitätsstadt vorweisen können, doch es ist Urkunden nach genauso alt wie diese und seine Altstadt mindestens ebenso bezaubernd wie die Nürnbergs und Erlangens. Die erstreckt sich auf einer inselähnlichen Landzunge, die von den Flüssen Rednitz und Pegnitz umflossen wird und an deren nördlicher Spitze sich die beiden Flüsse zur Regnitz vereinen. Der historische Altstadtkern ist von schmalen Gassen durchzogen, deren Seiten mittelalterliches Fachwerk ebenso flankiert wie Bürgerhäuser vom Barock bis hin zur Gründerzeit. Auch Historismus und Jugendstil sind vertreten. Jenseits der Flüsse erstreckt sich die Fürther Neustadt.

Beim Durchwandern des ältesten Stadtkerns sind es drei Bereiche, die besonders ins Auge fallen: der alte Marktplatz – auch Grüner Markt genannt, weil hier in erster Linie Obst und Gemüse feilgeboten wurden –, der Kirchenplatz und der Waagplatz. Am Marktplatz ist das ehemalige Gasthaus Zum Goldenen Schwan sicherlich das eindruckvollste Haus am Platz. Mit dem

Ausspannrecht bevollmächtigt, konnten hier schon im Mittelalter Reisende über Nacht einquartiert werden. Das repräsentative Sandsteinhaus mit dem herrlichen Schweifgiebel stammt aus dem Jahr 1681, erhalten sind auch die beiden Toreinfahrten, durch die die Kutschen in den Innenhof gelangen konnten. Durch ihn konnten die Gäste rasch in den Schankraum, das Gepäck in die Schlafkammern und die Pferde in den Stall gelangen.

Der Kirchenplatz umschließt die älteste erhaltene Kirche Fürths, St. Michael. Der hinreißende Winkel ist umgeben von Fachwerk- und mit Schieferschindeln verkleideten Häusern – deren schönste Exemplare in der Schindelgasse zu finden sind. Auf dem Weg dorthin kommt man am Waagplatz vorbei, einer eigentlich nur verbreiterten Gasse, an der einst die Stadtwaage stand.

Wesentlich jünger als die Häuser der Altstadt sind zwei Repräsentationsbauten der Stadt: Das Stadttheater wurde 1901 im Stil des Neobarocks errichtet. Dagegen zeigt sich das Rathaus im Stil der Neorenaissance. Als Vorbild diente ihm der Palazzo Vecchio in Florenz. Unweit davon lag übrigens der Ludwigsbahnhof, von dem aus 1835 die erste deutsche Eisenbahn Reisende von Fürth in das 7 km entfernte Nürnberg brachte.

Der Grüne Markt mit Gauklerbrunnen

92 FAKTEN

* **Einwohner:** 114.630
* **Bevölkerungsdichte:** 1809 Einw./km²
* **Berühmte Personen:** Gustav Abraham Schickedanz (*1895, Fabrikant und Unternehmer), Ludwig Erhard (*1897, Politiker), Grete Schickedanz (*1911, Unternehmerin), Henry Kissinger (*1923, US-amerikanischer Politiker), Ruth Weiss (*1924, Schriftstellerin)
* **Sehenswürdigkeiten:** Altstadt mit St. Michael, Rathaus und Stadttheater, Stadtpark, Jüdisches Museum Franken

Nürnberg

DIE MEISTERSINGER UND DER ERSTE KUNSTVEREIN VERSUS DIE REICHSPARTEITAGE; DIE GOLDENE
BULLE, DER NÜRNBERGER RELIGIONSFRIEDEN UND DIE NÜRNBERGER PROZESSE VERSUS GESETZLO-
SIGKEIT UND TERROR – HISTORISCH BETRACHTET IST NÜRNBERG EINE ZERRISSENE STADT.

Noch heute ist die Burg das Wahrzeichen Nürnbergs. Sie thront hoch über der Stadt und war
schon im frühen Mittelalter wichtiger kaiserli-
cher Stützpunkt, sodass Nürnberg früh große politische
Bedeutung erlangte und damit auch eine wirtschaftliche
Blüte erlebte.

Dem wirtschaftlichen Wohlstand folgten künstlerische Sternstunden auf dem Fuß. Die Meistersinger, die
bürgerliche Dichter- und Sänger-„Zunft", zu denen in
Nürnberg auch der berühmte Schuhmachermeister und
Dichter Hans Sachs gehörte, trugen zur Verbreitung und
Weiterentwicklung des deutschen Volksliedes bei. Zudem
wurde 1792 der erste deutsche Kunstverein eröffnet.

In politischer Hinsicht ist eines der herausragenden
Zeugnisse Nürnbergs die sogenannte Goldene Bulle, die
zum Großteil auf dem Nürnberger Reichstag von 1356
verkündet wurde. Sie bildete das „Reichsgesetzbuch" des
Heiligen Römischen Reichs und regelte beispielsweise
die Wahl des deutsch-römischen Königs. Darüber hinaus
war die fränkische Stadt seit Beginn der Reformation
1532 Schauplatz eines der ersten Friedensabkommen
zwischen Katholiken und Protestanten: des sogenannten
Nürnberger Anstandes.

Doch Nürnberg steht gleichzeitig für Terror und
Gesetzlosigkeit: Hitler und seine Anhänger, die gerade
durch die Traditionen Nürnbergs ihre Weltschauung

93   FAKTEN

* **Einwohner:** 505.660
* **Bevölkerungsdichte:** 2713 Einw./km²
* **Berühmte Personen:** Albrecht Dürer (*1471, Maler),
Peter Henlein (*1479, Erfinder der Taschenuhr), Hans
Sachs (*1494, Dichter und Meistersinger), Maria Sibylla
Merian (*1647, Zeichnerin und Naturforscherin), Kaspar
Hauser (*1812, Findelkind), Marusha (*1966, DJane)
* **Sehenswürdigkeiten:** Burg, St. Sebaldus, Altstadt,
Tucherschloss, Egidienkirche, St. Elisabeth, Rathaus,
Reichsparteitagsgelände, Neues Museum, Albrecht-
Dürer-Haus, Dokumentationszentrum Reichspartei-
tagsgelände, Christkindlesmarkt, Neues Museum

legitimieren wollten, machten die Stadt an der Pegnitz zur
Bühne für ihre Reichsparteitage, einen der Höhepunkte
der nationalsozialistischen Propaganda. Und sie benann-
ten ihre menschenverachtenden Gesetze, die Nürnberger
Gesetze, die der Demütigung und schließlich Ermordung
der europäischen Juden Tür und Tor öffneten, nach ihr.

Als direkte Folge dieser Bevorzugung musste die
Stadt in den letzten Monaten vor Kriegsende ihre fast
völlige Zerstörung hinnehmen. Inmitten dieser Ruinen
aber begann mit den Nürnberger Prozessen im November 1945 wiederum eine neue Ära des internationalen
Rechts: Sie begründeten das Völkerrecht. Der Schwur-
gerichtssaal 600, in dem der Prozess stattfand, ist heute
noch an sitzungsfreien Tagen zu besichtigen, ebenso wie
die Ausstellung Memorium, die sich mit dem Nürnberger Prozessen auseinandersetzt.

Heute ist die Stadt zur Ruhe gekommen: In der
wieder aufgebauten Altstadt geht es beschaulich zu, an
der Pegnitz verkosten die Bürger die feinen fränkischen
Weine und die rekonstruierten historischen Bauten zeugen nach wie vor von dem blühenden Leben Nürnbergs
seit dem Mittelalter.

Links: Die Sebalduskirche gewährt einen wunderschö-
nen Blick auf den Albrecht-Dürer-Platz und die Burg.
Oben: Fachwerkhäuser in der Weißgerbergasse
Mitte: Weinstadel und Wasserturm an der Pegnitz
Unten: Ausgelassene Stimmung vor historischer
Kulisse am Tiergärtnertor

Rothenburg ob der Tauber

SPITZE FACHWERKHÄUSER UND TRUTZIGE TORANLAGEN, KOPFSTEINPFLASTER UND GOTISCHE GEWÖLBE, EIN MARKTPLATZ MIT RATHAUS UND RATSSTUBE – WER EINE KULISSE FÜR EINEN MITTEL-ALTERFILM SUCHT, DEM SOLLTE ROTHENBURG OB DER TAUBER ALS VORLAGE DIENEN.

Die Zeit scheint stillzustehen in Rothenburg ob der Tauber und es würde einen Besucher kaum überraschen, auch auf den Straßen noch mittelalterliches Leben zu sehen – mit Pferdegetrappel und Rittern, fahrenden Gesellen, einem Schmied vor der schönen Alten Schmiede bei der Arbeit und lang gewandeten Bürgerfrauen mit Henkelkorb und Magd, die den Bauersfrauen auf dem Markt Gemüse, Fleisch und irdenes Geschirr abkaufen.

Und tatsächlich: Zumindest einmal im Jahr erscheint Rothenburg wieder wie damals, als der Heerführer der Katholischen Liga, Johann t'Serclaes von Tilly, während des Dreißigjährigen Krieges angeblich die Stadt heimsuchte. Belegt ist das historisch zwar nicht, aber der Sage nach nahm Tilly mit seinen Heerscharen die Stadt ein, wollte sie zerstören und die Ratsherren hinrichten lassen. Die boten ängstlich dem Feldherrn als Willkommenstrunk Wein an, und zwar in einem Glas, das 3¼ Liter fasste. Tilly, amüsiert von der Angst der Ratsherren und beeindruckt von dem schönen Gefäß, versprach, Stadt und Rat zu verschonen, gelänge es irgendjemandem, das Glas in einem Zuge zu leeren. Der Bürgermeister wagte das Kunststück, es gelang und so feiert Rothenburg jedes Jahr zu Pfingsten den „Meistertrunk". Ein mittelalterliches Heer lagert dann auf dem Marktplatz, die Bürger tragen mittelalterliche Gewänder und der Meistertrunk wird selbstverständlich nachgespielt.

Links: Die Straßengabelung Plönlein mit dem Siebers-
tor im Hintergrund dürfte eines der meistfotografierten
Motive in Rothenburg ob der Tauber sein.
Oben: Am Kirchplatz mit St. Jakob im Hintergrund
Unten: Das als Doppelbau im Stil der Gotik und
Renaissance errichtete Rathaus

Doch auch die Uhr an der Ratstrinkstube direkt am
Marktplatz zeigt dieses Spektakel acht Mal am Tag und
so können sich Besucher auch außerhalb der Pfingst-
zeit ein Bild von der Errettung der Stadt im Jahr 1631
machen. Neben der Trinkstube sieht man das Rathaus:
Sein gotischer Bau mit Turm grenzt an eine Erweiterung aus der Renaissance, die wiederum im Barock mit
schönen Arkaden geschmückt wurde. Insbesondere aber
seine gotischen Gewölbe und Höfe gehören mit zum
Schönsten, was Rothenburg zu bieten hat. Dazu zählen
aber ebenso die St.-Jakobs-Kirche mit dem großartigen
Heiligblut-Retabel des berühmten Renaissance-Bild-
hauers Tilman Riemenschneider, die vielen Türme der
mittelalterlichen Stadtbefestigung sowie die schönen
erhaltenen Wohn- und Gewerbehäuser der Stadt. Mit
die Außergewöhnlichsten unter ihnen sind das Hegerei-
terhaus und die Alte Schmiede mit ihrem spitzen Giebel
und der hölzernen Pergola.

Direkt vor den Mauern der Stadt lockt dagegen die
Natur: Es ist die Tauber, die sich hier ihren Weg durch
ein bewaldetes und teils mit Weinreben bestandenes Tal
Richtung Main sucht und die zusammen mit dem Natur-
park Frankenhöhe im Nordosten der Stadt das Bild der
Rothenburger Idylle vervollständigt.

94 FAKTEN

* **Einwohner:** 11.025
* **Bevölkerungsdichte:** 265 Einw./km²
* **Berühmte Personen:** Rabbi Meir von Rothenburg
(*ca. 1215 in Worms, lebte mehr als 40 Jahre in
Rothenburg, Rabbiner u. Talmudgelehrter), Andreas
Libavius (*1555 in Halle/Saale, lebte 15 Jahre in Ro-
thenburg, Philosoph, Arzt u. Universalgelehrter)
* **Sehenswürdigkeiten:** Rathaus samt Glockenturm
und Historiengewölbe, Ratstrinkstube, Herrngasse,
Schmiedegasse, St. Jakob, Plönlein, Spitalgasse,
Stadtmauer mit Wehrgang und Türmen, Stadttore,
Kriminalmuseum

Regensburg

AM SCHÖNSTEN IST ES, VON WESTEN AUS KOMMEND ÜBER DIE DONAU IN REGENSBURG EINZUTREF-
FEN. DANN NÄMLICH ZEIGT SICH DIE STADT IN IHRER GANZEN PRACHT, INSBESONDERE DURCH ZWEI
IHRER ÜBER 1000 SEHENSWÜRDIGKEITEN: DIE STEINERNE BRÜCKE UND DEN DOM ST. PETER.

Erstere ist für die Donaustadt von großer Bedeutung: Die Steinerne Brücke wurde zwischen
1135 und 1146 aus Grünsandstein errichtet, ist
308,71 m lang und besteht aus 16 steinernen Bögen,
von denen heute noch 15 sichtbar sind. Sie gilt als die
älteste feste Brücke über einen Fluss in Europa, wurde
im Mittelalter das achte Weltwunder genannt und war
Vorbild für zahllose Steinbrücken Europas. An ihren
innerstädtischen Brückenkopf schließt noch immer das
einstige Salzstadel an, in dem über 500 Jahre lang das
Salz für die Oberpfalz gelagert und verkauft wurde.

Der alles beherrschende Dom St. Peter, ab 1260
errichtet, gilt als eines der bedeutendsten Werke der
Gotik in Bayern. Weltweit ist er aber insbesondere
durch seinen Domchor, die Regensburger Domspatzen,
bekannt, einen der berühmtesten und ältesten Kna-
benchöre der Welt. Seit über tausend Jahren singen
die Jungen zum Lobe Gottes und der Christenheit
und es ist ein besonderes Erlebnis, wenn sie dies im
Dom selbst tun. Erbaut wurde der Dom vornehmlich
mit den Geldern der reichen Patrizierfamilien, die
in Regensburg durch Handel zu Wohlstand gelangt
waren und dies auch nach außen tragen wollten. Und
so setzten sich die Familien mit ihren Wohnhäusern
und Geschlechtertürmen – herausragende frühgotische
Beispiele sind das Goliathhaus oder auch der Goldene
Turm – eigene Denkmäler.

Links: Das Fürstliche Schloss von Thurn und Taxis war bis 1812 ein Benediktinerkloster.
Oben: Im Sommer wird das Schloss zu einer fantastischen Kulisse für die gut besuchten Schlossfestspiele.
Mitte: Die berühmte Ruhmeshalle Walhalla
Unten: Die Steinerne Brücke von Regensburg galt einst als achtes Weltwunder und führt direkt auf den berühmten Dom der Stadt zu.

Dass die Altstadt von Regensburg – die von vielen Wasserarmen durchzogen ist und sich auch auf einzelnen Inseln in der Donau ausbreitet – das am besten erhaltene Ensemble einer mittelalterlichen Groß- und Handelsstadt in Deutschland ist, hat ihr den UNESCO-Welterbestatus eingebracht.

Dazu gehört natürlich auch das Residenzschloss der Fürsten zu Thurn und Taxis, das um 739 als Benediktinerkloster St. Emmeram gegründet wurde. Das Fürstenhaus, das es im 16. und 17. Jh. durch sein Postunternehmen zu Reichtum gebracht hatte und dadurch im 18. Jh. in den Hochadel aufgenommen wurde, machte in den 1980er-Jahren durch Prinzessin Gloria und ihre wilden Punkfrisuren auf sich aufmerksam. Als jedoch 1990 der Fürst starb, nahm sie die Zügel in die Hand, verkaufte einen Teil ihrer Juwelen und sanierte das Fürstenhaus. Dazu gehörte auch, dass Bayern Teile des Residenzschlosses als Zweigstelle des Bayerischen Nationalmuseums nutzen darf.

Vor den Toren der Stadt flussabwärts an der Donau gelegen, befindet sich die Walhalla. Die bis 1842 errichtete Ruhmes- und Ehrenhalle versammelt Büsten und Abbilder von Personen, die sich um deutsche Kultur und Geschichte verdient gemacht haben.

 **95** **FAKTEN**

* **Einwohner:** 105.630
* **Bevölkerungsdichte:** 1373 Einw./km²
* **Berühmte Personen:** Albert von Thurn und Taxis (*1867, letzter Fürst von Thurn und Taxis), Friedrich Ludwig Bauer (*1924, Pionier der Informatik), Eva Demski (*1944, Schriftstellerin), Beate Teresa Hanika (*1976, Schriftstelleri),
* **Sehenswürdigkeiten:** Steinerne Brücke, Altes Rathaus, Dom St. Peter, Residenzschloss St. Emmeram, Goliathhaus, Geschlechtertürme

Ingolstadt

FESTUNGSWÄLLE, TÜRME, BASTIONEN, REDUITEN UND KASEMATTEN, WER NACH INGOLSTADT REIST, TAUCHT IN DIE MILITÄRGESCHICHTE BAYERNS EIN UND KANN SIE HAUTNAH ERLEBEN. ÜBERALL IN DER STADT NÄMLICH TRIFFT MAN AUF RELIKTE DER EINSTIGEN LANDESFESTUNG.

Bereits in der Jungsteinzeit besiedelt, errichteten die Römer am Ort des heutigen Ingolstadt ein Kastell zur Sicherung des Limes. Und dort, wo bereits römische Legionäre Brücken über den Fluss schlugen, hat sich die Militärtradition über Jahrhunderte hinweg erhalten. Im 19. und 20. Jh. war Ingolstadt Garnisonsstadt, in der weit mehr als die Hälfte der Einwohner Soldaten waren, und heute lernen die Pioniere der Bundeswehr hier, Pontonbrücken über die Donau zu bauen.

Der Turm Trivia, das Reduit Tilly, Fronte Preysing und die Harder-Bastei, vor allem aber eine fast intakte mittelalterliche Befestigung geben Aufschluss über die Wehrhaftigkeit der Stadt. Das herzögliche Neue Schloss aus dem 15. Jh. mit seinen schönen gotischen Räumen, die das Armeemuseem bergen, sowie das Stadtmuseum vervollständigen dieses Bild durch ihre Exponate. Letzteres besitzt einen ganz besonderen „Schatz", nämlich den Schimmel Gustavs II. Adolf von Schweden. Bei der Belagerung Ingolstadts während des Dreißigjährigen Kriegs unternahm der schwedische Herrscher einen Erkundungsritt. Die Ingolstädter schossen auf ihn, trafen lediglich das Pferd und präparierten es später. Es ist mittlerweile das älteste noch erhaltene Tierpräparat Europas.

Wo so viele Soldaten sind, da darf meist auch eines nicht fehlen: Bier. Zumal dann, wenn das wichtigste

deutsche Hopfenanbaugebiet, die Hallertau, direkt vor
den Stadttoren liegt. Im Jahr 1516 wurde daher in Ingolstadt das bayerische Reinheitsgebot, das dem deutschen
Reinheitsgebot als Vorlage diente, erlassen.

Sobald man die Militärgeschichte in Ingolstadt
hinter sich lassen möchte, ist man erstaunt, welche
anderen Schätze es bereithält. Mit dem Liebfrauenmünster besitzt die Stadt die größte gotische Hallenkirche
Bayerns, vor allem aber die Kirche St. Maria de Victoria
sollte besichtigt werden. Die Brüder Asam, die ebenso
für die berühmte Asam-Kirche (St. Johann Nepomuk)
in München und die Klosterkirche Weltenburg verantwortlich zeichnen, haben auch diese Kirche mit ihren
Stuckaturen und Fresken ausgestattet.

Zwei weitere kulturelle Höhepunkte ganz unter-
schiedlicher Art sind untrennbar mit Ingolstadt verbunden: Da ist zum einen das Kreuztor von 1385, das als
Stadttor des zweiten Mauerringes diente und heute ein
Wahrzeichen der Metropole ist, zum anderen das Museum des hier ansässigen Audi-Konzerns. Das museum
mobile bietet, indem es „historische" Fahrzeuge ausstellt,
zugleich einen spannenden Einblick in die Geschichte
des 20. Jh.

 96 FAKTEN

* **Einwohner:** 125.090
* **Bevölkerungsdichte:** 938 Einw./km²
* **Berühmte Personen:** Johannes Eck (*1486, Uni-
versitätsprofessor u. Gegenspieler Luthers), Johann
t'Serclaes von Tilly (*1559, Feldherr im Dreißigjährigen
Krieg), Marieluise Fleißer (*1901, Schriftstellerin),
Horst Seehofer (*1949, Politiker), Markus Kavka
(*1967, Moderator), Christian Träsch (*1987, Fuß-
ballspieler)
* **Sehenswürdigkeiten:** Altstadt mit Stadtbefesti-
gung und Kreuztor, Festungen und Bastionen, Neues
Schloss, Altes Schloss (sog. Herzogskasten),
St. Maria de Victoria, Liebfrauenmünster

Passau

DAS SCHAUSPIEL IST EINZIGARTIG: DREI FLÜSSE VEREINIGEN SICH IN PASSAU, JEDER VON EINER ANDE-REN FARBE, SODASS DAS ZUSAMMENFLIESSEN GENAU BEOBACHTET WERDEN KANN. DAS GELINGT AM BESTEN AUS DER HÖHE, ETWA VON DER VESTE OBERHAUS AUS.

Dicht an der deutsch-östereichischen Grenze treffen sich drei deutsche Flüsse: Von Norden kommend mündet direkt unterhalb der Veste Oberhaus die schwarz-braune Ilz aus den Moorland-schaften des Bayerischen Waldes in die Donau. Aus ihr wurden einst wertvolle schwarze Süßwasserflussperlen, die sogenannten Passauer Perlen, für den Bischof ge-fischt. Wer beim „Schwarzfischen" erwischt wurde, dem ließ der Bischof die Hände abhacken. Auch heute ist das Perlenfischen streng verboten, die Weichtiere stehen unter strengem Naturschutz.

Wenige Meter flussabwärts trifft die Donau in ihrem schlammigen Braun auf den milchig grünen Inn – der hier wesentlich mächtiger ist als die Donau und daher für eine Weile noch die Farbe derselben bestimmt. Gemeinsam als Donau begeben sich die drei Flüsse nun Richtung Osten, um viele Länder zu passieren und nach rund 2000 km ins Schwarze Meer zu münden.

In der Bischofsstadt Passau zeigt sich die Altstadt auf der Landzunge zwischen Donau und Inn von einer denkbar malerischen Seite. Schmale, von farbenfrohen Häusern umstandene Treppengassen und kopfsteinge-pflasterte Straßen führen vom Opern- und Rathaus zum Benediktinerkloster Niedernburg oder zur Alten Resi-denz. Die Donau überqueren muss, wer zur Veste Ober-

Links: Von der Anhöhe Mariahilf lässt sich Passau samt Inn und dem mächtigen Dom wunderbar überblicken.
Oben: Am Residenzplatz mit dem im barocken Stil errichteten Wittelsbacher Brunnen von 1903
Mitte: Am Innkai nahe des Dreiflüsseecks von Donau, Inn und Ilz
Unten: Blick auf die Veste Oberhaus

haus möchte – ein etwas beschwerlicher Wanderweg, der aber mit traumhaften Aussichten auf die Dreiflüssestadt belohnt wird.

Einer der zentralen Bauten ist der Dom St. Stephan im Herzen der Altstadt. Die Anlage von 1668 präsentiert ihre barocke, doppeltürmige Westfassade zum Domplatz hin, während der östliche Domchor noch weitgehend spätgotische Züge trägt. Doch auch er wird, wie die beiden Türme, von einer kupfergedeckten barocken Kuppel bekrönt. Im Innern zeigt sich das mächtige dreischiffige Langhaus üppig mit Stuckaturen und Fresken verziert. Die Orgel ist weltweit die größte innerhalb einer katholischen Kirche.

Vom Dom nur durch eine schmale Gasse getrennt und mit ihm über eine kleine überdachte Brücke verbunden liegt die Alte Residenz, die wiederum mit der Neuen Residenz durch den Saalbau verbunden ist. Die ehemalige fürstbischöfliche Alte Residenz beherbergt heute das Landgericht, die Neue Residenz ist Sitz des Bischöflichen Ordinariats und des Domschatzmuseums. Ihr herrliches barockes Treppenhaus, dessen Fresken ganz heidnisch die Götter des Olymps zeigen, kann besichtigt werden.

97 | **FAKTEN**

* **Einwohner:** 50.590
* **Bevölkerungsdichte:** 727 Einw./km²
* **Berühmte Personen:** Hanns Meilhamer (*1951, Kabarettist u. Schauspieler), Siegfried „Sigi" Zimmerschied (*1953, Kabarettist), Herbert Waas (*1963, Fußballspieler)
* **Sehenswürdigkeiten:** Altstadt, Alte und Neue Residenz, Glasmuseum, Dom St. Stephan, Rathaus, Stadttheater, Zusammenfluss von Inn, Ilz und Donau, Veste Oberhaus

Augsburg

SELBST FÜR HEUTIGE MASSSTÄBE IST DER BEINAME JAKOB FUGGERS, DER REICHE, FAST UNTERTRIE-
BEN – 2 MIO. GULDEN UMFASSTE FUGGERS VERMÖGEN. DER KAUFMANN HAT SEIN GELD IN AUGS-
BURG AUCH DAZU GENUTZT, EINE EINZIGARTIGE SOZIALSIEDLUNG ZU ERRICHTEN.

Wer als Katholik in Augsburg schuldlos in Not gerät, der hat auch heute noch ein Dach über dem Kopf – und zwar für eine Jahreskaltmiete von 88 Cent und drei Gebete für den Stifter und seine Familie täglich. Zu verdanken haben das die Menschen, die in den 140 Wohnungen der ältesten Sozialsiedlung der Welt leben, dem bedeutendsten Kaufmann und Bankier seiner Zeit, Jakob Fugger von der Lilie.

Dieser sollte ursprünglich Pfarrer werden, doch als drei seiner älteren Brüder starben, musste er im Handelshaus der Familie mitarbeiten. Dort vervierzigfachte er nicht nur das Vermögen innerhalb von 14 Jahren, er

baute die Firma auch zum ersten internationalen Mischkonzern der Welt aus. Jakob führte die doppelte Buchführung in Deutschland ein und erwarb durch geschicktes Taktieren und mit nicht immer lauteren Mitteln das Kupfermonopol für Süddeutschland und Österreich. Die Fugger-Bank wurde zum größten Bankhaus Europas, in der das päpstliche Vermögen in Deutschland verwaltet wurde und von der Kaiser Maximilian I. und andere europäische Fürsten ihre Darlehen erhielten. In Lissabon eröffnete er eine Faktorei, um Handel mit edlen Gewürzen und Edelsteinen betreiben zu können.

Die Erfolge Jakob Fuggers waren auch der Stadt dienlich und ihr einstiger Reichtum zeigt sich in ihren

* Einwohner: 264 710
* **Bevölkerungsdichte:** 1803 Einw./km²
* **Berühmte Personen:** Jakob Fugger der Reiche (*1459, Kaufmann und Bankier), Hans Holbein d. Ä. (*1465, Maler), Elias Holl (*1573, frühbarocker Baumeister), Leopold Mozart (*1719, Komponist und Vater von Wolfgang Amadeus Mozart), Rudolf Diesel (*1858, Ingenieur), Bertolt Brecht (*1898, Dramatiker)
* **Sehenswürdigkeiten:** Fuggerei, Rathaus mit Goldenem Saal, St. Ulrich und Afra, Hoher Dom, Schaezler-Palais, Maximilianstraße mit Barock- und Renaissancebauten, Augsburger Puppenkiste

Straßen. Das Renaissance-Rathaus mit seinem schönen Volutengiebel und den beiden kupfergedeckten Türmen, bis 1620 nach den Plänen von Elias Holl errichtet, besitzt im Innern mit dem von Schnitzereien und Gemälden verzierten Goldenen Saal einen der schönsten Rathaussäle des Landes.

Zu den bemerkenswerten Gebäuden Augsburgs zählen auch ihre Kirchen, wie die Doppelkirche St. Ulrich und Afra. In der spätgotischen Basilika St. Afra, über den Gräbern der Stadtpatrone errichtet, beten die Katholiken – die Protestanten nebenan im 1710 zur barocken Kirche umgebauten einstigen Predigersaal. Der zwischen Romanik und Gotik häufig erweiterte Hohe Dom zu Augsburg zeigt in seinem Innern einige großartige Werke Hans Holbeins d. Ä., der in Augsburg geboren wurde.

Vermutlich beliebter und wohl auch berühmter als Fugger oder Holbein dürften Jim Knopf und Li Si, Urmel und Don Blech, die Katze mit Hut und Schlupp sein. Die Marionetten der Augsburger Puppenkiste nämlich erscheinen seit 1953 regelmäßig auf deutschen Fernsehbildschirmen und haben sich seitdem in die Herzen noch jeder Kindergeneration gespielt.

Links: Das Rathaus von Augsburg und der Perlachturm
Oben: Seit 1996 erstrahlt der im Krieg zerstörte Goldene Saal des Rathauses wieder in seiner alten Pracht.
Unten: Die Basilika St. Ulrich in der Maxstraße mit ihrem charakteristischen 93 m hohen Zwiebelturm

München

„WENN IN MÜNCHEN SONST SCHON DIE TAGE UND DIE ZEIT SO SCHNELL FORTEILEN, DASS MAN AM ENDE IMMER ZWEIFELN MÖCHTE, OB SIE WIRKLICH DA GEWESEN SEIEN, SO IST DAS IM OCTOBERFESTE ERST RECHT DER FALL", CHARAKTERISIERTE MENDELSOHN-BARTHOLDY 1831 DIE STADT AUFS TREFFLICHSTE.

Der Komponist Felix Mendelsohn-Bartholdy besuchte München einige Male – eigentlich wollte er Sinfonien komponieren oder neue Lieder, stattdessen ging er „jeden Nachmittag um 3 Uhr auf die weite, grüne Theresienwiese hinaus, wo es von Menschen wimmelt, und kommt vor Abend nicht fort; denn überall giebt es Bekannte, und etwas zu sprechen, oder zu sehen: einen Wunderochs, ein Scheibenschießen, ein Wettrennen, schöne Riegelhäubchen". Er bezeichnete sich selbst als „Bier- und Käsevertilger", der in München nur schwer zum Arbeiten kam. Und wer kann es ihm verdenken? München ist äußerst abwechslungsreich, bietet gesellige, kulinarische wie intellektuelle Freuden gleichermaßen an und erlebt mit dem Oktoberfest als dem größten Volksfest der Welt seinen alljährlichen gesellschaftlichen Höhepunkt.

Geprägt wurden Stadtbild und Stadtleben im höchsten Maße von dem Adelsgeschlecht der Wittelsbacher. Sie herrschten bereits über das Herzogtum Bayern, als München 1158 erstmals urkundlich erwähnt wurde. Doch gehörte der Ort, dessen Stadtrechte 1214 urkundlich bestätigt werden, zum Herrschaftsgebiet des Bischofs von Freising. Nach beinahe einem Jahrhundert der Querelen ging München 1240 endlich an die Wittelsbacher, namentlich an Herzog Otto II. Von dieser Zeit an bis zum Ende des Ersten Weltkriegs im Jahr 1918 sollten die Wittelsbacher über die Stadt gebieten – wenn

auch in wechselnder Funktion als bayerische Herzöge, Kurfürsten, deutsche oder bayerische Könige. Der Stadt und ihren Einwohnern kam das nicht immer zugute, mussten sie doch infolge von Erbfolgekriegen einige Belagerungen, Bombardements und damit Zerstörungen und Entbehrungen hinnehmen. Doch in den heutigen friedlichen Zeiten und beim Anblick der prächtigen Stadt fragt wohl kaum jemand, wie sie entstand.

Deren Zentrum ist unbestritten der Marienplatz, mit der barocken Mariensäule, und das ihn umgebende alte München. Jeden Tag um elf und um zwölf Uhr verzaubert das Figuren- und Glockenspiel vom Glockenturm des neogotischen Rathauses aus die Touristen auf dem Platz. Die Münchener, die dazu die Möglichkeit haben, geben sich zu dieser Zeit einem anderen Vergnügen hin: Sie sitzen bei schönem Wetter im Freien, bei schlechtem im „Augustiner", im „Franziskaner" oder im „Andechser", also in einem der Traditionsbrauhäuser der Innenstadt, bei einem Paar Weißwürsten mit süßem Senf und einem Weißbier. Auch Touristen adaptieren diese Tradition gern und so füllen sich die touristischeren Brauhäuser der Innenstadt, wie der „Donisl" und das berühmte Münchner Hofbräuhaus, schon früh mit Besuchern aus aller Welt.

Oben: Ein berauschender Anblick – München mit den charakteristischen Türmen der Frauenkirche, am Horizont erheben sich die schneebedeckten Alpen.
Unten: Das Münchner Oktoberfest ist so bekannt wie die Stadt selbst und zieht Jahr für Jahr Hunderttausende Besucher aus aller Welt an.

Das Neue Rathaus von München,
erbaut zwischen 1867 und 1909,
und die Frauenkirche zur Linken

Oben: Fernsehturm im Olympiapark
Mitte: Gesellige Auszeit im Biergarten des Englischen
Gartens, im Hintergrund der Chinesische Turm
Unten: Das größte Volksfest der Welt – das Oktoberfest

Rund um den Marienplatz breiten sich die anderen Sehenswürdigkeiten in einer ungeheuren Fülle aus: Für die einen sind dies die Theatinerstraße im Norden mit ihren exklusiven Boutiquen oder im Westen die Einkaufsmeile Kaufinger Straße bis zum Karlsplatz, dem Stachus. Andere bevorzugen Kunst und Kultur, die mit der Münchener Frauenkirche, dem Wahrzeichen der Stadt, einen ersten Höhepunkt findet. Der Grundstein für den Dom zu Unserer Lieben Frau, wie die Frauenkirche eigentlich heißt, wurde 1468 gelegt. Die Türme der dreischiffigen, spätgotischen Hallenkirche, die wegen des Mangels eines anderen Gesteins recht untypisch für Bayern aus Backsteinen errichtet wurde, waren 1525 vollendet. Hinzu kommen die unvergleichlichen Museen wie Alte und Neue Pinakothek, Antikensammlung, Glypothek und Deutsches Museum, die zahlreichen Münchner Kirchen und Palais, das Nationaltheater und das Deutsche Theater.

Am Nachmittag aber, nach Besichtigungen, Stadtbummel oder regulärem Arbeitsalltag, versammelt sich München wieder zum Feiern und Genießen: im Englischen Garten, an der Isar oder im Biergarten am Chinesischen Turm, in den Brauhäusern, den schicken Cocktailbars in Schwabing und im Oktober auf der Wiesn zum Oktoberfest.

 FAKTEN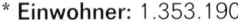

* **Einwohner:** 1.353.190
* **Bevölkerungsdichte:** 4355 Einw./km^2
* **Berühmte Personen:** Carl Spitzweg (*1808, Maler), Ludwig II. (*1845, König von Bayern), Oskar von Miller (*1855, Techniker, Gründer der AEG), Christian Morgenstern (*1871, Schriftsteller), Karl Valentin (*1882, Volksschauspieler, Komiker), Franz Josef Strauß (*1915, Politiker)
* **Sehenswürdigkeiten:** Marienplatz, Frauenkirche, Alte und Neue Pinakothek, Schloss Nymphenburg, Residenz, Englischer Garten, Deutsches Museum, Allianz Arena, Olympiagelände, Nationaltheater, Asamkirche, Oktoberfest

Füssen

EIN TRAUMHAFTES ALPENPANORAMA VOR DER WEITEN FLÄCHE DES FORGGENSEES UND DEN MILCHIG GRÜNEN FLUTEN DES LECHS, DAZWISCHEN DIE WEISSEN TÜRME DES MÄRCHENSCHLOSSES NEUSCHWANSTEIN, DAS STIEHLT DER STADT FÜSSEN BEINAHE DIE SCHAU – ABER NUR BEINAHE.

Ohne Frage ist das unwirkliche Märchenschloss König Ludwigs II. inmitten des Ammergebirges die größte Touristenattraktion in der Umgebung Füssens: Jedes Jahr pilgern mehr als eine Million Touristen hierher, stehen stundenlang Schlange, um sich die überreichen Gemächer des prunksüchtigen bayerischen Herrschers anzuschauen. Was man von dem im Stil des romantischen Eklektizismus errichteten Schloss sehen kann, gilt vor allem japanischen und US-amerikanischen Touristen als Höhepunkt jeder Europareise. Da fällt das kleine Städtchen Füssen oftmals nicht ins Auge.

Doch gerade das ist ein wahres Kleinod unter den deutschen Städten. Es ist einerseits die einzigartige Lage am Lech, der aus einer schmalen Alpenfelsschlucht kommend imposant über den Lechfall in die Stadt hineinstürzt und sein grünes Wasser am Stadtausgang in den Forggensee ergießt, die Füssen zu einem so anziehenden Ausflugsziel macht. Andererseits aber beeindruckt es mit seinen Bauten, an deren erster Stelle das Hohe Schloss und die berühmte Benediktinerabtei St. Mang stehen.

Auf dem Hügel, von dem aus das gotische Schloss heute die Stadt dominiert, begann auch die Geschichte Füssens – im 1. Jh. n. Chr. als römisches Kastell Foetibus. Mit dem Abzug der Römer aufgegeben, siedelt sich im 8. Jh. der Einsiedler Magnus in der abgeschiedenen Gegend an und begründet das Kloster.

Die heutige aufgelassene Anlage zeigt sich in den Umbauten des Barocks. Zu ihren Repräsentationsräumen gehören der Kaisersaal sowie die Bibliothek und das Refektorium. Die Klosterkirche, die mittlerweile als Pfarrkirche genutzt wird, zeigt in der Annakapelle einen besonderen Schatz: den Füssener Totentanz. Totentänze, die bildhafte Darstellung vom Spiel des Todes mit den Menschen, waren ab dem 14. Jh. in Mode; der Füssener Totentanz von ca. 1601 gilt als der älteste erhaltene in Bayern.

War das Kloster ein Ort der Stille und Besinnung, so lebten im Schloss die Fürstbischöfe als weltliche Herrscher, die den Freuden der Welt nicht wenig aufgeschlossen waren – zumal Füssen ein bedeutendes Zentrum des Geigen- und Lautenbaus, also der Musik war. Vielleicht war dies einer der Gründe, warum es den Musik liebhabenden Bayernkönig hierher zog. Im Sängersaal des fantastischen Neuschwansteins jedenfalls werden noch heute gerne Geigen- und Lautenkonzerte gegeben.

Blick auf Füssen mit dem Hohen Schloss

100 FAKTEN

* **Einwohner:** 14.215
* **Bevölkerungsdichte:** 327 Einw./km²
* **Berühmte Personen:** Franz Karl Fischer (*1710, Barockbaumeister), Günter Förg (*1952, Maler u. Bildhauer), Christian Henze (*1968, Koch u. Fernsehkoch)
* **Sehenswürdigkeiten:** Hohes Schloss mit Bayerischer Staatsgemäldesammlung, Kloster St. Mang, Musiktheater Füssen, Spitalkirche, Forggensee, Schloss Neuschwanstein, Schloss Hohenschwangau

Wie aus einem Märchen – Schloss Neuschwanstein vor der Bergkulisse und dem Forggensee

BILDNACHWEIS

© Daniel Arnold: 187 o.

© Fotolia: aotearoa 78; ASonne30 41 u.; Thomas Becker 139 o.; Petra Beerhalter 98; BildPix.de 40, 44, 45 o., 45 M., 45 u., 100, 101 o., 129 u.; Blickfang 179 u.; Jo Chambers 179 o.; Wolfgang Cibura 191 o.; clearlens 89 u.; cphotos100 118; Henry Czauderna 178; DeVIce 189; Otto Durst 196, 197 M.; Bernd Ege 155 o.; Eisbaer 149 u.; Jörg Engel 128, 148; Daniel Etzold 205 o.; eyewave 167; falco47 171; fhmedien_de 70; fabi317 153 u.; Christoph Fiolka 201 u.; Flexmedia 185 o., 195 u.; fotobeam.de 120; Fotolyse 43 o.; fotopro 84, 85; Frofoto 82; g215 158; digi_dresden 74; Grischa Georgiew 116; Werner Hilpert 181 u.; Thomas Jablonski 180; Sandor Jackal 72; Wolfgang Jargstorff 11 M.; kameraauge 48, 49; Nadine Klabunde 149 o.; R.-Andreas Klein 129 u.; Niklas Kratzsch 165 u.; Bernd Kröger 88; Sebastian Krüger 199 M.; Udo Kruse 67 M.; l.weeber 139 u.; LE image 73 o.; Thomas Leiss 143; Liane M. 174; line-of-sight 150, 151 o.; Lothar LORENZ 10; m.schuckart 119 u.; maler 105 o.; mary416 34; Waldemar Milz 101 u.; mneumann_100 91; neurobite 153 o.; Steffen Niclas 53 o.; osbourne28 13 o.; Heino Pattschull 86/87; Juan Pelota 59; Ernst Pieber 105 u., 117 u., 170; Radames 83 o.; RalfenByte 122/123; Harry Reim 152; Gabriele Rohde 47 o., 47 M.; runzelkorn 81 M.; ruwes 157 o.; Schreckenstein 197 u.; seen 119 o.; steschum 73 u.; suedwind1 104; vom 177 o.; Brigitte Wegner 21 u.; weisserlangen 186; Matthias Wilm 135 u.; www.1000tdw.com 117; yeetishooter 131 o.; :-) 81 u.

© istockphoto.com: 42, 80, 107 o., 132, 155 M., 155 u., 156, 157 u., 165 M., 175 o., 192, 202

© André Karwath: 79

© Laif, Köln: Pierre Adenis/GAFF 61 o., 61 M., 71 u., 207; Amin Akhtar 144, 145 u.; Toma Babovic 47 u., 96, 97 o., 97 M., 97 u., 99 o., Back 199 o.; Peter Bialobrzeski 33 o., 33 u., 191 u., Jan-Peter Boening/Zenit 60, 68/69, 136, 137 o., 137 M., 137 u., 138; Ralf Brunner 17 u., 27 u., 173 o., 173 M., 173 u., 181 o.; Richard Bryant/Arcaid 32; Sabine Bungert 147 o.; Wojtek BUSS/HOA-Qui 130; Klaus H. Daams 57 o.; Hedda Eid 159 o.; Clemens Emmler 83 u., 89 o.; Norbert Enker 37 o.; Patrick Escuderdo/hemis.fr 182, 183 u.; Achim Gaasterland 35 u.; Gregory Gerault/hemis.fr 133 M., 133 u.; Tobias Gerber 191 M., 194, 195 o., Joerg Glaescher 24, 73 M., Miquel Gonzalez 8, 9, 141, 193 u.; Gerald Haenel 30, 31 o., 31 M., 31 u., 35 o., 36, 37 M., 37 u., 38, 39 o., 39 M., 39 u., 41 o., 51 o., 51 u., 107 M., 107 u., 121 u., 124, 140, 160, 161 M., 161 u.; Naftali Hilger 142; Peter Hirth 129 o., 195 M., 198, 199 u.; Marcus Hoehn 19 u.; Andreas Hub 176, 177 u.; 201 o.; Gernot Huber 125 M.; Florian Jaenicke 175 M.; Bernd Jonkmanns 17 o., 20, 23 u., 113 o.; Matthias Jung 111 u.; Christian Kerber 57 u.; Markus Kirchgessner 90; Martin Kirchner 19 M., 23 o., 28, 29 o., 29 u., 63 o., 63 u., 64, 65 o., 65 u., 66, 67 o., 67 u.; Dieter Klein 126, 127 o., 127 u.; Georg Knoll 43 u., 71 o., 193 o.; Julia Knop 15 u.; Thomas Kost 102, 133 o.; Ralf Kreuels 157 M.; Dirk Kruell 76, 113 u.; Paul Langrock/Zenit 58; Le Figaro Magazine 185 u.; Gregor Lengler 159 M., 159 u.; Manfred Linke 94, 95 o., 111 o.; 125 o., Hans Madej 205 M., 205 u.; Yorck Maecke/GAFF 56, 93; Rene Mattes/hemis.fr 16, 71 M.; Joerg Modrow 25, 46; Catrin Moritz 110; Hardy Müller 200; Conrad Piepenburg 185 M.; Karl-Heinz Raach 168, 169 o., 169 M., 169 u., 172; Rabouan/hemis.fr 75 o., 75 M., 75 u.; Daniel Rosenthal 203; Martin Sasse 11 u.; Dorothea Schmid 106, 109, 112, 114, 115 o., 115 M., 115 u., 161 o., 183 o.; Marc-Oliver Schulz 18, 19 o.; Dagmar Schwelle 14/15; Andreas Secci/poolima 108; Wolfgang Stahr 164, 165 o.; Günther Standl 151 u.; Berthold Steinhilber 54, 55, 162, 163 o., 163 u., 175 u.; Andreas Teichmann 103; Oliver Tjaden 121 o.; Frank Toelle/poolima 81 o.; Gerhard Westrich 13 u., 22, 62, 95 u., 145 o., 190; Clemens Zahn 92, 99 u.; Fulvio Zanettini 95 M., 125 u., 131 u., 146, 147 u.; Horst Dieter Zinn 26, 197 o.; Samuel Zuder 27 o.

© Zoran Laufer/vectormaps: 4

© Inga Menkhoff: 50, 52, 53 u., 134, 135 o., 166

© Norman Rönz: 187 u.

© September9: 188

© Stadt Bergisch Gladbach: 127 M.

© Thinkstock: 6/7, 11 o., 12, 21 o., 61 u., 154, 184, 204, 206